财务共享综合实训

马建军　主编

于　琪　王　巍　刘一凝　副主编

電子工業出版社
Publishing House of Electronics Industry
北京 · BEIJING

内 容 简 介

本书结合高校教学安排，将财务共享业务信息化的学习分解为十大教学任务，内容包括：备用金及费用报销共享业务处理、销售与收款共享业务处理、采购与付款共享业务处理、薪资共享业务处理、固定资产共享业务处理、税务共享业务处理、共享中心运营分析、总账与报表共享业务处理、会计电子档案管理、共享中心任务及质量管理。每个教学任务均是模拟真实的企业案例，针对不同任务给出既定的业务背景，配合详细的操作说明及浪潮 GS 软件截图，辅助学习人员完成每个任务。

本书适合高等院校财务管理专业、会计学专业、审计学专业的学生学习，也可以作为浪潮软件的从业人员、学习财务共享信息系统人员的参考资料。

图书在版编目（CIP）数据

财务共享综合实训 / 马建军主编. —北京：电子工业出版社，2019.12
ISBN 978-7-121-37629-0

I. ①财… II. ①马… III. ①管理会计—会计信息—财务管理系统—高等学校—教材 IV. ①F234.3

中国版本图书馆 CIP 数据核字（2019）第 220460 号

责任编辑：石会敏　　　文字编辑：苏颖杰
印　　刷：三河市君旺印务有限公司
装　　订：三河市君旺印务有限公司
出版发行：电子工业出版社
　　　　　北京市海淀区万寿路 173 信箱　　邮编：100036
开　　本：787×1092　1/16　印张：14.75　字数：377.6 千字
版　　次：2019 年 12 月第 1 版
印　　次：2025 年 1 月第12次印刷
定　　价：45.00 元

凡所购买电子工业出版社图书有缺损问题，请向购买书店调换。若书店售缺，请与本社发行部联系，联系及邮购电话：(010)88254888，88258888。

质量投诉请发邮件至 zlts@phei.com.cn，盗版侵权举报请发邮件至 dbqq@phei.com.cn。

本书咨询联系方式：738848961@qq.com。

前　言

随着移动互联网、云计算、大数据、智能化等信息技术的不断发展，许多企业开始进行财务组织变革，将财务共享服务这种新型财务管理模式应用于企业中，实现财务转型，从而强化财务的管理职能，进而提高企业管理效率。在这场变革中，财务共享作为财务转型的重要抓手，成为新的管理热点。财务共享通过再造财务组织和流程，帮助财务职能实现从会计核算型向价值创造型转变，这是提升财务管理效率和实现企业发展的有力支撑。

共享服务中心源于20世纪80年代的西方发达国家，90年代开始推广，在21世纪的今天加快了发展步伐。财务共享服务是共享服务最重要的内容之一，在我国，财务共享服务中心的建立正如雨后春笋般纷纷涌现，ACCA(特许公认会计师公会)与德勤所做的《中国企业财务共享服务现状和展望调查报告》显示：中国已有近一半的大型企业实施了财务共享服务这一管理模式。

《安永财务共享服务调查报告》显示：财务共享中心的发展与信息化紧密相连，网络报账、影像系统、资金交易处理平台已经成为今天财务共享中心的标配工具，具备这些工具的操作技能是对在财务共享中心工作的财务人员的基本要求。财政部也明确提出，鼓励大型企业和企业集团充分利用专业化分工和信息技术优势，建立财务共享中心，加快会计职能从重核算到重管理决策的转变。财务共享中心已逐渐成为全球企业提升财务效率、降低财务运行成本、实现高效集团财务管控和内部信息透明化的一项重要举措。

中国国内企业财务共享中心正在从为企业自身提供服务，向第三方服务供应商转变，并呈现增长趋势。中国境内财务共享中心对于财务流程的服务外包接受度较低，少量的流程外包也仅集中于非核心财务流程。这些实务的应用趋势对财务共享服务的实施和运营管理人才提出了更多的需求。在企业财务共享中心推广实践过程中，浪潮也深刻认识到，专业人才的相对缺乏成为企业建好用好共享中心、提升管理价值、推动财务转型的瓶颈。总体来看，中国企业财务共享中心的建设和运营管理还任重道远。不管是理论架构还是实践应用方面，财务共享服务专业人才都相对缺乏。

本教材正是为了更好地满足财务共享专业人才培养需求而编写的，通过真实企业案例背景，以浪潮 GS 为信息系统平台，模拟系统管理员、业务员、报账员、相关领导、单据初审员、财务稽核员、财务核算员、出纳员、报表管理员等不同身份，体验不同角色在信息化建设过程中的工作流程及工作内容，完成企业财务共享中心建设与运营过程中信息系统的支撑与应用。

本教材软件应用的综合实训主要分为三步：

第一步，教师需要讲解实训相关的知识要点及实验操作方法，并对学生提出实训要求。

第二步，采用模拟企业数据的方式进行软件模拟实训。在老师指导下，由学生在浪潮 GS 财务共享软件系统中完成从财务共享中心建设、业务及组织规划、共享业务处理、运营分析等内容的应用操作，使学者能够了解财务共享业务在软件中的实现流程及操作步骤。在实训操作过程中，可由老师对财务共享实训模拟过程中涉及的内容结合软件进行综合讲解，巩固学生所学知识，并对学生存在的问题和错误进行指正，最后进行综合总结。

第三步，学生对财务共享软件应用操作内容进行学习总结，并完成相关汇报与考核。

本教材可作为浪潮 GS 财务共享软件应用课程的标准配套教材，可供全国高校学生、有意向学习财务共享的人员、浪潮软件的从业人员、准备实施或正在实施财务共享的企业内部人员学习使用，有利于其财务共享业务综合应用能力的培养。

本教材力求内容完善、准确，但由于时间较为仓促，难免有不妥之处，敬请读者指正。

编　者

2019 年 10 月

备注：如软件中涉及银行账号与书中参考不一致，以实际软件中的信息为准。

目　　录

第1章 课程导读

1.1 课程介绍

财务共享软件实验课程以浪潮GS企业管理软件（简称“GS软件”）为平台，给学生提供一套模拟企业建设财务共享的基础数据、业务数据和运营管理信息，学生以个人为单位或分成小组，按照既定的操作流程完成财务共享相关的基础数据设置、业务及组织规划、共享业务处理、运营分析等实验操作。

实验课程中，教师针对每堂课程实验主题，讲解其相关的知识要点、软件操作流程和操作方法，而学生则可以扮演系统管理员、业务员、运营管理人员等岗位角色，登录浪潮GS软件，真实体验不同岗位角色的财务共享相关操作流程。

课程主要内容包括：财务共享软件介绍、财务共享中心体系建设、六类不同业务在财务共享信息化中的工作流程、财务共享任务质量管理、共享中心运营分析、报表统计分析、电子档案管理、电子影像管理等。

该实验课程的配套教材（本教材），将课程内容划分为10个教学任务，除课程考核外，每个教学任务的学习均是模拟真实的企业案例，针对不同任务给出既定的业务背景，配合详细操作说明及浪潮GS软件截图，辅助学生完成每个任务。

该课程可以单独开课，也可以配合沙盘模拟实验课程开课。在沙盘模拟实验课程的基础上，配合软件教学，能够更好地巩固学者所掌握的知识，并提升学生在信息系统中实践的能力。期望通过该课程的学习，可以达到如下训练目标：

- 了解企业在信息化系统中建设财务共享的主要内容。
- 了解纳入财务共享后业务处理的操作流程及操作方法。
- 了解财务共享建设完成后，企业运营管理及分析的主要内容。

1.2 教学组织

1.2.1 教学准备

1.2.1.1 硬件与软件准备

财务共享软件实验课程主要以软件为载体，配合本教材中10个教学任务的上机实验内容，完成财务共享建设、业务流转、运营数据分析以及上机考核等内容的操作任务。实验课程需要一个可供学生集中上机操作的实验室，至少包括一台服务器和学生上机使用的电脑。服务器需要完成学生实验环境的部署，包括数据库的安装、浪潮 GS 软件的安装、用户权限的配置，以及一些预置参数和流程等内容的设置。学生使用的电脑，需要完成浪潮 GS 软件的客户端环境部署。

1. 浪潮 GS 客户端安装环境介绍

（1）浪潮 GS 软件运行环境介绍

为保证浪潮 GS 客户端能够顺利安装并稳定运行，每个操作用户使用的计算机都需达到浪潮 GS 客户端安装所要求的最低甚至更高的配置，主要包括硬件和软件两方面的环境配置，如表 1-1 所示。

表 1-1

类　　别	要 求 配 置
硬件运行环境	内存 8GB，硬盘 250GB，网卡 100MB
软件运行环境	操作系统：Windows 7，Windows 8，Windows10 浏览器：谷歌浏览器、IE11 及以上版本

（2）IE 浏览器配置

浪潮 GS 客户端运行前，一般建议对 IE 浏览器进行相关配置，以保证为 GS 提供一个相对稳定的操作环境，主要包括受信任站点的添加、一些控件的设置等内容。以 IE11 为例，具体操作如下：

第一步：打开 IE 浏览器（Internet Explorer），执行【工具】-【Internet 选项】-【安全】-【受信任的站点】-【站点】，在打开的可信任站点设置窗口中输入浪潮 GS 客户端安装的 IP 地址，单击【添加】按钮并关闭，如图 1-1 所示。

第二步：执行【Internet 选项】-【安全】-【Internet】-【自定义级别】，如图 1-2 所示。

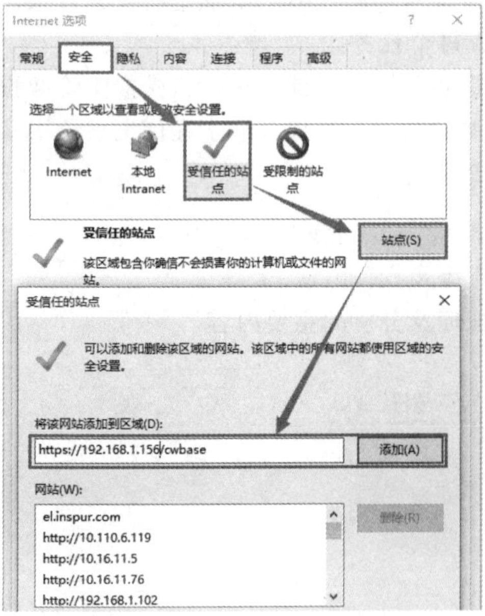

图 1-1

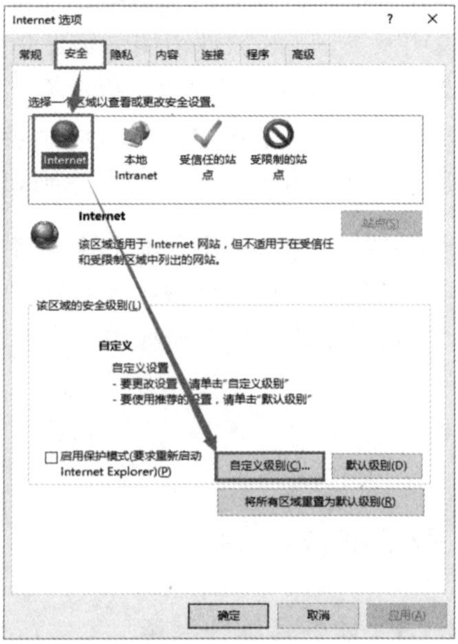

图 1-2

第三步：在打开的自定义级别设置对话框中找到“ActiveX 控件和插件”设置选项，将该项下所有的内容均勾选为“启用”，单击【确定】按钮，如图 1-3 所示。

第四步：分别执行【Internet 选项】-【安全】-【本地 Intranet】-【自定义级别】和【工具】-【Internet 选项】-【安全】-【受信任的站点】-【自定义级别】。对“ActiveX 控件和插件”的设置选项进行启用的设置，同第三步的操作。

第五步：执行【Internet 选项】-【高级】，找到“安全”“设置”选项，勾选“允许运行或安装软件，即使签名无效”，如图 1-4 所示。

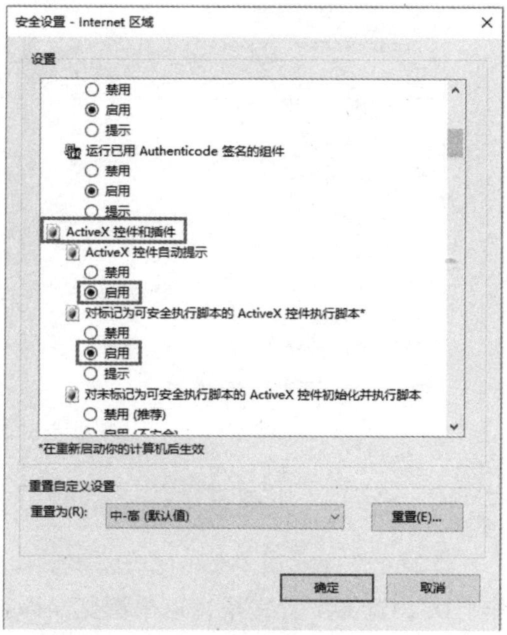

图 1-3

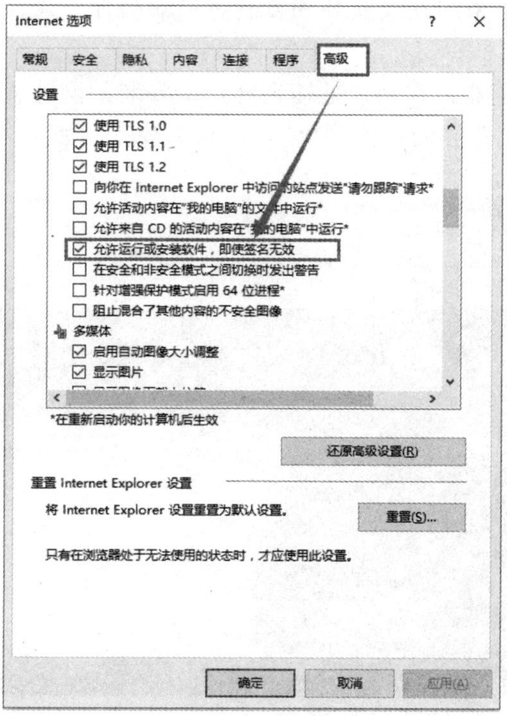

图 1-4

第六步：同样执行【Internet 选项】-【高级】，找到“浏览”设置选项，将“启用第三方浏览器扩展”取消勾选，如图 1-5 所示。

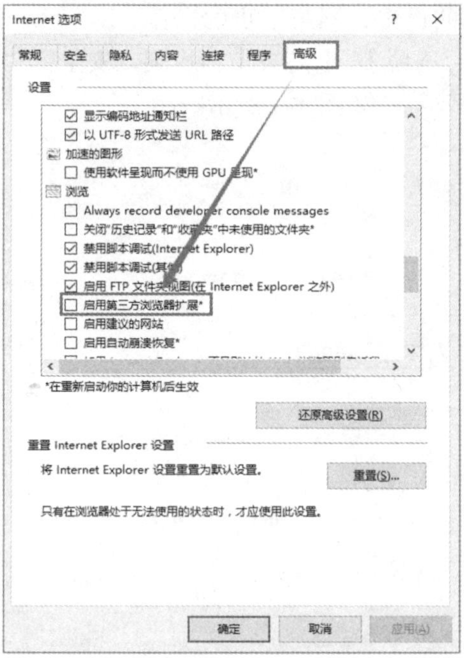

图 1-5

第七步：按照如上操作，IE 浏览器配置完毕，退出浏览器即可。

2. *浪潮 GS 客户端安装*

浪潮 GS 客户端安装可采用在线安装和复制客户端两种方式，具体操作方法如下。

方法一：在线安装。

第一步：打开 IE 浏览器，在网址处输入客户端安装的网址（固定格式为：http：//服务器 IP 地址/cwbase），在浏览界面单击“PC 客户端下载”，如图 1-6 所示。

图 1-6

第二步：单击“PC 客户端下载”后，执行客户端的安装程序，需要输入服务器 IP 地址，单击“下一步”，如图 1-7 所示。

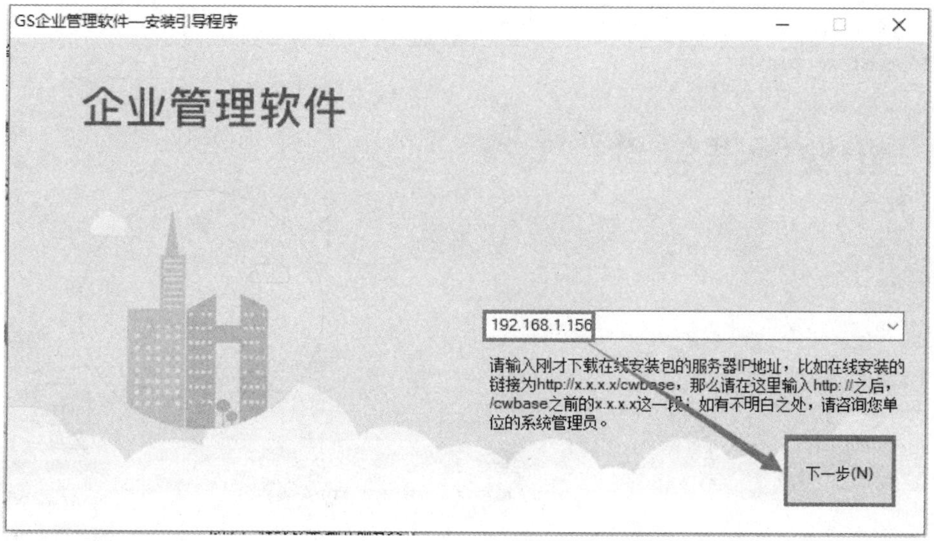

图 1-7

第三步：在安装过程中对客户端环境进行检测时，对于需要修复的内容，单击“一键修复”，修复完成后，如图 1-8 所示，单击“下一步”。

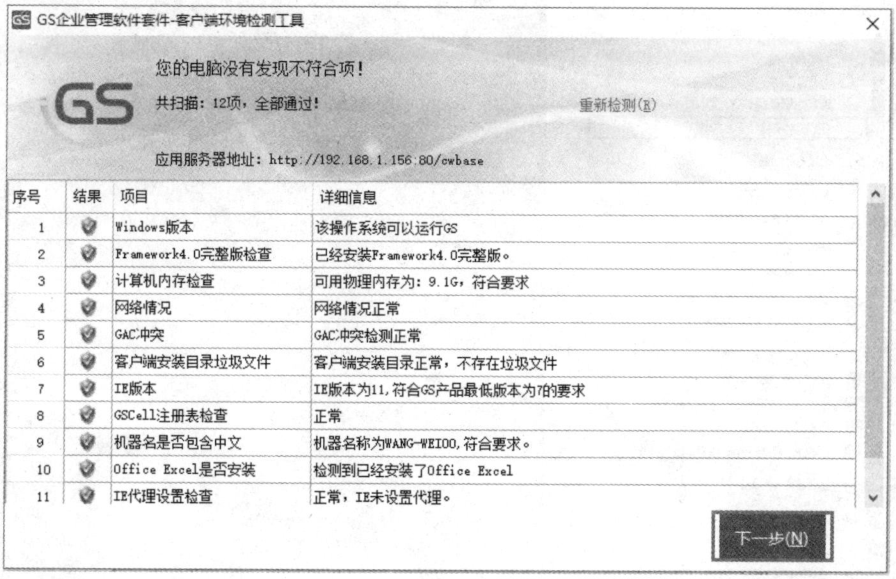

图 1-8

第四步：在客户端安装时可以修改安装路径，单击“立即安装”，如图 1-9 所示，直至 GS 客户端安装完毕。

方法二：复制客户端。

可从其他已正确安装 GS 客户端的设备上复制安装文件夹，然后直接使用。对于已经安装 GS 客户端的设备，可通过如下方式查找安装文件夹。

第一步：找到 GS 登录的快捷图标，单击鼠标右键，选择“打开文件位置”，如图 1-10 所示。

图 1-9

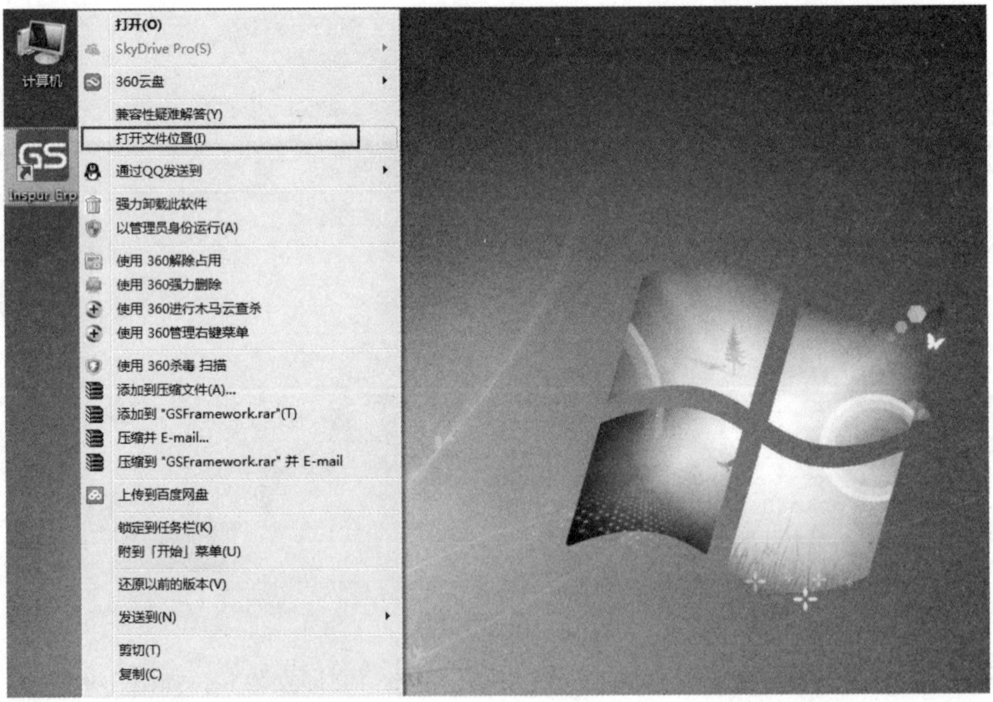

图 1-10

第二步：选择“打开文件位置”时，则会自动打开 GS 客户端的根目录，对应该目录，将“Inspur”文件夹复制出来，如图 1-11 所示。

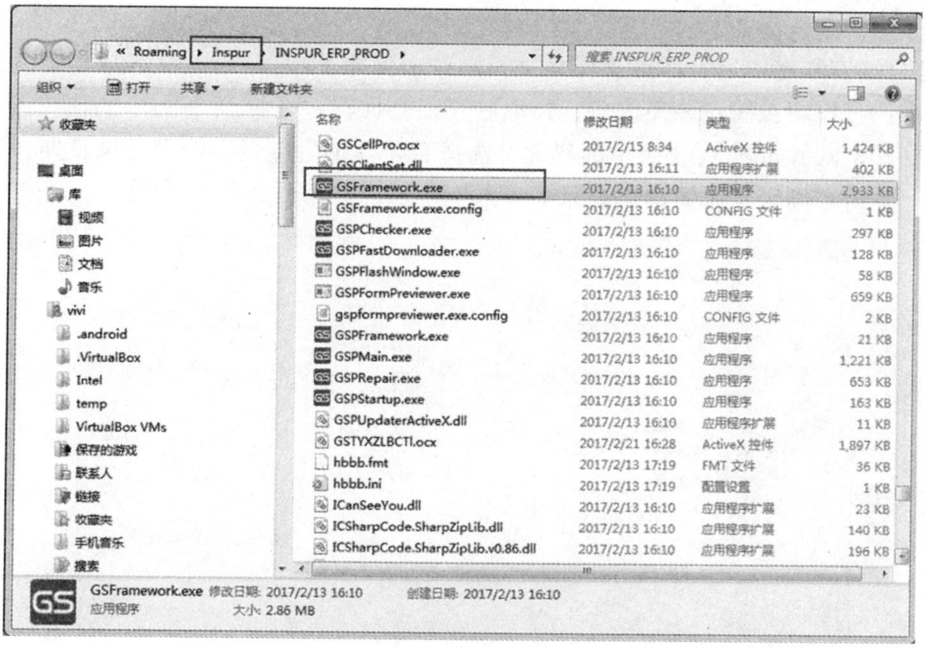

图 1-11

第三步：将“Inspur”文件夹复制到新的设备上以后，找到“GSFramework.exe”文件，也就是图 1-11 中的 GSFramework.exe，打开后配置服务器 IP 可直接登录客户端。

第四步：可将 GSFramework.exe 登录文件设置成桌面快捷方式，便于登录。在复制的“Inspur”文件夹中，找到“GSFramework.exe”文件，单击鼠标右键，选择“发送到”，再单击“桌面快捷方式”，则可在桌面形成一个快捷图标，如图 1-12 所示。

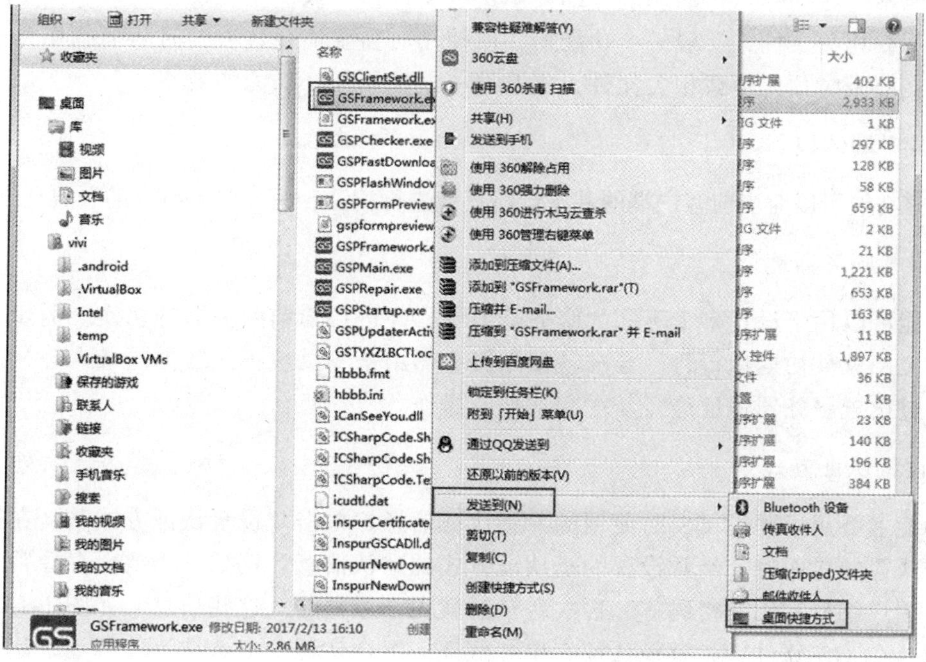

图 1-12

3. GS客户端的登录

GS客户端安装完毕后，即可进行登录，操作步骤如下：

第一步：客户端在线安装完成后，在电脑桌面会保存一个标注“GS”的快捷图标，双击该图标打开，显示如图1-13所示的界面，选择需要登录的应用实例和登录日期，输入用户名和密码，单击“确定”按钮即可登录。

图1-13

第二步：在GS登录界面，可以单击“高级”按钮，进行一些高级选项的配置及设置，主要包括以下几个方面。

■ 客户端文件预下载

此功能不是必须要执行的功能，即便不进行文件预下载，系统也会在第一次使用这个功能时自动下载相关文件，一般一个功能第一次使用时需要消耗数秒的时间下载相关文件。此功能可以在空闲时预先下载相关文件，提升第一次使用某个功能的效率。

■ 客户端体检

执行该功能可以对当前客户端的基本运行环境进行检测，对一些不符合的项目还支持修复。

■ 设置服务器地址

此功能可以用于设置多个不同的服务器地址，并进行当前服务器的切换。例如，有些企业集团在GS软件初期运行时，会准备多个服务器用于测试或正式数据的录入等，该种情况就可以通过设置服务器地址进行新增和切换的操作。

■ 设置认证方式

此功能主要用于登录GS时使用的一些认证信息，单击“设置认证方式”，在打开“设置认证方式”的界面时，经常设置的是认证方式的默认信息。例如，需要保存经常登录的实例编号、用户编号和用户密码等，再次登录时就无须重复输入这些信息，如图1-14所示。

注意：在GS软件中，登录认证有单一认证、组合认证、多选认证三种登录认证方式，具体登录认证方式由系统管理员在用户维护中根据企业实际情况进行设置。

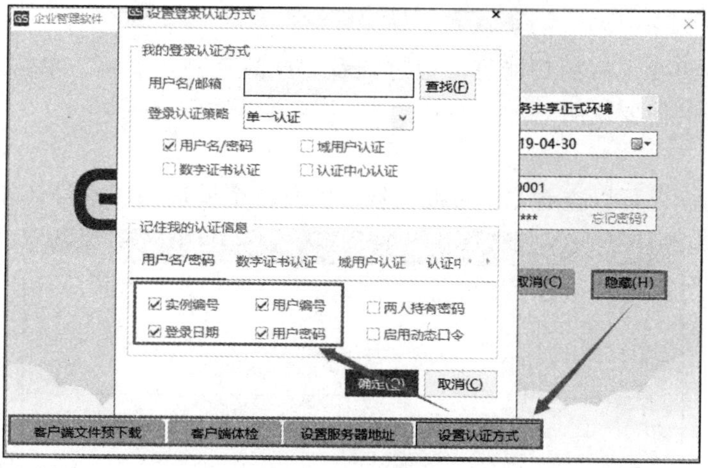

图 1-14

第三步：前两步设置完毕后，即可登录软件。

4. 浪潮 GS 登录框架熟悉

登录软件后，主要分为上、下、左、中、右五大区域，每个区域代表不同的含义。

上方区域代表工具栏信息，经常使用的功能如下。

■ 个人信息设置

单击个人信息图标，设置“个人信息”。打开“个人信息设置”界面，在“全局权限”和“我的权限”选项下能够查看对应的功能权限、数据权限等权限信息；切换到“安全设置”选项，可以进行修改密码的操作；切换到“常规设置”选项下，可以对“启动和登录”“主框架”等内容进行设置。例如，登录后自动显示新功能提醒、3 分钟内不操作电脑自动锁屏等，如图 1-15 所示。

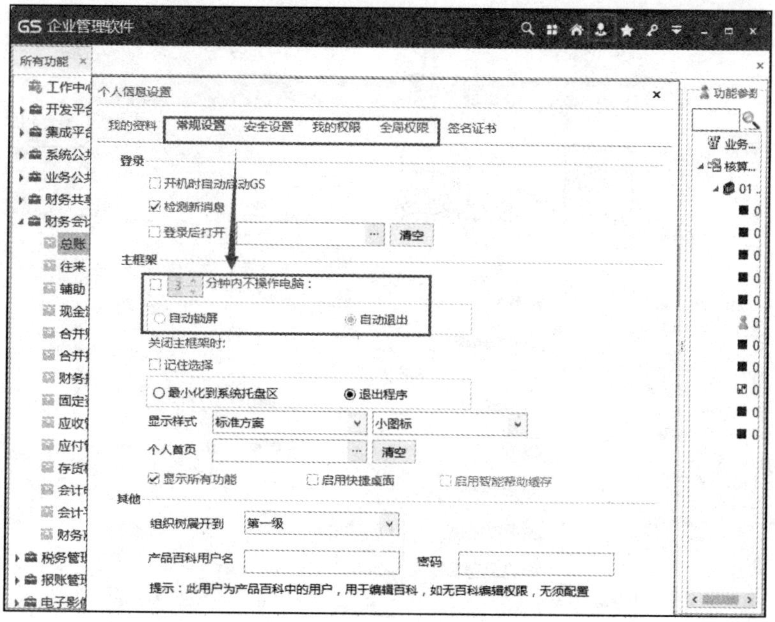

图 1-15

■ 产品百科

对于不熟悉或想要了解的功能可以通过查看“产品百科”了解，单击产品百科图标，即可查看相关内容的简要说明。

■ 关于 GS

单击关于图标，可以查看 GS 的版本号，以及各个模块的版本号，如图 1-16 所示。

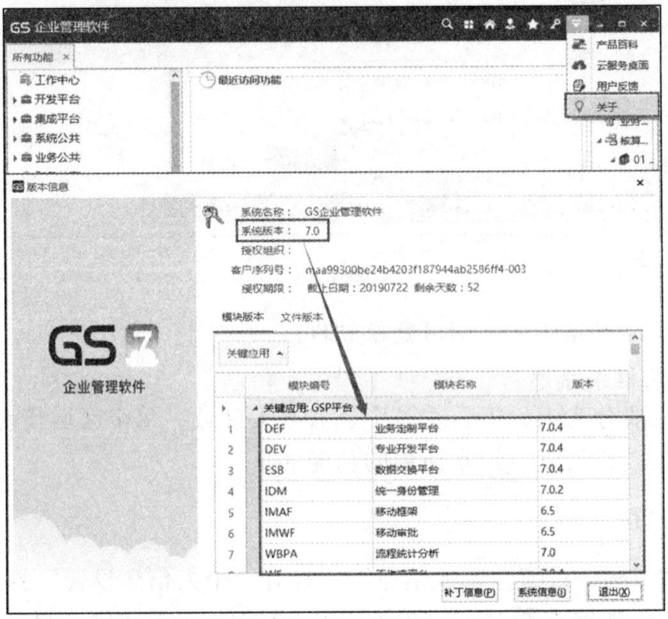

图 1-16

左、中、右和下方区域分别代表功能模块列表区域、功能菜单列表区域、全局权限列表区域、登录状态信息区域，如图 1-17 所示。

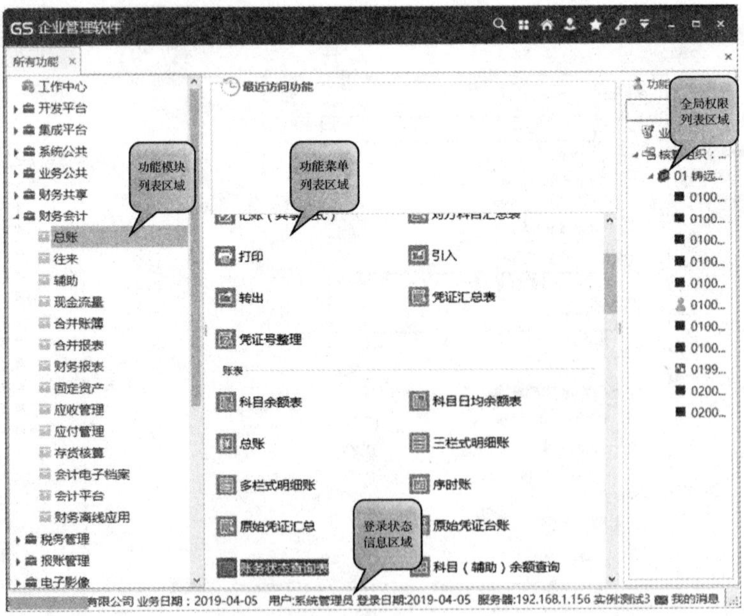

图 1-17

1.2.1.2 师生准备

在财务共享软件实验课程中，教师需要讲解与课程相关的知识要点及实验操作方法，并对学生给予实时的指导。因此，该课程需要教师了解与财务共享相关的专业理论知识，并能够结合企业实务进行讲解，同时又需要教师对信息系统中财务共享的整体操作流程有一定的了解。要做到这些，就需要教师在课程开设前加强自身的知识储备以及信息技术应用能力，或通过适当的师资培训，来提升整体师资水平，进而才能够保证课堂教学质量。

另外，对于学生而言，也需要具备一定的财务共享相关专业知识，同时还需对实验过程中涉及的岗位职责、实验规则、实务业务流程等内容有一定的了解，这样才能够在实验中不陷入数据中，不变成单纯的“打字员”，而是从实际业务的角度去理解并掌握财务共享在信息系统中的应用。

1.2.2 教学计划

财务共享软件实验课程参考教学计划如表 1-2 所示，按一学期 24 个课时、3 学分，周学时为 2 个课时，共 18 周。课程负责教师可以根据学校专业培养方案和学生的具体情形调整教学课时安排。另外，教师还可根据实际情况调整授课内容，根据需要挑选上课教学任务，完成该实验课程。

表 1-2

课程内容	授课形式	课时安排
导入课：铸汽集团财务共享体系设计	教师讲解	1
教学任务一：备用金及费用报销业务处理	学生实验	2
教学任务二：销售与收款共享业务处理		2
教学任务三：采购与付款共享业务处理		2
教学任务四：薪资共享业务处理		2
教学任务五：固定资产共享业务处理		2
教学任务六：税务共享业务处理		2
教学任务七：共享中心运营分析		2
教学任务八：总账与报表业务处理		2
教学任务九：会计电子档案管理		2
教学任务十：共享中心任务及质量管理		2
考核课：课堂实践作业+笔试		3
合计		24

1.3 浪潮 GS 教学版软件介绍

1.3.1 浪潮财务共享解决方案

浪潮财务共享中心解决方案是在总结浪潮成功实施以及正在建设的财务共享中心项目实践经验的基础上，结合国内企业集团在财务转型中的实际需求，提出的一整套完整的解决方案，也是浪潮 ERP 总体解决方案的重要组成部分。浪潮财务共享中心创新性地将云计算、移动互联网、大数据等新技术与财务共享服务理念进行有效融合，为国内企业集团成功建设财务共享中心提供强有力的支撑和技术保障。

浪潮 GS 共享中心由五大平台组成：运营支撑平台、网上报账平台、业务操作平台、运营管理平台、资金结算平台。

运营支撑平台主要对财务共享中心的业务开展和运营进行基础信息管理，包括共享中心的定义、作业规则管理及共享中心服务参数定义等。

网上报账平台作为企业财务数据的采集入口，将企业的报账支付数据完全电子化，利用信息技术再现原始业务活动，为每笔支出建立了单独的审计线索。

业务操作平台供共享中心业务人员完成业务单据和凭证的审核审批及实物、电子档案的管理。

运营管理平台包括作业管理、质量管理、绩效管理，可实现按业务类别自动分配任务，支持对作业任务的质量管理、绩效管理，以及对员工和组织运营 KPI 指标进行实时分析的绩效看板等。

资金结算平台可以为不同模式下的财务共享服务中心的资金结算业务提供统一的处理平台，通过参数配置，满足不同企业由于共享中心和资金中心的组织定位及分工差异形成的多种共享模式下的结算场景，实现报账、结算、线上支付的一体化管理。

1.3.2 产品架构

浪潮 GS 财务共享服务产品架构，如图 1-18 所示。

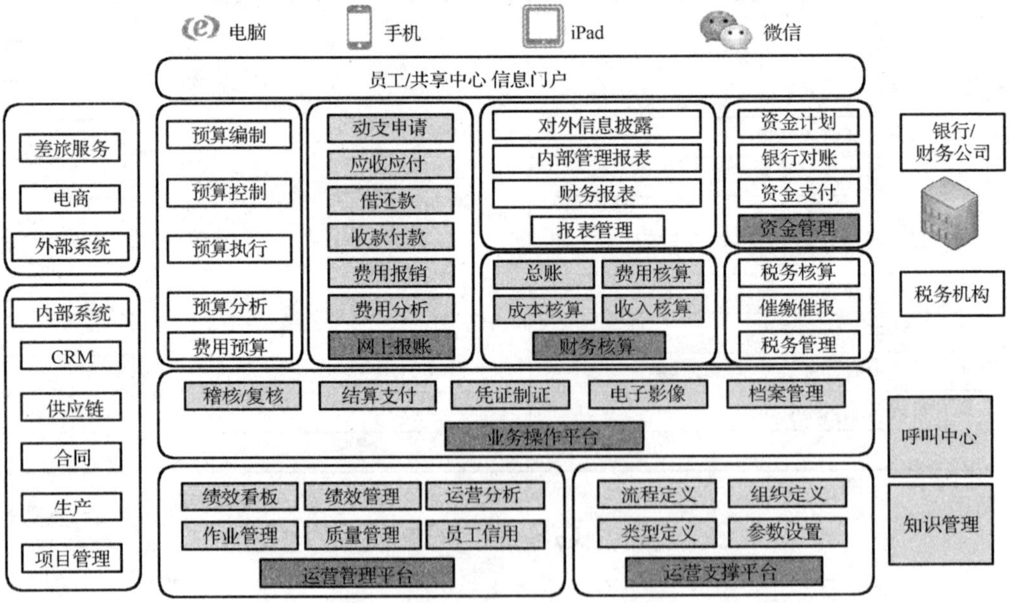

图 1-18

1.3.2.1 通过规范化、体系化的财务组织与流程重组，支撑企业发展战略

- 提升组织的灵活性，有利于应对企业集团业务需求的快速变化，以较低成本在现有服务架构上增加业务。

- 公司在新的地区建立子公司或收购其他公司，财务共享中心能及时为这些新建的子公司提供服务，不必考虑新建财务等职能支撑部门。

1.3.2.2　加强集团管控，完善财务战略体系

- 通过战略财务、共享中心、业务财务的信息化，为客户建立完整的财务战略体系。
- 基础财务工作通过财务共享中心完成，公司财务管理人员能够集中精力在公司的核心业务。

1.3.2.3　建立会计工厂，降低财务成本

- 消除岗位重复建设，减少人员数量和中间层级，充分发挥规模效应。
- 通过在低成本地区进行选址，降低人员成本。
- 降低未来的重组、整合、设备投入成本。

1.3.2.4　提高财务服务水平与运营效率

- 分工细化，人员专业化程度提高，从而提供更为专业的服务。
- 业务流程优化和标准化，从而提升工作效率。
- 财务数据集中，数据汇总、分析质量提升，更容易实现跨地域、跨部门的数据整合。

1.3.3　产品特征

1.3.3.1　运营支撑平台

特性 1：基础数据统一规划

- 从集团、账集、企业三个层次对数据进行标准化管理。
- 将集团制定的标准与规范，统一设置到系统中，各成员单位必须在标准与规范的控制下应用系统。
- 各单位在引用集团公有信息时，可以在一定权限范围下建立私有信息。

特性 2：基于职责和角色的授权管理

- 结合对业务系统的业务实体的操作及数据结构进行建模，构造业务系统的授权机制，可灵活实现业务系统的功能操作权限控制及数据访问控制（行权限、字段权限）；能提供完整的授权控制模型，具有良好的独立性和开放性；可以很方便地和各种业务系统挂接，提供授权控制服务。
- 一种职责可以赋予多个角色，一个操作人员可以被赋予多个职责。功能权限可以细化到每一级功能菜单，没有权限访问的菜单会自动隐藏。
- 不同的职责可以根据定义形成个性化应用界面。

特性 3：工作流应用适应集团管理流程化

- 通过工作流平台，自由定义需要审批的业务类别、审批流程的人员或岗位、审批额度。处理业务时，业务单据在系统中按照已经定义好的流程进行流转。

- 通过工作流平台，能够帮助集团实现流程化管理，并将关键业务、内部控制活动通过系统灵活定制，使财务控制活动在系统内相对固化，从而财务管理工作职能逐步转向到决策支持上来，提高财务管理水平。

1.3.3.2 网上报账平台

特性1：规范费用管理流程

- 实现了对内员工报销，对外收/付款的申请、审批的管理控制，支持费用、资产、应收、应付等收支管理。
- 降低员工提交、审批、处理、支付及费用报销所需的时间和精力。
- 实现全过程的网上审批，单位领导可自由安排审批时间，消除被动审批造成的工作干扰。
- 实现某些费用必须先有申请才能报销的控制，规范报销流程。
- 应用条码机，扫描单据条码，记录报销单据投递情况，稽核时通过条码进行单据定位，快捷查找单据进行稽核。

特性2：加强费用控制

- 对借款的控制：为控制资金风险，单位会对内部员工的借款进行控制，其控制方式一般为控制余额或控制每笔借款的金额，也可以采取两种方式混合的方法。在系统中，按照员工的职务级别等信息规定前述两种控制方式的控制金额，在借款过程中进行实时控制。
- 对报销的控制：报销过程中的控制主要有两个方面——报销限额和报销标准。报销限额控制是对指定报销项目在一定时间范围内的报销总额进行限制的控制方法，常见的有通信费的月度标准、住宿费的每天标准等。报销标准主要是用于计算有关报销费用，如差旅补贴的标准等。在系统中，按照员工的职务级别等信息规定报销限额和报销标准。对于报销限额，可以设定控制周期为天、月、季、年，并可以进行累计控制。
- 对预算的控制：费用的申请是否合理，报销的事项是否批准，这些与报销者个人的限额和标准相关的控制要求，需要根据单位的预算情况进行决策和控制。系统可以在业务申请阶段实现与预算系统的实时连接，对预算进行预计和检查，对超出预算或者到达预警线的业务进行实时控制。

特性3：灵活定制表单、审批流程

- 系统预置大量最佳实践的单据模板，提供各种费用单据、收付单据的定制平台。
- 可以灵活定义报销、申请单据类型及单据格式、打印格式，随时响应用户最新变化。
- 可以对费用单据设置多级、多步骤的审批流程，支持设置不同人员不同的审批权限。

特性4：实时查询，快速统计报表

- 多维度、多层次、多方式穿透查询，实现管理驾驶舱功能。
- 费用的不同状态满足了不同时期、不同岗位的人员对费用的查询需求。

1.3.3.3 业务操作平台

特性 1：与预算、财务、资金、现金的集成

- 资金集中收付和费用预算控制管理。收支数据实时登记，并且可对支出进行实时的预算控制。
- 制单时进行费用预算预警设置，以供领导审批、财务共享中心人员稽核时进行预算查看。
- 支持稽核阶段自动生成核算凭证及发送资金收付款请求。
- 支持先核算后付款、先付款后核算两种业务模式。

特性 2：集成电子影像系统和实物票据管理系统

- 实现发票的分组扫描、影像上传、影像检索工作。
- 实现票据、电子影像与实物票据的一一对应。

1.3.3.4 运营管理平台

特性 1：灵活的业务分配管理

- 作业管理支持抢单式和权限分配两种分配方式。
- 任务能够强制分配、强制取回、再分配等。
- 实现个人及组织工作量统计及明细查询。

特性 2：运营统计分析

- 能够进行共享中心作业统计。
- 能实时统计、查询共享中心作业明细。
- 支持多维度、多角度的分析。

1.3.3.5 资金结算平台

特性 1：满足多种共享模式

- 资金结算平台满足多种共享模式下的资金结算业务，为其提供统一办理平台。
- 满足不同企业由于共享中心和资金中心的组织定位及分工差异形成的多种共享模式。
- 实现报账、结算、线上支付的一体化管理。

1.3.4 产品流程

浪潮 GS 财务共享服务产品流程，如图 1-19 所示。

第一步：报销人（也就是申请人）在网上报账系统按照公司制度要求，填写报账单；编制报账单的时候需要遵循财务共享中心制定的规章制度，并将原始单据统一粘贴，提交给单据初审岗。

第二步：由初审员进行单据扫描，将原始凭证通过高拍仪扫描至服务器指定位置。为后续单据与原始单据图片匹配做好铺垫。同时，初审员需要验证发票的准确性。

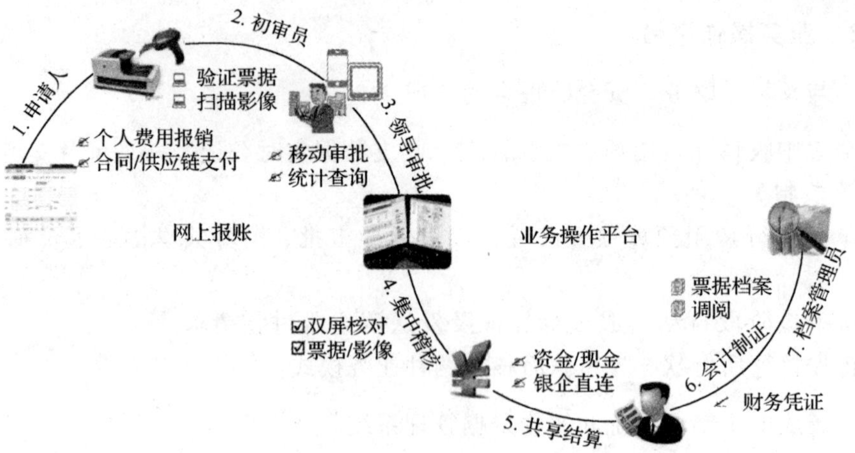

图 1-19

第三步：由各级领导进行报账单审批。

第四步：各级领导审批通过的报账单，流转到财务稽核岗位。财务稽核岗位调出原始单据与报账单信息进行核对。

第五步：审核通过的报账单通过资金系统支付。

第六步：通过凭证接口功能，自动生成财务凭证。生成的凭证需要总账会计校验、审核及记账处理。

第七步：档案管理员进行凭证、报账单的归档。

第 2 章 实训模拟背景概述

2.1 模拟企业背景

铸远汽车集团有限公司（简称“铸汽集团”）是国内汽车行业最具实力、最具规模的集团之一，总部位于北京，目前已建立了涵盖整车及零部件研发、制造，汽车服务贸易，综合出行服务等业务的完整产业链，是国内汽车产品品种较全、产业链较完善、新能源汽车市场领先的国有大型汽车企业集团，旗下拥有翼驰、赛尔等多种自主品牌汽车。

铸汽集团子公司众多，以北京为中心，建立了分布在全国十余省市的自主品牌整车基地、新能源整车基地、生产基地、研发基地等。近年来，铸汽集团自主品牌发展壮大，业务扩展，层级增加，降低成本和规避风险等核心问题日益突出。

- 财务人员紧缺。2018 年自主品牌的收入较 2016 年增长了 140%，财务核算业务量显著增加（以管理费用为例，2018 年业务凭证数量是 2016 年的 2 倍），同比来看，财务人员虽有所增加，但是增速却很难满足业务量的快速增加，财务人员相对紧缺。
- 人力成本增加。随着企业规模的不断扩张和业务单位的持续增加，每个分部都需要配备相应的财务、人力、IT、采购等人员，人力资本随之增加。
- 资金集中程度较低。铸汽集团缺乏统一的资金管理系统，存在银行账户数量众多、资金相对分散、资金集中难度大的问题。总部只能通过定期检查、事后审计等方式进行远程监管，无法有效地提高资金集中度、规避项目资金风险。
- 标准化程度低。不同地区、不同分部间业务审批流程、业务表单等内容的多样化及标准的差异化，影响了企业整体的发展运作，对企业的日常经营和存续产生一定的阻力。
- 信息孤岛严重。铸汽集团缺乏数据信息共享，信息系统集成化水平低，导致财务与业务部门之间实际业务融合度不高、财务工作对经营决策支持力度不强、价值创造能力弱；各子公司与总部之间多头要数、频繁报数，导致大量重复性工作，工作效率有待提升。
- 权责划分不清晰。财务部门与业务部门职责划分不清晰，部分公司存在财务部门承担业务部门工作职责，如工资表的计算、考勤统计等。
- 总部财务管控力度不足。总部虽然制定了统一的各类财务管控制度，并要求下属单位参照执行，但是具体执行情况存在较大差异，会计信息质量水平不一，使得管控风险较高、财务资源短缺与闲置并存。

目前，铸汽集团 60%的财务人员从事核算会计工作，40%的财务人员从事管理会计工作。烦冗的基础核算工作占用了财务人员大量的精力，使得财务人员无法集中精力开展具有“价值创造”意义的管理会计工作，不能高效地为管理层决策提供支持服务。

因此，为了适应铸汽集团的发展战略和管理体制变化要求，进一步推动企业深化改革、强化管理、优化资产，铸汽集团董事会在 2019 年做出集团发展战略部署重要决议：借鉴国内外一流大型企业集团财务改革创新与共享服务的理论与实践，结合实际，建设适合本集团的财务共享服务中心（简称“共享中心”），服务范围包括的单位如表 2-1 所示。

表 2-1

序号	单位全称	本文简称
1	铸远汽车集团有限公司本部	铸汽本部
2	天津铸远新能源汽车有限公司	天津新能源公司
3	上海铸远汽车销售有限公司	上海销售公司
4	山东铸远汽车销售有限公司	山东销售公司
5	深圳铸远翼驰汽车生产有限公司	深圳翼驰公司
6	株洲铸远赛尔汽车生产有限公司	株洲赛尔公司
7	北京铸远汽车制造有限公司	北京制造公司
8	厦门铸远汽车制造有限公司	厦门制造公司

铸汽集团期望通过共享中心的有效运营，能够实现如下几点主要管理目标：

- 成本降低。实现企业财务的制度化、信息化、标准化和统一化，数据跨区域、跨部门处理，同时消除岗位重复建设，实现人力资源合理配置，既有助于降低企业财务成本，又有助于提升企业财务效率。
- 风险可控。通过建立财务共享中心，使各子公司分散的财务权力得到集中管理，制定统一的监管制度，提升管控能力，完善风险内控体系建设，规避项目资金与管理风险，从而实现企业内部风险可控。
- 财务转型。财务共享中心的建设，是以企业发展战略为依托，在提高效益、节约成本的基础上加强企业内部管理，建立全方位、多层次的财务管理中心，实现大量基础财务工作标准化、流程化，提高财务核算工作的效率，大大降低对基础财务人员的需求量，使很多财务人员能够从烦琐的核算工作中解放出来，从事战略财务和业务财务工作，建设完整的财务战略体系，促进企业财务转型升级。

2.2 模拟岗位角色

财务共享软件实验课程中，学员需要模拟的用户及其业务范围，如表 2-2 所示。

表 2-2

用户编号	用户名称	描　述
8888	系统管理员	用于模拟浪潮 GS 软件模拟的系统管理工作，包括基础数据规划、流程设计、参数管理等内容
7777	赵琦	用于模拟示例共享中心任务分配方式及提单规则设置
CS0001	沈民	用于模拟纳入共享中心的业务初审工作
JH0001	李梅	用于模拟纳入共享中心的费用报销业务稽核工作
JH0002	刘强	用于模拟纳入共享中心的薪资计提、薪资发放业务稽核工作
JH0003	周彩	用于模拟纳入共享中心的资产新增、资产减少及资产折旧业务稽核工作

续表

用户编号	用户名称	描述
JH0004	隋浩	用于模拟纳入共享中心的税金计提及税金缴纳业务稽核工作
JH0005	傅金	用于模拟纳入共享中心的销售与收款业务稽核工作
JH0006	吴晓	用于模拟纳入共享中心的采购与付款业务稽核工作
HS0001	何月	用于模拟纳入共享中心的费用报销业务核算工作
HS0002	黄婷	用于模拟纳入共享中心的薪资计提、薪资发放业务核算工作
HS0003	张青	用于模拟纳入共享中心的资产新增、资产减少及资产折旧业务核算工作
HS0004	王红	用于模拟纳入共享中心的税金计提及税金缴纳业务核算工作
HS0005	袁可	用于模拟纳入共享中心的销售与收款业务核算工作
HS0006	焦磊	用于模拟纳入共享中心的采购与付款业务核算工作
JS0001	刘慧	用于模拟费用报销、产品销售收款登记、物资采购对外付款、薪资发放、税金缴纳业务的资金结算工作及示例共享中心待整改单据退回工作
ZZ0001	田宇	用于模拟财务共享中心凭证集中审核、记账及会计电子档案审批工作
ZZ0002	腾乐	用于模拟财务共享中心集中月结、报表批量生成及会计电子档案生成工作
DA0001	杨振	用于模拟财务共享中心会计电子档案建档、归档及借阅审批等工作
DA0002	林更	用于模拟会计电子档案建档、归档管理及档案借阅、审批等工作
FY0001	李勇	用于模拟备用金申请及差旅费报销填报工作
FY0002	魏雪	用于模拟备用金申请及差旅费报销填报工作
FY0003	张静	用于模拟备用金申请及差旅费报销填报工作
FY0004	王倩	用于模拟备用金申请及差旅费报销填报工作
FY0005	于振	用于模拟备用金申请及差旅费报销填报工作
XZ0001	李欣	用于模拟薪资计提报账单、薪资发放报账单填报工作
XZ0002	纪洋	用于模拟薪资计提报账单、薪资发放报账单填报工作
ZC0001	刘畅	用于模拟资产新增报账单、资产减少报账单填报工作
ZC0002	孙剑	用于模拟资产新增报账单、资产减少报账单填报工作
ZC0003	孙悦	用于模拟资产折旧报账单填报工作
ZC0004	王哲	用于模拟资产折旧报账单填报工作
SW0001	林萧	用于模拟税金计提报账单、税金缴纳报账单填报工作
SW0002	吴亮	用于模拟税金计提报账单、税金缴纳报账单填报工作
XS0001	吴峰	用于模拟合同登记、销售订单制单等工作
XS0002	杨军	用于模拟备用金申请及差旅费报销填报、合同登记、销售订单制单等工作
CG0001	李婷	用于模拟备用金申请及差旅费报销填报、合同登记、采购订单制单及付款报账单填报工作
CG0002	何米	用于模拟合同登记、采购订单制单及付款报账单填报工作
FZ0001	范明	用于模拟销售发票制单、采购发票制单工作
FZ0002	吴双	用于模拟销售发票制单、采购发票制单工作
FP0001	何玲	用于模拟发票审核、记账、应收报账单及应付报账单生成工作
FP0002	李智	用于模拟发票审核、记账、应收报账单及应付报账单生成工作
CN0001	程明	用于模拟收款认领工作

续表

用户编号	用户名称	描 述
CN0002	姜婷	用于模拟收款认领工作
CK0001	丛营	用于模拟仓库发货、收货工作
CK0002	沈著	用于模拟仓库发货、收货工作
JZ0001	张弛	用于模拟库存记账工作
JZ0002	范成	用于模拟库存记账工作
SP0001	张明	用于模拟人力资源部领导审批工作
SP0002	邢伟	用于模拟人力资源部领导审批工作
SP0003	王海	用于模拟采购部领导审批工作
SP0004	王飞	用于模拟市场部领导审批工作
SP0005	张宁	用于模拟财务部领导审批工作
SP0006	张芳	用于模拟财务部领导审批工作
SP0007	林峰	用于模拟物资管理部领导审批工作
SP0008	谢兰	用于模拟物资管理部领导审批工作
SP0009	赵健	用于模拟销售部领导审批工作
SP0010	白雪	用于模拟销售部领导审批工作
SP0011	朱赫	用于模拟采购部领导审批工作
SP0012	陈欢	用于模拟市场部领导审批工作
SP0013	秦雨	用于模拟市场部领导审批工作
SP0014	徐薇	用于模拟采购部领导审批工作
SP0015	汪颖	用于模拟财务部领导审批工作
YG0001	刘杨	用于模拟示例共享中心任务分配、任务加急及整改单据审批工作
YG0002	张默	用于模拟示例共享中心任务提单、单据调整申请及单据整改并填报整改单工作
YG0003	王刚	用于模拟示例共享中心对调整分配的单据进行稽核工作
YG0004	乔伟	用于模拟示例共享中心单据质检工作
YG0005	刘芳	用于模拟示例共享中心单据复检工作
YG0006	陆诚	用于模拟运营看板分析及多维数据分析工作

按实验中模拟的业务类别进行分类，将其对应的模拟人员和模拟实验内容描述如下：

- 系统管理业务，如表 2-3 所示。

表 2-3

参与用户	模拟实验内容
8888 系统管理员	设置财务共享中心业务处理所需要的基础数据，包括核算人员、共享中心服务、业务组、用户、报账类型、报销账户、单据类型、系统设置等。系统管理内容的正确设置是后续业务处理及运营数据分析的前提和保障
7777 赵琦	设置示例共享中心任务分配方式及提单规则

- 备用金及费用报销业务，如表 2-4 所示。

表 2-4

参与用户	模拟实验内容
FY0001 李勇 FY0002 魏雪 FY0003 张静 FY0004 王倩 FY0005 于振 XS0002 杨军 CG0001 李婷	备用金申请及差旅费报销填报
CS0001 沈民	备用金申请单及差旅费报销单初审与原始凭证扫描上传
SP0001 张明 SP0002 邢伟 SP0003 王海 SP0004 王飞 SP0010 白雪 SP0013 秦雨	备用金申请单及差旅费报销单原始单据影像查看与审批
JH0001 李梅	备用金申请单及差旅费报销单原始单据影像查看与财务稽核
HS0001 何月	备用金申请单及差旅费报销单原始单据影像查看与财务凭证生成
JS0001 刘慧	差旅费报销付款办理及付款确认

■ 销售与收款共享业务，如表 2-5 所示。

表 2-5

参与用户	模拟实验内容
XS0001 吴峰 XS0002 杨军	合同登记、销售订单制单
SP0009 赵健 SP0010 白雪	合同审批、销售订单审批
CK0001 丛营 CK0002 沈著	仓库发货
JZ0001 张弛 JZ0002 范成	库存记账
FZ0001 范明 FZ0002 吴双	销售发票制单
FP0001 何玲 FP0002 赵华	发票审核、记账；提交应收报账单
CS0001 沈民	应收报账单初审与原始凭证扫描上传
SP0005 张宁 SP0010 白雪	应收报账单领导审批
JS0001 刘慧	收款登记
CN0001 程明 CN0002 姜婷	收款认领
JH0005 傅金	应收报账单、收款报账单稽核
HS0005 袁可	应收报账单、收款报账单生成凭证

■ 采购与付款共享业务，如表 2-6 所示。

表 2-6

参与用户	模拟实验内容
CG0001 李婷 CG0002 何米	合同登记、采购订单制单及付款报账单填报
SP0003 王海 SP0006 张芳 SP0011 朱赫 SP0015 汪颖	合同审批、采购订单、付款报账单审批及应付报账单领导审批
CK0001 丛营 CK0002 沈著	仓库收货
JZ0001 张弛 JZ0002 范成	库存记账
FZ0001 范明 FZ0003 蔡丽	采购发票制单
FP0001 何玲 FP0003 李智	发票审核、记账；提交应付报账单
CS0001 沈民	应付报账单、付款报账单初审与原始凭证扫描上传
JH0006 吴晓	应付报账单、付款报账单稽核
HS0006 焦磊	应付报账单、付款报账单生成凭证
JS0001 刘慧	付款报账单结算办理

■ 薪资共享业务，如表 2-7 所示。

表 2-7

参与用户	模拟实验内容
XZ0001 李欣 XS0002 纪洋	薪资计提报账单、薪资发放报账单填报
CS0001 沈民	薪资计提报账单、薪资发放报账单初审与原始凭证扫描上传
SP0005 张宁 SP0006 张芳	薪资计提报账单、薪资发放报账单原始单据影像查看及审批
JH0002 刘强	薪资计提报账单、薪资发放报账单原始单据影像查看及财务稽核
HS0002 黄婷	薪资计提报账单、薪资发放报账单原始单据影像查看及财务凭证生成
JS0001 刘慧	薪资发放报账结算办理与结算确认

■ 固定资产共享业务，如表 2-8 所示。

表 2-8

参与用户	模拟实验内容
ZC0001 刘畅 ZC0002 孙剑 ZC0003 孙悦 ZC0004 王哲	资产新增报账单、资产折旧报账单及资产减少报账单填报

续表

参与用户	模拟实验内容
CS0001 沈民	资产新增报账单、资产折旧报账单及资产减少报账单初审与原始凭证扫描上传
SP0005 张宁 SP0006 张芳 SP0007 林峰 SP0008 谢兰	资产新增报账单、资产折旧报账单及资产减少报账单原始单据影像查看及审批
JH0003 周彩	资产新增报账单、资产折旧报账单及资产减少报账单原始单据影像查看及财务稽核
HS0003 张青	资产新增报账单、资产折旧报账单及资产减少报账单原始单据影像查看并生成财务凭证

■ 税务共享业务，如表 2-9 所示。

表 2-9

参与用户	模拟实验内容
SW0001 林萧 SW0002 吴亮	税金计提报账单、税金缴纳报账单填报
CS0001 沈民	税金计提报账单、税金缴纳报账单初审与原始凭证扫描上传
SP0005 张宁 SP0006 张芳	税金计提报账单、税金缴纳报账单原始单据影像查看及审批
JH0004 隋浩	税金计提报账单、税金缴纳报账单原始单据影像查看及财务稽核
HS0004 王红	税金计提报账单、税金缴纳报账单及相关原始单据影像查看并生成财务凭证
JS0001 刘慧	税金缴纳报账结算办理与结算确认

■ 共享中心运营分析，如表 2-10 所示。

表 2-10

参与用户	模拟实验内容
YG0006 陆诚	运营看板分析及多维数据分析

■ 总账与报表业务，如表 2-11 所示。

表 2-11

参与用户	模拟实验内容
ZZ0001 田宇	对纳入共享中心的所有单位进行集中凭证审核、记账
ZZ0002 腾乐	对纳入共享中心的所有单位财务报表批量计算

■ 会计电子档案管理，如表 2-12 所示。

表 2-12

参与用户	模拟实验内容
ZZ0001 田宇	会计电子档案审批及会计电子档案变更审核
ZZ0002 腾乐	月结处理、会计电子档案生成及会计电子档案版本查询
DA0001 杨振	会计电子档案建档、归档管理及档案借阅审批
DA0002 林更	会计电子档案变更申请、会计电子档案借阅申请及借阅查看

■ 共享中心任务及质量管理，如表 2-13 所示。

表 2-13

参与用户	模拟实验内容
7777 赵琦	设置示例共享中心任务分配方式及提单规则
YG0002 张默	示例共享中心任务提单、单据调整申请及单据整改并填报整改单
YG0001 刘杨	示例共享中心任务分配、任务加急及整改单据审批
YG0003 张默	对调整分配单据进行稽核
YG0004 乔伟	示例共享中心单据质检
YG0005 刘芳	示例共享中心单据复检
JS0001 刘慧	示例共享中心待整改单据退回稽核人员

第 3 章 铸汽集团共享中心体系设计

从现在开始，你将作为共享中心筹建项目组的一名成员，参与铸汽集团财务共享中心信息化建设的全过程。以浪潮 GS 管理软件（简称“浪潮 GS”）为信息系统平台，模拟系统管理员、业务员、报账员、相关领导、单据初审员、财务稽核员、财务核算员、出纳员、报表管理员等不同身份，体验不同角色在信息化建设过程中的工作流程及工作内容，完成财务共享实训课程。

在实训过程中，你需要思考并掌握以下几点重要内容：

- 财务共享中心建设前后的工作差异点。
- 适合纳入财务共享中心的业务范围及岗位有哪些？
- 通过财务共享中心的建设，可在哪些环节为企业带来哪些效益？

铸汽集团借鉴国内一流大型企业集团建设财务共享中心的理论与实践经验，并通过第三方咨询机构的专业调研及评估，最终确定了该集团财务共享中心体系设计方案。方案对建设模式、组织结构、岗位职责、业务范围、信息系统等内容进行了全面规划与设计，具体详见如下小节内容。

3.1 建设模式设计

设计结果：集团共享中心模式，选址地点为北京。

在决定共享中心模式的时候，通常主要会从以下几方面考虑：

- 业务的多样性。业务板块的多样性和差异性是共享中心模式选择的重要因素。若业务板块差异较大，则会导致部分财务流程的处理方式大不相同，会为共享中心的效率带来较大的影响。
- 业务的规模性。业务板块的规模大小也是决定共享模式的重要因素。若规模达到一定程度，可以考虑单独建设共享中心。
- 业务的地域性。业务板块的地域布局同样也是一个重要的考虑因素。对于地域分布比较集中的完全可以通过一个共享中心方式进行推进，对于布局较广的就需要考虑是否需要按地域进行共享。

综上分析，铸汽集团具有“板块少、规模小而集中”的特点，虽然地域分布较为分散，但是基于铸汽集团高层欲加强总部集中管理、便于集团标准化流程及制度的推进、最大限度地发挥共享中心规模效应等原因，最终决定建设集团统一的共享中心，并将共享中心设立在总部所在地。

3.2　业务范围设计

设计结果：将费用报销、销售与收款、采购与付款、薪资计提与发放、固定资产核算、税金计提与缴纳几类业务优先纳入共享中心。

财务共享中心服务是通过将易于标准化的财务业务进行流程再造与标准化，并由共享中心统一对其进行处理，达到降低成本、提升客户满意度、改进服务质量、提升业务处理效率目的的作业管理模式。

铸汽集团基于“易于标准化”的要点，综合考虑本集团同类业务数据量大小，并借鉴国内已成功建设共享中心的集团企业经验，最终确定将国内各集团企业认为适合纳入共享中心排名靠前的几类业务（包括：费用报销、销售与收款、采购与付款、薪资计提与发放、固定资产核算）纳入共享中心，并应集团高层要求，最终将税金计提及缴纳核算业务也纳入共享中心。

3.3　组织架构设计

设计结果：财务共享中心下设至集团财务部，并依据纳入共享中心的业务范围设置内部组织。

铸汽集团为顺利推进共享中心的建设，以及保障各项政策制度的有效落实，将共享中心下设至集团财务部，作为集团 CFO 直属的管理组织，向集团财务部汇报，并根据纳入共享中心的业务范围及业务量大小，按职能划分设立会计核算组、资金结算组、总账报表组、运营管理组及业务监察组，如图 3-1 所示。

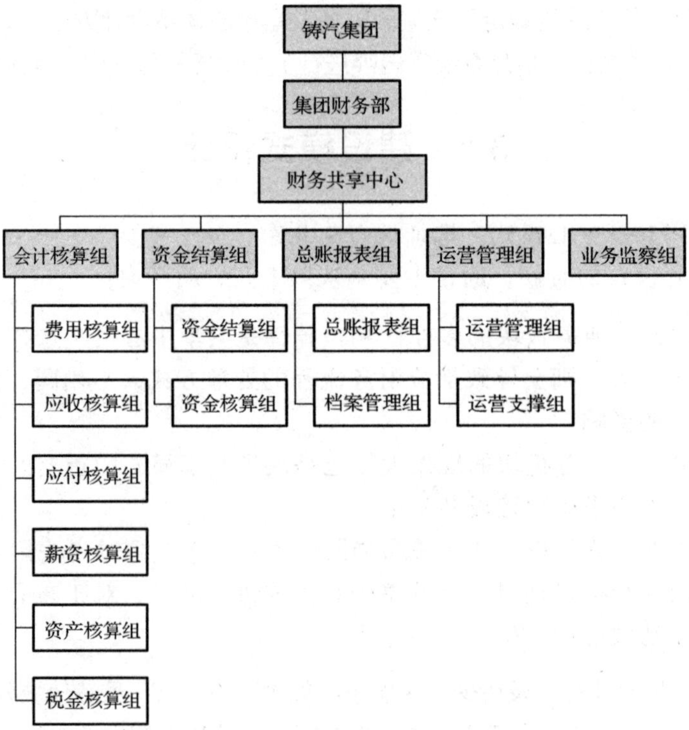

图 3-1

3.4 岗位职责设计

设计结果：按内部组织架构设置岗位，如表 3-1 所示。

表 3-1

一级内部组织	二级内部组织	岗位名称	职责简述
会计核算组	费用核算组	费用稽核岗	主要负责共享范围内所有单位的员工差旅费、部门经费等费用报销，员工备用金借款、还款的稽核
		费用核算岗	主要负责对费用稽核岗审核通过的业务单据生成正式会计核算凭证
	应收核算组	应收稽核岗	主要负责共享范围内所有单位销售类业务应收账款稽核
		应收核算岗	主要负责对应收稽核岗审核通过的业务单据生成正式会计核算凭证
	应付核算组	应付稽核岗	主要负责共享范围内所有单位采购类业务应付账款稽核
		应付核算岗	主要负责对应付稽核岗审核通过的业务单据生成正式会计核算凭证
	薪资核算组	薪资核算岗	主要负责对共享范围内所有单位薪资计提及发放业务稽核，并对审核通过的业务单据生成正式会计核算凭证
	资产核算组	资产核算岗	主要负责对共享范围内所有单位固定资产新增、计提折旧、减少类业务稽核，并对审核通过的业务单据生成正式会计核算凭证
	税金核算组	税金核算岗	主要负责共享范围内所有单位各项税金计提及缴纳稽核，并对审核通过的业务单据生成正式会计核算凭证
资金结算组	资金结算组	资金结算岗	主要负责共享范围内所有单位收付款申请单稽核及资金收付款结算，并对银行账户进行管理
	资金核算组	资金核算岗	主要负责对资金结算岗提交的付款信息进行复核，并对资金收付款业务生成正式会计核算凭证
总账报表组	总账报表组	总账报表管理岗	主要负责总账业务账务处理，按照每月末/年末制定的关账时间节点，按时完成共享范围内所有单位关账及财务报表编制工作，并出具固定格式的基本分析报告
	档案管理组	档案管理岗	主要负责凭证归档前影像和实物单据的核对工作，原始档案的查询、调阅、借阅等，电子档案管理、会计凭证打印及装订
运营管理组	运营管理组	运营管理岗	主要负责财务共享相关信息系统的流程优化、规划和实施；结合共享中心运营情况出具多维度运营分析报告，持续不断地推动内部优化完善；发布各项财务规则及业务流程说明等
	运营支撑组	运营支撑岗	主要负责受理员工报账问题咨询、系统权限设置及系统问题答疑、总结运营服务管理过程中发现的问题、提出共享中心内部人员管理和考核的各项关键指标建议等
业务监察组	—	业务监察岗	主要负责定期或不定期地抽检共享服务中心内部各部门业务单据处理情况，根据抽检结果对各项考核指标进行评价打分，计入财务共享服务中心人员绩效考核；对于抽检问题单据，记录到系统内并跟踪改进

3.5 信息系统设计

设计结果：搭建统一、高效的共享服务平台，促进业财融合，支撑财务管理转型。

铸汽集团基于现有信息系统资源情况，考虑共享服务中心各项业务顺利运行所需的系统保障，设计财务共享服务信息系统平台的建设方案：

- 以实施财务共享服务为信息系统建设的出发点。本次系统设计的目的是为保障财务共享服务项目的顺利实施，与项目无紧密关联的系统将不在本次方案范围之内。
- 最大限度地利用现有系统资源。充分考虑铸汽集团各单位现有的信息系统，尽量以最小的成本满足必要的需求，提出系统优化和改造建议，提升系统资源效率，避免系统资源闲置浪费。
- 秉承集团可持续发展的设计思路。以铸汽集团整体信息化规划为主线，以开放式、平台化思路设计信息系统，确保未来集团各业务板块相关信息系统均可通过接口形式，将相关财务数据纳入财务共享中心。
- 促进业财融合。铸汽集团期望横向打通部分现有信息系统和财务共享平台，共享中心要实现向业务延伸，业务处理数据直接推送生成共享中心报账单，实现业务同源入口，并可建立联查追溯机制，提供全价值链财务管理支持。

综合考虑铸汽集团各单位信息系统应用现状（包括供应商、版本、使用模块等信息），纳入共享中心的部分业务流程在前期优先实现业财融合，打通共享平台与业务系统，实现数据自动获取；而对于暂未实现业财融合的业务流程，在未来可执行计划中考虑逐步实现，具体情况如表 3-2 所示。

表 3-2

业务流程	共享平台数据来源系统	备注
备用金与费用报销流程	业财一体，源于网上报销系统	从网上报销系统发起报销流程，数据自动传递至共享平台，完成费用报销业务集中处理
销售应收流程	业财一体，源于采购管理和应付管理系统	以销售合同为起点，在销售管理、库存管理、应收管理等系统完成销售订单生成、出库、应收单生成等业务处理，并自动传递数据至共享平台，完成销售应收业务集中处理
收款流程	共享平台集中收款登记，单位认领	各单位收款信息均在共享中心资金结算平台完成登记，由各单位认领后，完成收款业务集中处理
采购应付流程	业财一体，源于采购管理和应付管理系统	以采购合同为起点，在采购管理、库存管理、应付管理等系统完成采购订单生成、入库、应付单生成等业务处理，并自动传递数据至共享平台，完成采购应付业务集中处理
付款流程	以报账为起点，依据合同相关付款信息，手工录入/导入共享平台	各单位业务员依据合同中付款等相关信息，在网上报账平台手工录入付款申请，经相关领导审批通过后，完成付款业务集中处理
薪资计提与发放流程	以报账为起点，依据 HR（人力资源）系统数据，手工录入/导入共享平台	各单位薪资管理员依据 HR 系统计算的薪资数据，在网上报账平台手工录入薪资计提及发放报账申请，经相关领导审批通过后，完成薪资计提/发放业务集中处理

续表

业务流程	共享平台数据来源系统	备注
固定资产核算流程	以报账为起点，依据固定资产系统数据，手工录入/导入共享平台	各单位资产管理员依据资产系统中固定资产新增、折旧、减少数据，在网上报账平台手工录入资产报账申请，经相关领导审批通过后，完成固定资产业务集中处理
税金核算流程	以报账为起点，依据税务管理系统数据，手工录入/导入共享平台	各单位税务专员依据税务管理系统中纳税申报表的相关数据，在网上报账平台手工录入税金计提及缴纳报账申请，经相关领导审批通过后，完成税金核算业务集中处理

第 4 章
教学任务一：备用金及费用报销共享业务处理

4.1 任务背景介绍

铸汽集团日常费用报销主要包括：差旅费、交通费、办公费、业务招待费、培训费、资料费等，费用报销是铸汽集团最先考虑纳入共享中心的业务。

员工用于差旅、业务招待、商务活动、零星采购及其他费用性支出，可提前借支备用金。对于备用金业务，铸汽集团也将其纳入共享中心统一处理。

本章以差旅费、手机费、交通费、业务招待费、借备用金为例，完成备用金及费用报销的共享业务实训流程。

铸汽集团在对业务流程进行重新梳理后，费用报销业务在各子公司和共享中心的工作流转内容如图 4-1 所示。

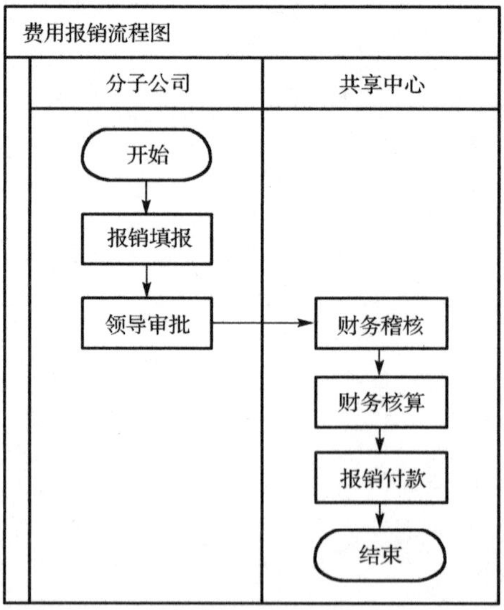

图 4-1

员工按公司制度规定报销填报，经相关领导审批后，由共享中心相关人员完成报销单的集中稽核、制证、报销付款等工作。

共享中心稽核人员对不合规报销单可退回至申请人，由申请人重新发起报销流程；对于因出差借款存在借款未清的人员，稽核时需先冲销借款，再对剩余金额予以报销。

4.2 实验一：备用金申请

2019 年 4 月 10 日，天津新能源公司市场部于振，申请 5 000 元备用金，为下月举办的市场活动垫付款做准备，备用金的明细内容如表 4-1 所示。

表 4-1

单 位 名 称		报 账 事 由	
天津铸远新能源汽车有限公司		市场部于振 4 月市场活动备用金申请	
对方名称	详细说明	报账费用（元）	支付方式
于振	4 月市场活动备用金	5 000	转账
收款账户		开户银行	
6217002351289582610		工商银行河西支行	

申请人提交电子申请单后，需按照集团备用金申请业务流程规定，由相关人员完成初审扫描、领导审批、财务稽核、报销打款及生成记账凭证等工作，凭证分录如表 4-2 所示。

表 4-2

序　　号	凭证所属单位	摘　　要	凭 证 分 录			
			方　　向	科　　目	借 方 金 额	贷 方 金 额
1	天津铸远新能源汽车有限公司	市场部于振 4 月市场活动备用金申请	借	其他应收款—备用金	5 000	
			贷	银行存款—工商银行		5 000

实验步骤

按表 4-3 所示用户信息，登录浪潮 GS 管理软件。

表 4-3

登 录 日 期	登 录 用 户	登 录 密 码	操 作 内 容
2019.4.10	FY0005	aaaaaa	备用金申请单填报
2019.4.10	CS0001	aaaaaa	备用金申请单初审
2019.4.10	SP0012	aaaaaa	备用金申请单审批
2019.4.10	JH0001	aaaaaa	备用金申请单稽核
2019.4.10	HS0001	aaaaaa	备用金申请单生成记账凭证
2019.4.10	JS0001	aaaaaa	备用金申请单结算办理与结算确认

（1）填写备用金申请单并提交初审。

第一步：2019 年 4 月 10 日，天津新能源公司市场部于振（用户名：FY0005）登录系统，执行【财务共享】-【网上报账平台】-【我的报账】-【我要报账】，单击“新建单据”，选择“费用报账业务”类别下的“备用金申请单”，即可填报，如图 4-2 所示。

第二步：填报市场部于振备用金申请单，在打开的填报界面里，包括表头和表体两部分内容。按照“于振备用金申请明细”表内容，将表头“报账事由”填写完毕。然后填写表体内容，表体必填项包括“报账费用”与“支付信息”两个子表，填写“详细说明”“报账金额”“对方名称”“收款人账号”“开户银行”及“支付方式”六项明细页，按照表 4-1 将全部明细项填写完毕后，单击“提交”，提示提交成功即可，如图 4-3 所示。

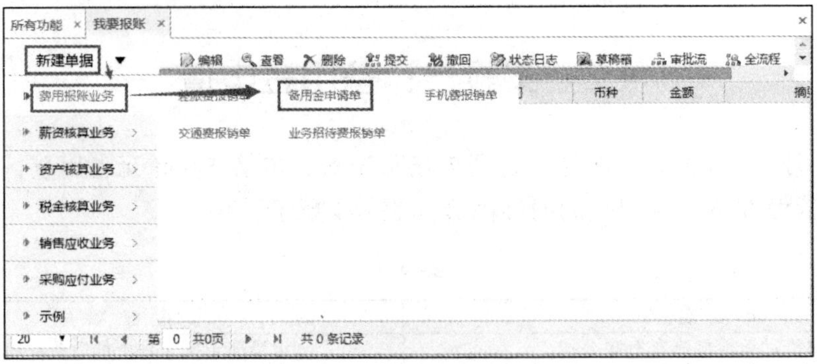

图 4-2

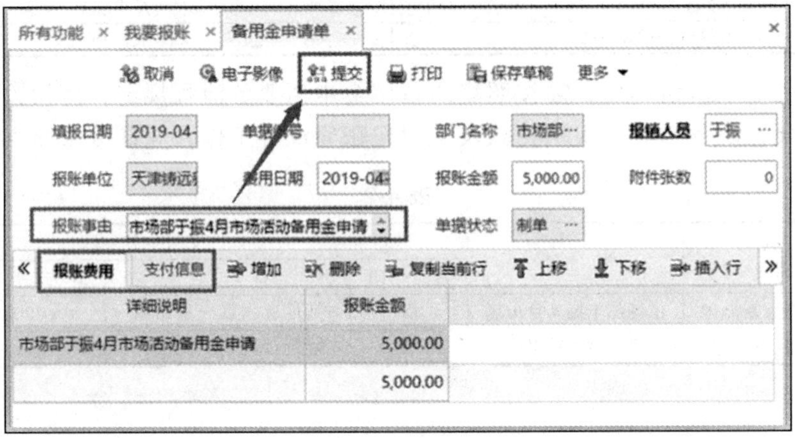

图 4-3

（2）申请单初审通过后提交领导审批。

2019 年 4 月 10 日，共享中心初审扫描员沈民（用户名：CS0001）登录系统，执行【财务共享】-【网上报账平台】-【单据初审】-【单据初审】，打开“单据初审”，在左侧“待办”选项下，选择“费用报账业务”类别下的“备用金申请单”，右侧会将初审待审的单据列示出来，选择市场部于振的申请单，单击“办理”，如图 4-4 所示。

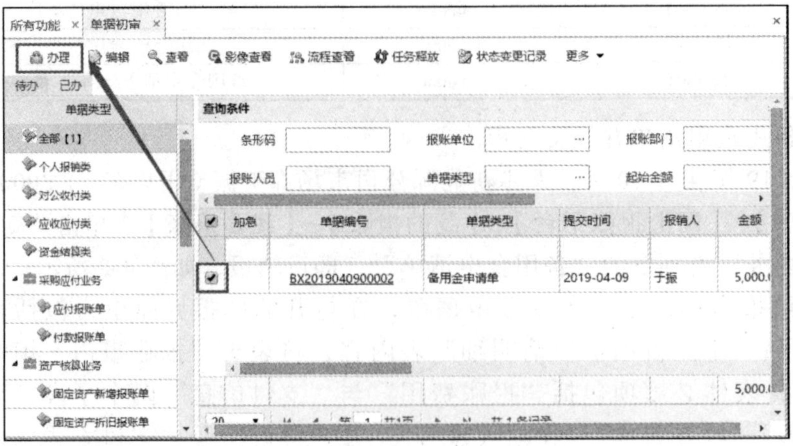

图 4-4

单击“办理”即可查看报销单，检查报销单据信息无误后，单击“初审通过”，单据将自动提交到领导审批流程，如图 4-5 所示。

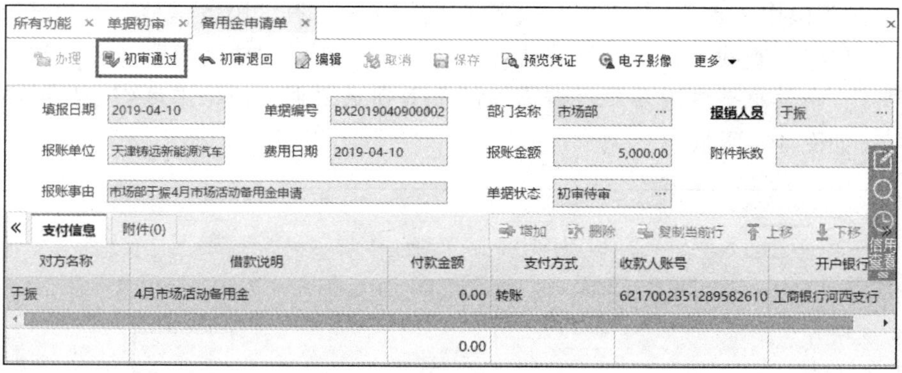

图 4-5

（3）领导审批初审通过的备用金申请单。

2019 年 4 月 10 日，天津新能源公司市场部经理陈欢（用户名：SP0012）登录系统，执行【系统公共】-【任务中心】-【任务中心】-【待办任务】，打开“待办任务”，选择左侧对应的业务流程，将待审批的单据列示出来，选择市场部于振的申请单，单击“审批单据”，如图 4-6 所示。

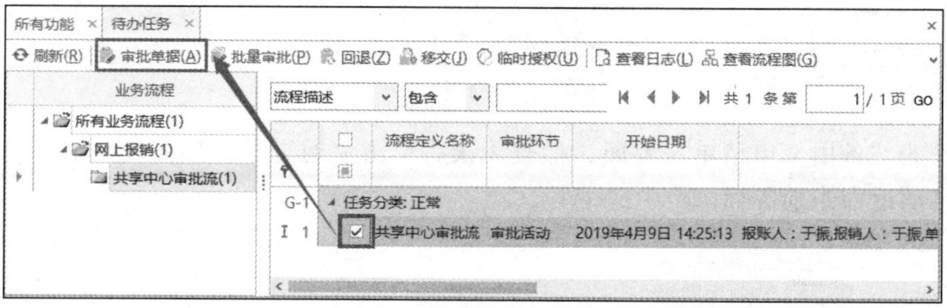

图 4-6

在打开的“审批单据”界面，检查申请单无误后，选择“通过”，单击“审批通过”将自动提交财务稽核，如图 4-7 所示。

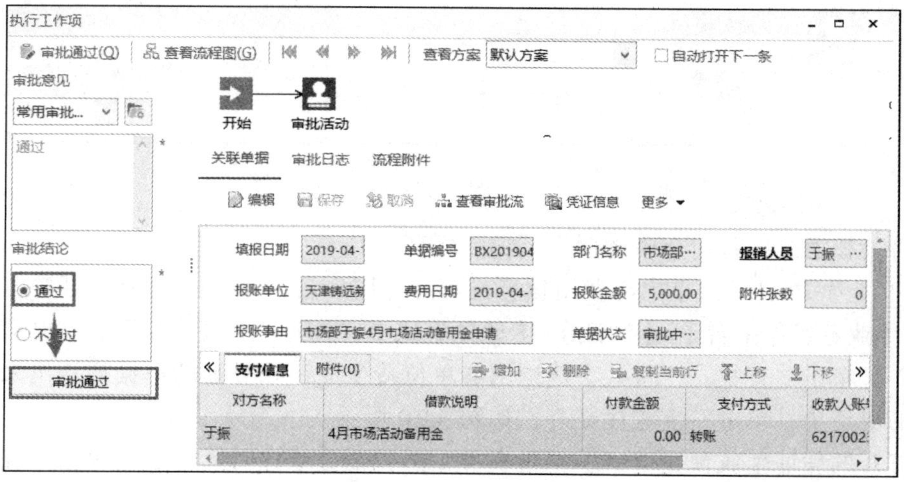

图 4-7

（4）将审批通过的备用金申请单进行财务稽核。

2019 年 4 月 10 日，共享中心费用稽核员李梅（用户名：JH0001）登录系统，执行【财务共享】-【业务操作平台】-【稽核】-【财务稽核】，打开“财务稽核”，“结束日期”选择“今天”，单击“查找”，在左侧“待办”选项下，选择“费用报账业务”类别下的“备用金申请单”，将共享范围内各单位待稽核的单据列示出来，选择市场部于振的申请单，单击“办理”，如图 4-8 所示。

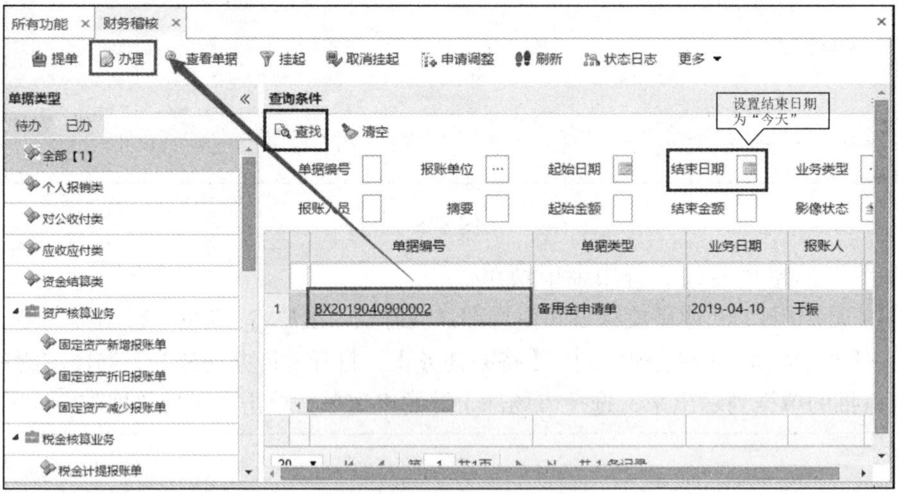

图 4-8

在打开的“备用金申请单”界面，检查无误后单击“通过”，如图 4-9 所示，将提示稽核成功并自动返回当前界面。

图 4-9

（5）将稽核通过的备用金申请单生成记账凭证。

2019 年 4 月 10 日，共享中心费用核算员何月（用户名：HS0001）登录系统，执行【财务共享】-【业务操作平台】-【制证】-【凭证生成】，打开“凭证生成”，“结束日期”选择“今天”，单击“查找”，将共享范围内各单位待生成记账凭证的单据列示出来，选择市场部于振的申请单，单击“生成凭证”，如图 4-10 所示。

在新打开的凭证生成预览窗口中，与表 4-2 中凭证分录核对无误后，单击“保存”，保存成功后“关闭”界面即可，如图 4-11 所示

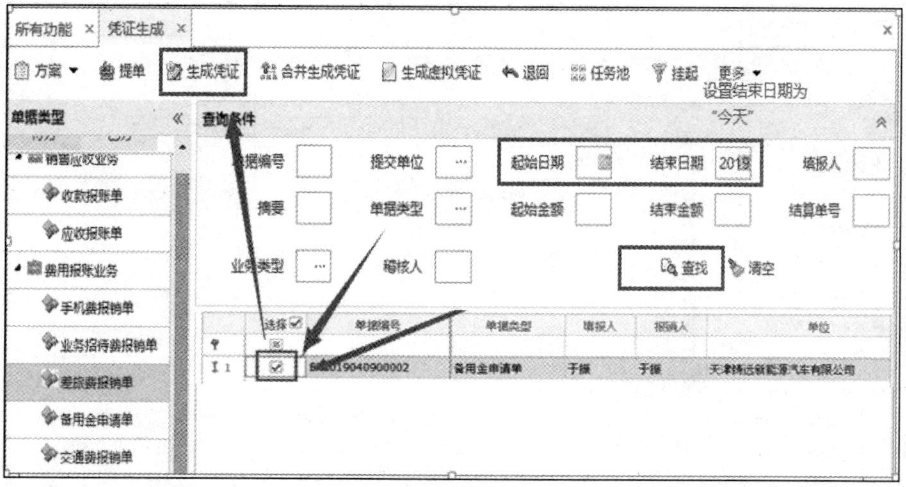

图 4-10

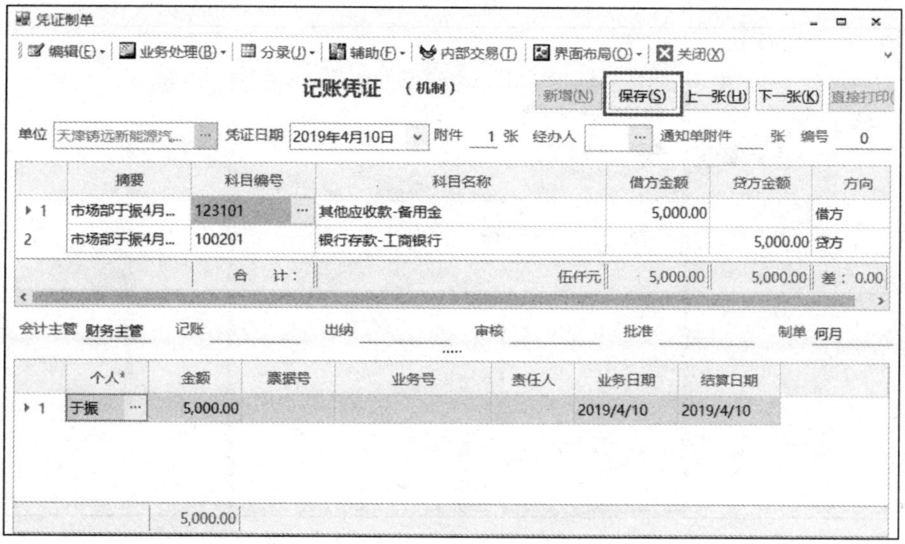

图 4-11

（6）将已生成记账凭证的申请单进行结算办理及结算确认。

第一步：2019 年 4 月 10 日，共享中心资金结算员刘慧（用户名：JS0001）登录系统，执行【财务共享】-【资金结算平台】-【单位结算】-【单位结算办理】，打开“单位结算办理”，将共享范围内各单位待付款办理的单据列示出来。选择市场部于振的申请单，单击“办理”，在新弹出的“单位结算办理”窗口选择“结算账号”为“天津铸汽新能源-工商银行河西支行”，单击“确定”，如图 4-12、图 4-13 所示。

在“单位付款”界面，选择“业务类型”为“企业付款”，单击“保存”-“提交”，即可办理成功，如图 4-14 所示。

第二步：2019 年 4 月 10 日，共享中心资金结算员刘慧（用户名：JS0001）登录系统，执行【财务共享】-【资金结算平台】-【单位结算】-【单位结算确认】，打开“单位结算确认”，将共享范围内各单位待付款确认的单据列示出来，逐个单据进行结算确认。选择市场部于振的报销单，单击“无直联回单确认”，即可完成结算确认，如图 4-15 所示。

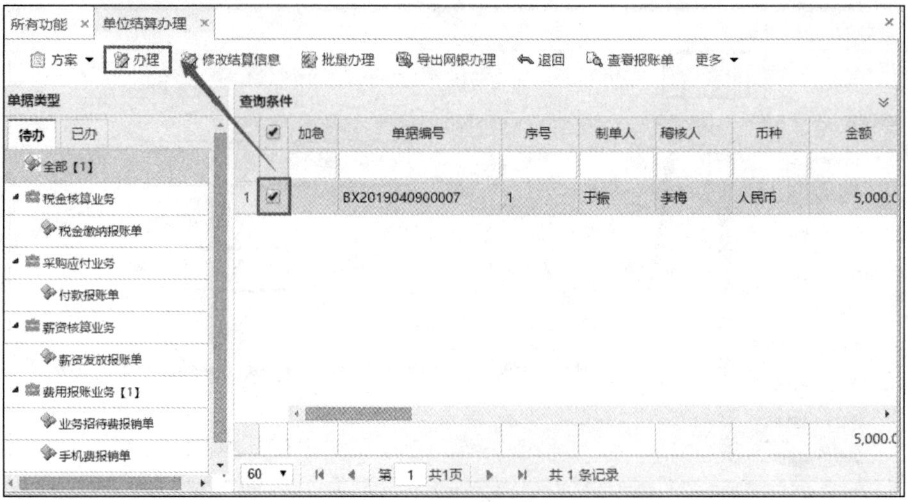

图 4-12

图 4-13

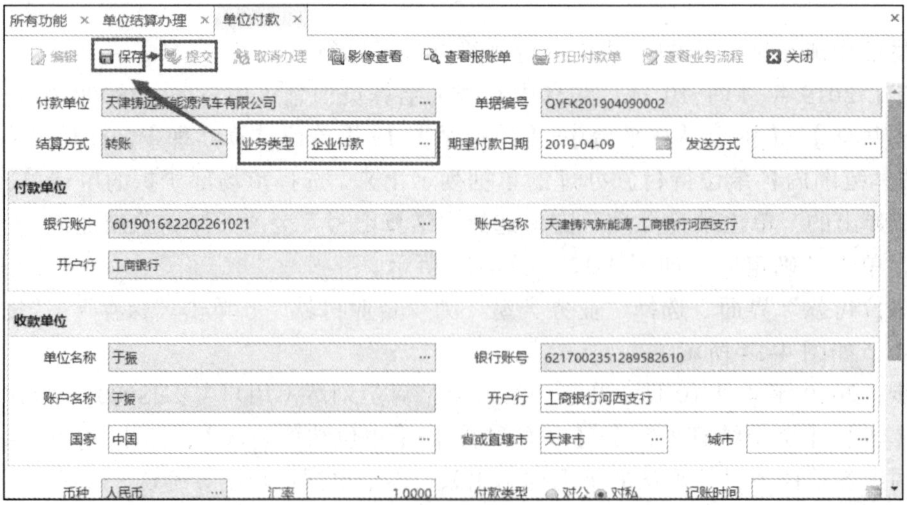

图 4-14

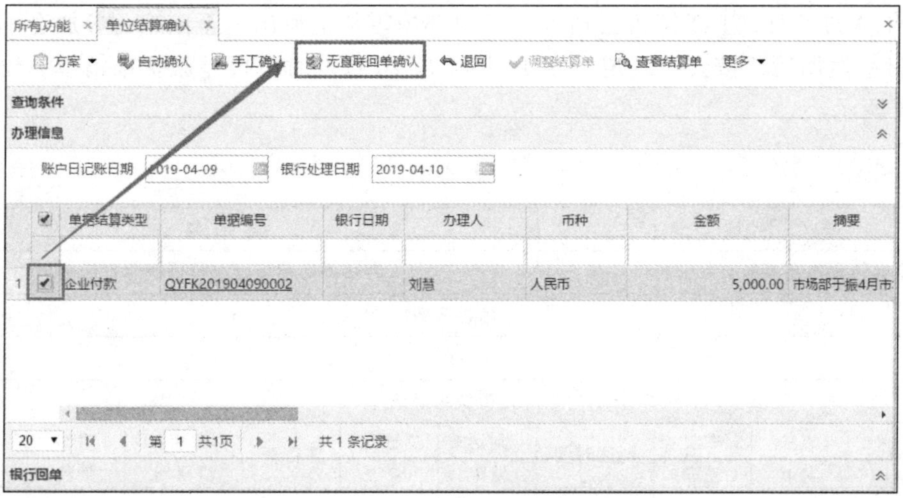

图 4-15

4.3　实验二：无借款差旅费报销

2019 年 4 月 5 日，天津新能源公司人力资源部李勇从天津出差至重庆，参加春季校园招聘宣讲会。出差返回后，按公司规定于 2019 年 4 月 10 日及时填报差旅费报销单，出差明细内容如表 4-4 所示。

表 4-4

<table>
<tr><td colspan="5">单 位 名 称</td><td colspan="6">报 账 事 由</td></tr>
<tr><td colspan="5">天津铸远新能源汽车有限公司</td><td colspan="6">人力资源部李勇春季校园招聘宣讲会出差</td></tr>
<tr><td colspan="11">附件张数</td></tr>
<tr><td colspan="11">3</td></tr>
<tr><td colspan="11">报销费用明细</td></tr>
<tr><td>序号</td><td>出发时间</td><td>出发城市</td><td>车次航班</td><td>到达时间</td><td>到达城市</td><td>交通工具</td><td>住宿费</td><td>车船/机票费</td><td>附件张数</td><td>报账金额（元）</td></tr>
<tr><td>1</td><td>2019-04-05 7：20</td><td>天津市</td><td>SC6528</td><td>2019-04-05 10：25</td><td>重庆市</td><td>飞机</td><td>400</td><td>600</td><td>2</td><td>1 000</td></tr>
<tr><td>2</td><td>2019-04-07 10：00</td><td>重庆市</td><td>SC5163</td><td>2019-04-07 12：30</td><td>天津市</td><td>飞机</td><td></td><td>750</td><td>1</td><td>750</td></tr>
<tr><td>合计</td><td></td><td></td><td></td><td></td><td></td><td></td><td></td><td></td><td></td><td>1 750</td></tr>
<tr><td colspan="11">费用分摊明细</td></tr>
<tr><td colspan="11">费用项目</td></tr>
<tr><td colspan="11">管理费用—差旅费</td></tr>
<tr><td colspan="11">支付信息明细</td></tr>
<tr><td colspan="3">支付方式</td><td colspan="4">收款人账号</td><td colspan="4">开户银行</td></tr>
<tr><td colspan="3">转账</td><td colspan="4">6227002349281311286</td><td colspan="4">工商银行河西支行</td></tr>
</table>

2019年4月5日，上海销售公司人力资源部魏雪从上海出差至南京，参加春季校园招聘宣讲会。出差返回后，按公司规定于2019年4月10日及时填报差旅费报销单，出差明细内容如表4-5所示。

表4-5

单位名称					报账事由					
上海铸远汽车销售有限公司					人力资源部魏雪春季校园招聘宣讲会出差					
附件张数										
3										
报销费用明细										
序号	出发时间	出发城市	车次航班	到达时间	到达城市	交通工具	住宿费	车船/机票费	附件张数	报账金额（元）
1	2019-04-05 10:00	上海市	G1527	2019-04-05 11:10	江苏省南京市	火车	690	140	2	830
2	2019-04-08 9:00	江苏省南京市	G1655	2019-04-08 10:40	上海市	火车		140	1	140
合计										970
费用分摊明细										
费用项目										
管理费用—差旅费										
支付信息明细										
支付方式			收款人账号				开户银行			
转账			6222119349588731985				工商银行天山路支行			

报销人提交电子报销单后，需按照集团差旅费报销业务流程规定，由相关人员完成初审扫描、领导审批、财务稽核、报销打款及生成记账凭证等工作，凭证分录如表4-6所示。

表4-6

序号	凭证所属单位	摘要	凭证分录			
			方向	科目	借方金额	贷方金额
1	天津新能源公司	人力资源部李勇春季校园招聘宣讲会出差	借	管理费用—差旅费	1 750	
			贷	银行存款—工商银行		1750
2	上海销售公司	人力资源部魏雪春季校园招聘宣讲会出差	借	管理费用—差旅费	970	
			贷	银行存款—工商银行		970

实验步骤

按表4-7用户信息，登录浪潮GS管理软件。

表4-7

登录日期	登录用户	登录密码	操作内容
2019.4.10	FY0001	aaaaaa	报销单填报

续表

登录日期	登录用户	登录密码	操作内容
2019.4.10	FY0002	aaaaaa	
2019.4.10	CS0001	aaaaaa	报销单初审及原始凭证扫描上传
2019.4.10	SP0001	aaaaaa	报销单审批
2019.4.10	SP0002	aaaaaa	
2019.4.10	JH0001	aaaaaa	差旅费报销单稽核
2019.4.10	HS0001	aaaaaa	差旅费报销单生成记账凭证
2019.4.10	JS0001	aaaaaa	差旅费报销结算办理与结算确认

（1）填写差旅费报销单并提交初审。

第一步：2019 年 4 月 10 日，天津新能源公司人力资源部李勇（用户名：FY0001）登录系统，执行【财务共享】-【网上报账平台】-【我的报账】-【我要报账】，单击“新建单据”，选择“费用报账业务”类别下的“差旅费报销单”，即可填报，如图 4-16 所示。

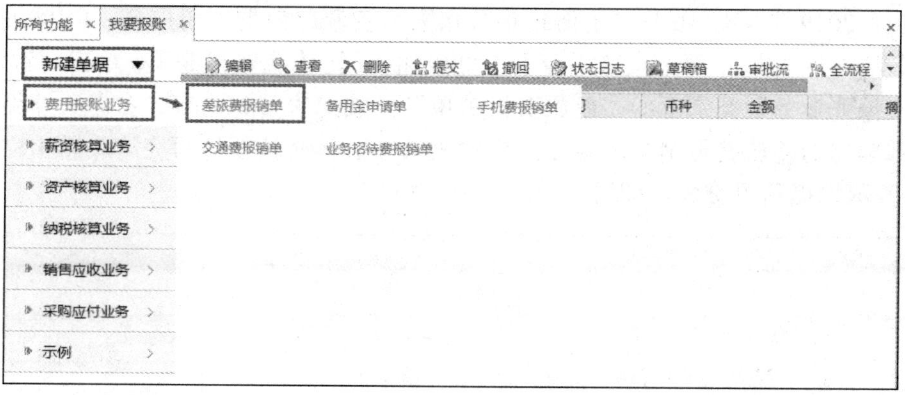

图 4-16

第二步：填报人力资源部李勇差旅费报账单。在打开的填报界面里，包括表头和表体两部分内容。按照表 4-4 将表头“附件张数”“报账事由”填写完毕，如图 4-17 所示。

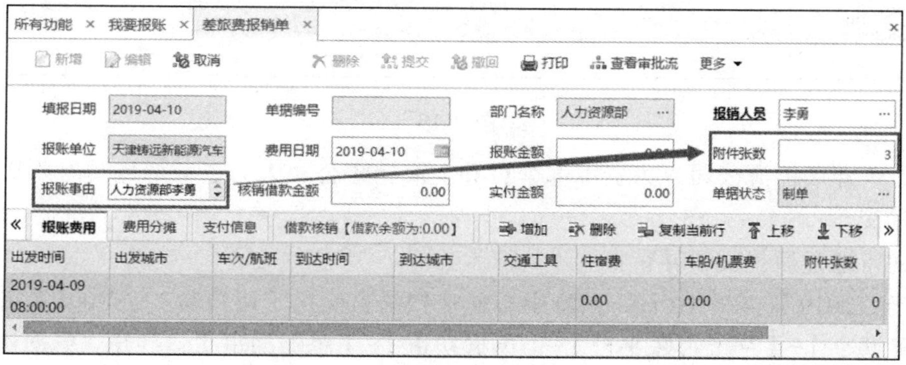

图 4-17

填写表体内容，表体必填项包括“报账费用”“费用分摊”和“支付信息”三项，每项均可通过单击“增加”录入多条明细数据。按表 4-4 内容将明细项填写完毕后，单击“提交”，如图 4-18 所示，提示提交成功即可。

图 4-18

第三步：2019 年 4 月 10 日，上海销售公司人力资源部魏雪（用户名：FY0002）登录系统，执行【财务共享】-【网上报账平台】-【我的报账】-【我要报账】，单击“新建单据”，选择“费用报账业务”类别下的“差旅费报销单”。按照表 4-5 内容，参考天津新能源公司人力资源部李勇的差旅费报销单填报方法，将表头、表体必填项填写完毕，单击“提交”，如图 4-19 所示，提示提交成功即可。

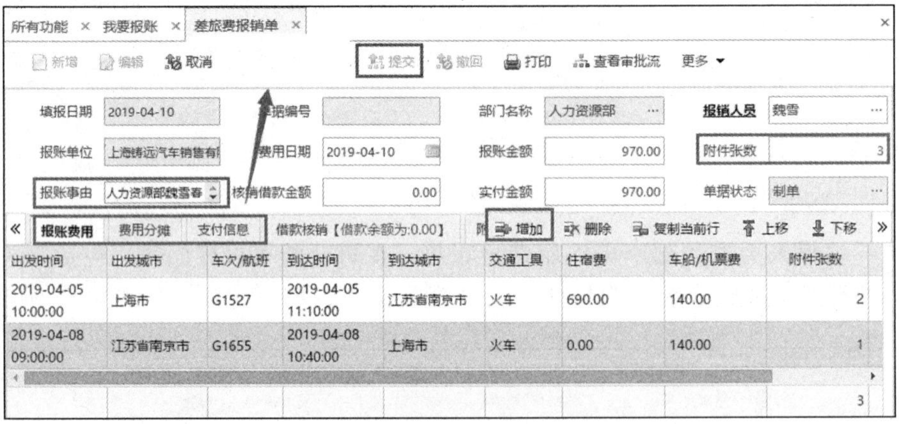

图 4-19

至此，天津新能源公司人力资源部李勇和上海销售公司人力资源部魏雪出差报销单均填写完毕并提交。

（2）初审通过后提交领导审批。

第一步：2019 年 4 月 10 日，共享中心初审扫描员沈民（用户名：CS0001）登录系统，执行【财务共享】-【网上报账平台】-【单据初审】-【单据初审】，打开“单据初审”，在左侧“待办”选项下，选择“费用报账业务”类别下的“差旅费报销单”，将共享范围内各单位待初审的单据列示出来，包括天津新能源公司人力资源部李勇的差旅费报销单和上海销售公司人力资源部魏雪的差旅费报销单，如图 4-20 所示。

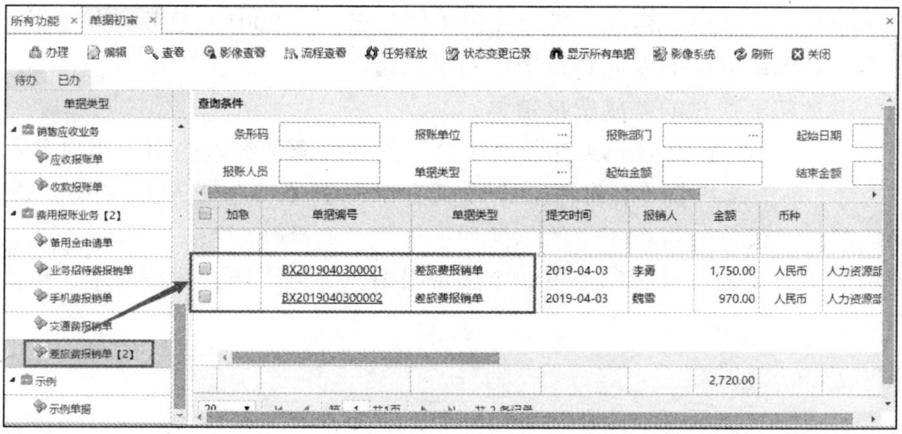

图 4-20

以天津新能源公司人力资源部李勇的差旅费报销单为例，选择此报销单，单击“办理”，如图 4-21 所示。

图 4-21

单击“办理”即可查看报销单，检查报销单据信息无误后，单击“初审通过”，单据将自动提交到领导审批流程，如图 4-22 所示。

图 4-22

第二步：同样由共享中心初审扫描员沈民（用户名：CS0001）参考如上操作步骤，将上海销售公司人力资源部魏雪的差旅费报销单初审通过。

（3）领导审批初审通过的差旅费报销单。

第一步：2019 年 4 月 10 日，天津新能源公司人力资源部经理张明（用户名：SP0001）登录系统，执行【系统公共】-【任务中心】-【任务中心】-【待办任务】，打开“待办任务”，选择左侧对应的业务流程，将待审批的单据列示出来。

以天津新能源公司人力资源部李勇的差旅费报销单为例，选择此报账单，单击“审批单据”，如图 4-23 所示。

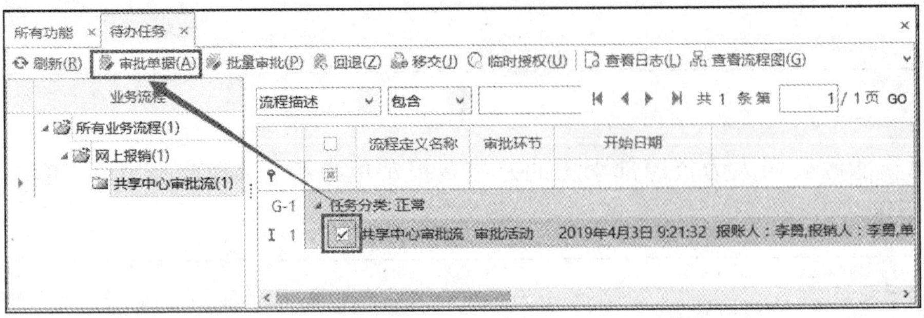

图 4-23

在打开的单据审批界面，检查申请单无误后，单击“审批通过”将自动提交财务稽核。

第二步：由上海销售公司人力资源部经理邢伟（SP0002）登录系统，执行【系统公共】-【任务中心】-【任务中心】-【待办任务】，参考如上操作步骤，完成上海销售公司人力资源部魏雪的差旅费报销单审批流程。

（4）将审批通过的差旅费报销单进行财务稽核。

第一步：2019 年 4 月 10 日，共享中心费用稽核员李梅（用户名：JH0001）登录系统，执行【财务共享】-【业务操作平台】-【稽核】-【财务稽核】，打开“财务稽核”，“结束日期”选择“今天”，单击“查找”，在左侧“待办”选项下，选择“费用报账业务”类别下的“差旅费报销单”，将共享范围内各单位待稽核的单据列示出来，逐个单据进行稽核。

以天津新能源公司人力资源部李勇的差旅费报销单为例，选择此报销单，单击“办理”，如图 4-24 所示。

打开财务稽核报销单明细窗口，对报销单内容的准确性、完整性核对完毕后，单击“通过”，提示稽核成功即可。

第二步：同样由费用稽核员李梅（用户名：JH0001）参考如上操作步骤，将上海销售公司人力资源部魏雪的差旅费报销单稽核完成。

（5）将财务稽核通过的差旅费报销单生成记账凭证。

第一步：2019 年 4 月 10 日，共享中心费用核算员何月（用户名：HS0001）登录系统，执行【财务共享】-【业务操作平台】-【制证】-【凭证生成】，打开“凭证生成”，“结束日期”选择“今天”，单击“查找”，将共享范围内各单位待生成记账凭证的单据列示出来，逐个生成记账凭证。

以天津新能源公司人力资源部李勇的差旅费报销单为例，选中此报销单，单击“生成凭证”，在打开的凭证生成预览窗口中，与表 4-6 中的凭证分录核对无误后，单击“保存”，保存成功后关闭界面即可，如图 4-25 所示。

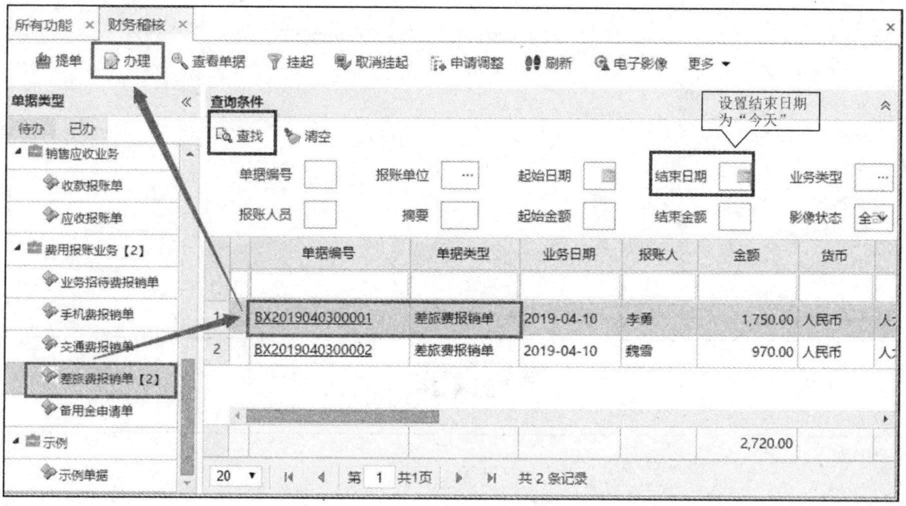

图 4-24

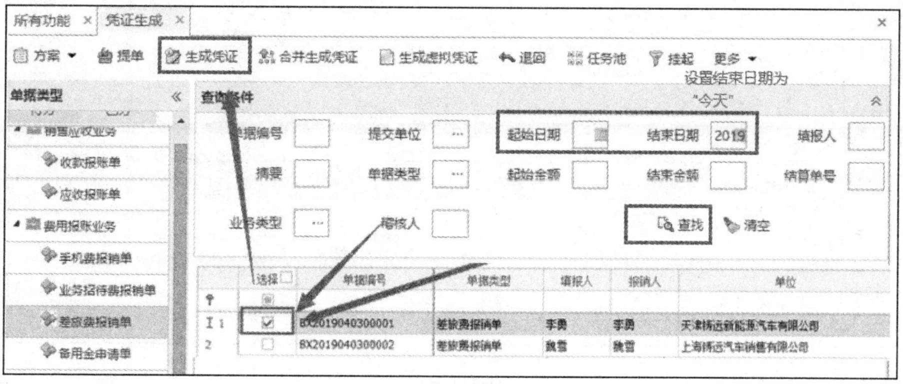

图 4-25

第二步：同样由共享中心费用核算员何月（用户名：HS0001）参考如上操作步骤，将上海销售公司人力资源部魏雪的差旅费报销单生成记账凭证，与表 4-6 中的凭证分录核对无误后，单击“保存”，保存成功后关闭界面即可。

（6）将已生成记账凭证的报销单进行结算办理及结算确认。

第一步：2019 年 4 月 10 日，共享中心资金结算员刘慧（用户名：JS0001）登录系统，执行【财务共享】-【资金结算平台】-【单位结算】-【单位结算办理】，打开“单位结算办理”，将共享范围内各单位待付款办理的单据列示出来，逐个进行结算办理。

以天津新能源公司人力资源部李勇的差旅费报销单为例，逐条勾选待办理报销单，单击“办理”，在新弹出的“单位办理确认”窗口，选择“结算账号”为“天津铸汽新能源-工商银行河西支行”，单击“确认”，如图 4-26、图 4-27 所示。

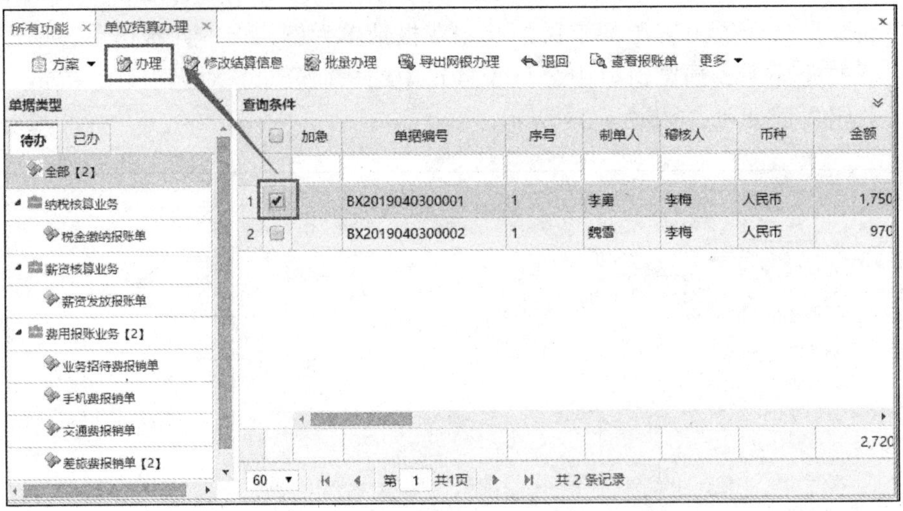

图 4-26

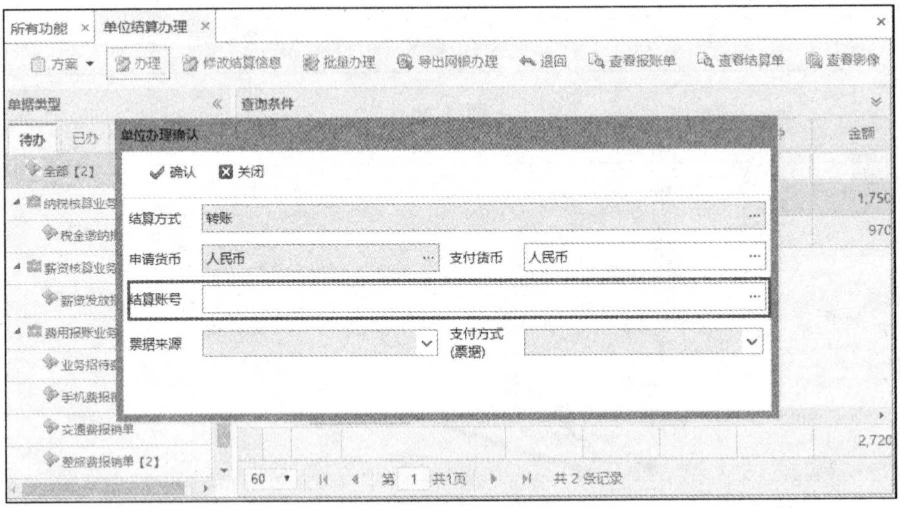

图 4-27

在新弹出的“单位付款”界面，选择“业务类型”为“企业付款”，单击“保存”-“提交”，即可办理成功，如图 4-28 所示。

第二步：同样由共享中心资金结算员刘慧（用户名：JS0001）参考如上操作步骤，将上海销售公司人力资源部魏雪的差旅费报销单办理结算，在弹出的“单位办理确认”窗口，选择“结算账号”为“上海铸汽销售-工商银行天山路支行”，在新弹出的“单位付款”界面单击“保存”及“提交”，即可办理成功。

第三步：2019 年 4 月 10 日，共享中心资金结算员刘慧（用户名：JS0001）登录系统，执行【财务共享】-【资金结算平台】-【单位结算】-【单位结算确认】，打开“单位结算确认”，将共享范围内各单位待付款的单据列示出来，逐个进行结算确认。

以天津新能源公司人力资源部李勇的差旅费报销单为例，选择此报销单，单击“无直联回单确认”，即可完成结算确认，如图 4-29 所示。

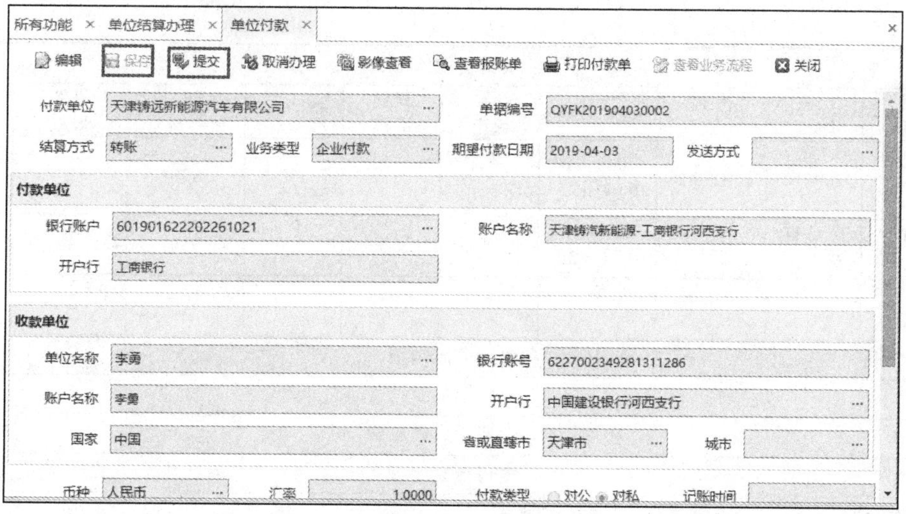

图 4-28

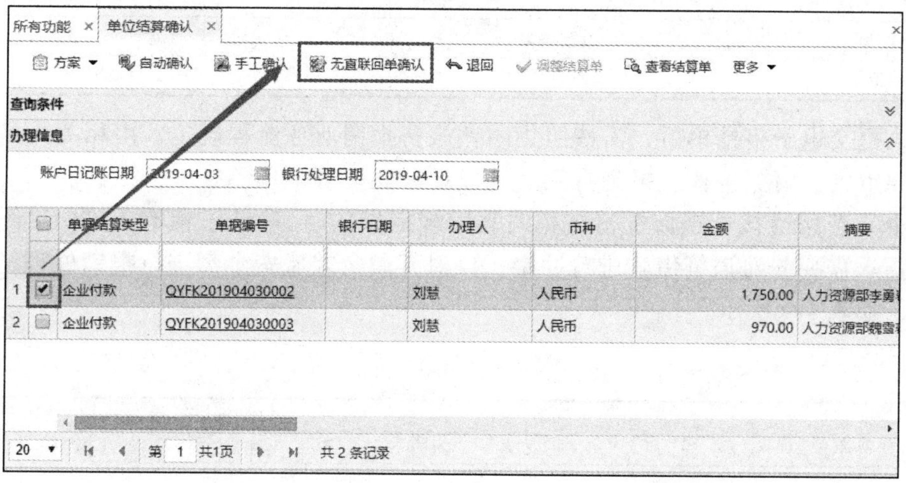

图 4-29

第四步：同样由共享中心资金结算员刘慧（用户名：JS0001）参考如上操作步骤，将上海销售公司人力资源部魏雪的差旅费报销单结算确认完毕。

4.4 实验三：有借款差旅费报销

2019 年 4 月 5 日，上海销售公司办公室王倩从上海出差至深圳，接受培训学习，出差返回后，按公司规定于 2019 年 4 月 10 日及时填报差旅费报销单，出差明细内容如表 4-8 所示。

表 4-8

单位名称	报账事由
上海铸远汽车销售有限公司	办公室王倩培训学习出差
附件张数	
3	

续表

报销费用明细										
序号	出发时间	出发城市	车次航班	到达时间	到达城市	交通工具	住宿费	车船/机票费	附件张数	报账金额（元）
1	2019-04-05 7:20	上海市	ZH8342	2019-04-05 10:25	广东省深圳市	飞机	500	800	2	1 300
2	2019-04-07 10：00	广东省深圳市	ZH4123	2019-04-07 12:30	上海市	飞机		950	1	950
合计										2 250

费用分摊明细
费用项目
管理费用—差旅费

支付信息明细		
支付方式	收款人账号	开户银行
转账	6222119626187031642	工商银行天山路支行

借款核销		
借款类型	借款说明	借款金额（元）
借款单	出差备用金	1 000

报销人提交电子报销单后，需按照集团差旅费报销业务流程规定，由相关人员完成初审扫描、领导审批、财务稽核、报销打款及生成记账凭证等工作。

共享中心费用稽核员李梅按稽核相关制度规定操作时，确认王倩有 1 000 元备用金借款未还，按要求需要先对该笔借款进行冲销，再对其剩余差旅费金额进行报销处理，最终生成凭证分录，如表 4-9 所示。

表 4-9

序　号	凭证所属单位	摘　要	凭证分录			
			方　向	科　目	借方金额	贷方金额
1	上海销售公司	办公室王倩培训学习出差	借	管理费用—差旅费	2 250	
			贷	其他应收款—备用金		1 000
				银行存款—工商银行		1 250

实验步骤

按表 4-10 用户信息，登录浪潮 GS 管理软件。

表 4-10

登录日期	登录用户	登录密码	操作内容
2019.4.10	FY0004	aaaaaa	有借款差旅费报销制单
2019.4.10	CS0001	aaaaaa	有借款差旅费报销初审
2019.4.10	SP0013	aaaaaa	有借款差旅费报销审批
2019.4.10	JH0001	aaaaaa	有借款差旅费报销稽核
2019.4.10	HS0001	aaaaaa	有借款差旅费报销生成记账凭证
2019.4.10	JS0001	aaaaaa	有借款差旅费报销结算办理与结算确认

（1）填写差旅费报销单并提交初审。

第一步：2019年4月10日，上海销售公司办公室王倩（用户名：FY0004）登录系统，执行【财务共享】-【网上报账平台】-【我的报账】-【我要报账】，单击“新建单据”，选择“费用报账业务”类别下的“差旅费报销单”，即可填报，如图4-30所示。

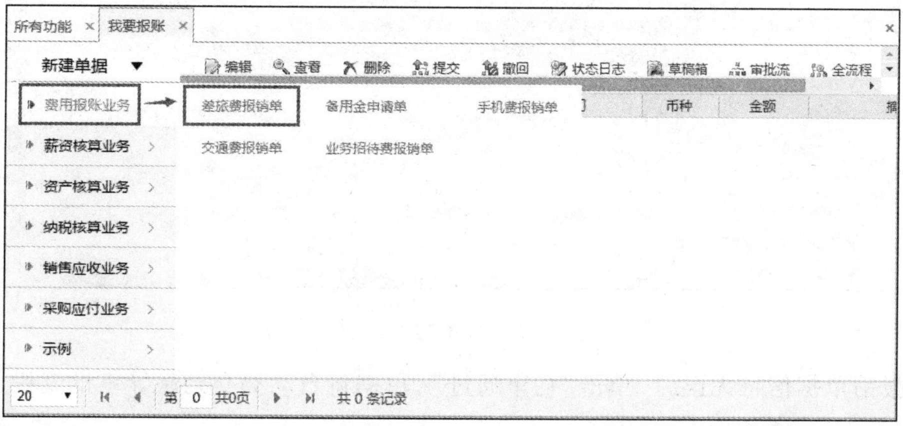

图4-30

第二步：填报办公室王倩差旅费报账单。在打开的填报界面里，包括表头和表体两部分内容。按照表4-8的内容将表头“附件张数”“报账事由”填写完毕。然后填写表体内容，表体必填项包括“报账费用”“费用分摊”“支付信息”三项，可通过单击“增加”录入明细数据。按表4-8的内容将全部明细项填写完毕后，单击“提交”，如图4-31所示，提示提交成功即可。

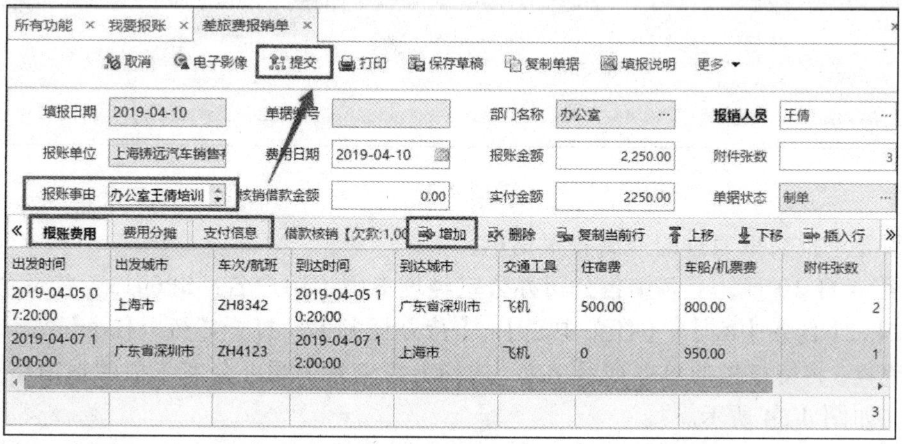

图4-31

（2）初审通过后提交领导审批。

2019年4月10日，共享中心初审扫描员沈民（用户名：CS0001）登录系统，执行【财务共享】-【网上报账平台】-【单据初审】-【单据初审】，打开“单据初审”，在左侧“待办”选项下，选择“费用报账业务”类别下的“差旅费报销单”，将共享范围内各单位待初审的单据列示出来，选择上海销售公司办公室王倩的报销单单击“办理”，如图4-32所示。

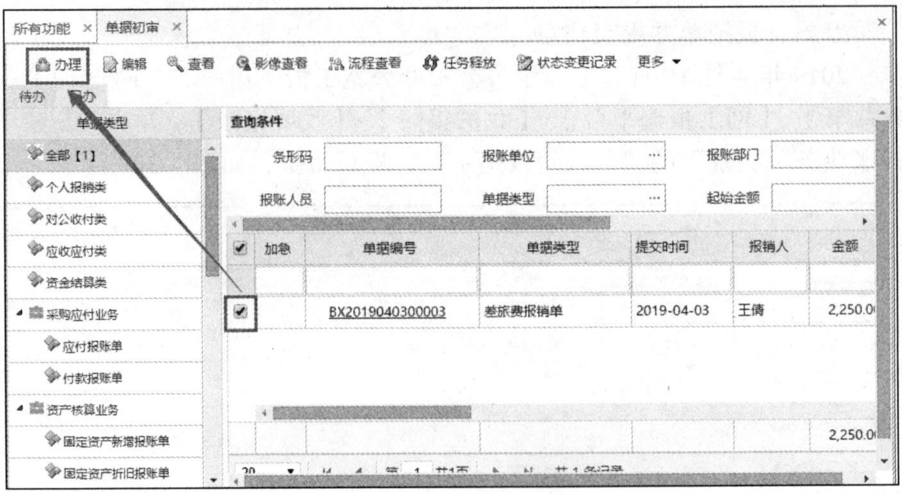

图 4-32

检查报销单据信息无误后，单击“初审通过”，单据将自动提交到领导审批流程，如图 4-33 所示。

图 4-33

（3）领导审批初审通过的差旅费报销单。

2019 年 4 月 10 日，上海销售公司办公室经理秦雨（用户名：SP0013）登录系统，执行【系统公共】-【任务中心】-【任务中心】-【待办任务】，打开“待办任务”，选择左侧对应的业务流程，将待审批的单据列示出来，选择上海销售公司办公室王倩的报销单，单击“审批单据”，如图 4-34 所示。

在打开的单据审批界面，检查申请单无误后，单击“审批通过”将自动提交财务稽核。

（4）将审批通过的差旅费报销单进行财务稽核。

2019 年 4 月 10 日，共享中心费用稽核员李梅（用户名：JH0001）登录系统，执行【财务共享】-【业务操作平台】-【稽核】-【财务稽核】，打开“财务稽核”，“结束日期”选择“今天”，单击“查找”，在左侧“待办”选项下，选择“费用报账业务”类别下的“差旅费报销单”，将共享范围内各单位待稽核的单据列示出来，选择上海销售公司办公室王倩的报销单，单击“办理”，如图 4-35 所示。

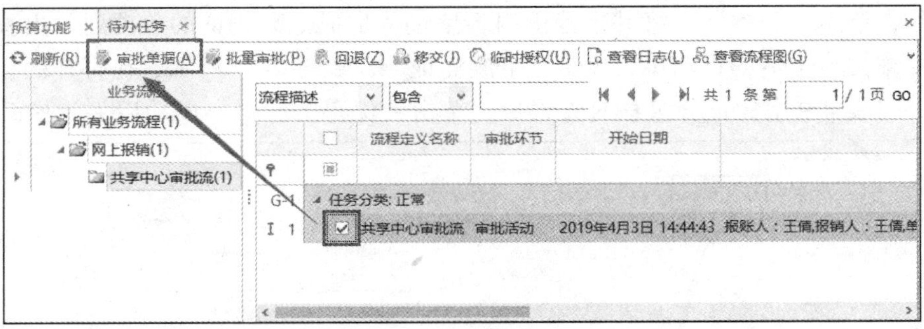

图 4-34

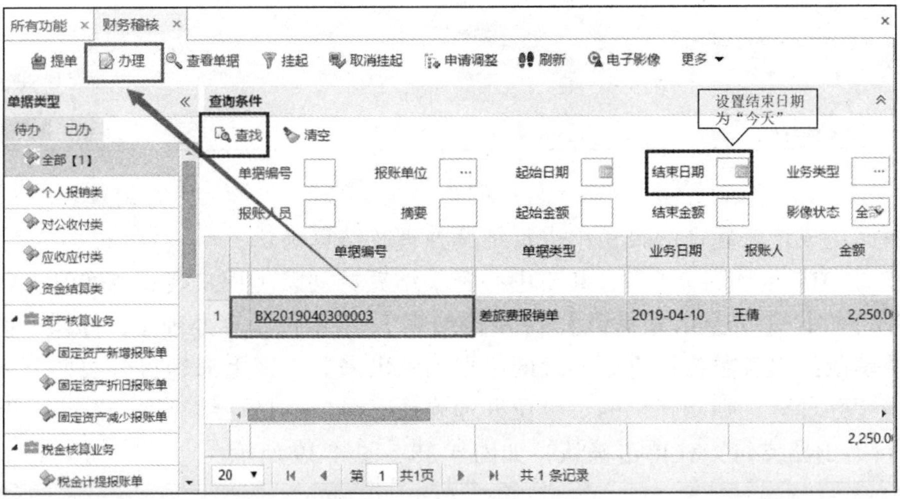

图 4-35

打开财务稽核报销单明细窗口，切换到“差旅费报销单”界面，单击“编辑”，再单击“借款核销”明细页面，在打开的借款核销页面，单击“增加”转到“借款申请单”界面，选中已提交的借款申请单，单击“确定”即可成功添加借款单修改“核销金额”为 1 000 元，单击“保存”并“通过”，如图 4-36 所示。

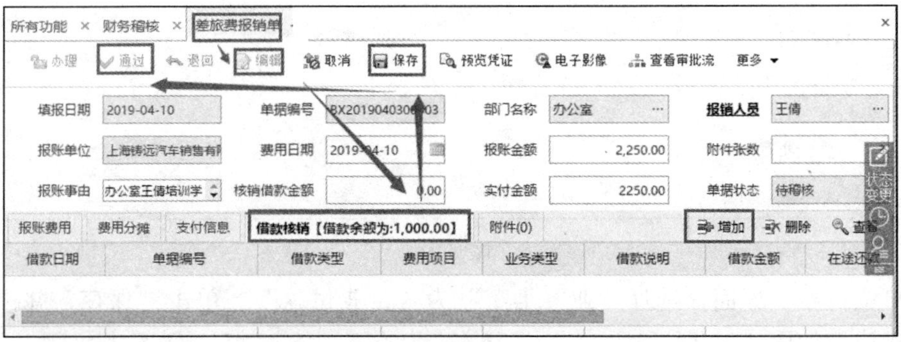

图 4-36

（5）将财务稽核通过的差旅费报销单生成记账凭证。

2019 年 4 月 10 日，共享中心费用核算员何月（用户名：HS0001）登录系统，执行【财务共享】-【业务操作平台】-【制证】-【凭证生成】，打开“凭证生成”，“结束日期”选择“今天”，单击“查找”，将共享范围内各单位待生成记账凭证的单据列示出来，选择上海销售公司办公室王倩的报销单，单击“生成凭证”，如图 4-37 所示，在打开的凭证生成预览窗口中，与表 4-9 中凭证分录核对无误后，单击“保存”，保存成功后关闭界面即可。

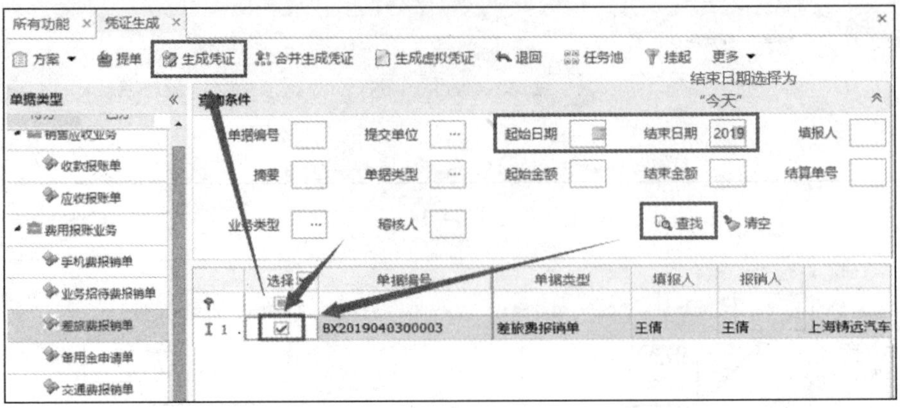

图 4-37

（6）将已生成记账凭证的报销单进行结算办理及结算确认。

第一步：2019 年 4 月 10 日，共享中心资金结算员刘慧（用户名：JS0001）登录系统，执行【财务共享】-【资金结算平台】-【单位结算】-【单位结算办理】，打开“单位结算办理”，将共享范围内各单位待付款办理的单据列示出来。选择上海销售公司办公室王倩的报销单，单击“办理”，在新弹出的“单位办理确认”窗口选择“结算账号”为“上海铸汽销售-工商银行天山路支行”，单击确认，如图 4-38、图 4-39 所示。

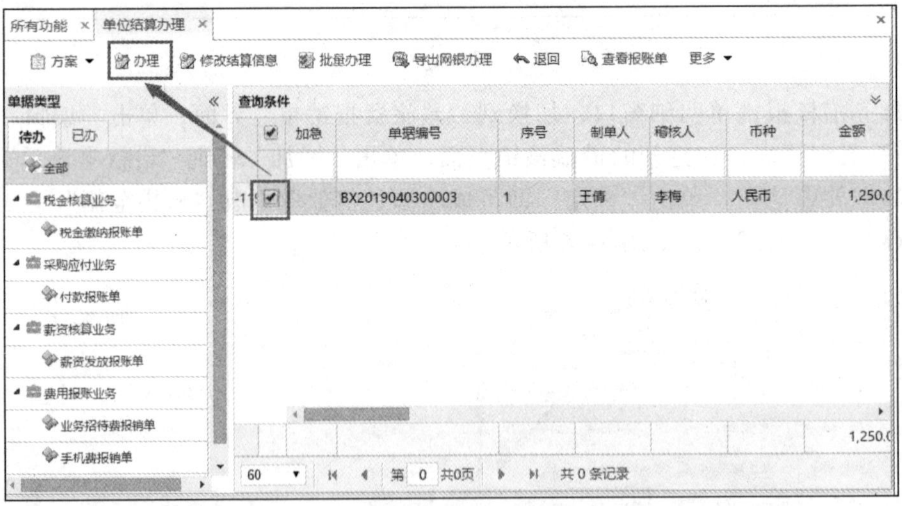

图 4-38

在“单位付款”界面，选择“业务类型”为“企业付款”，单击“保存”并“提交”，即可办理成功，如图 4-40 所示。

第二步：2019 年 4 月 10 日，共享中心资金结算员刘慧（用户名：JS0001）登录系统，执行【财务共享】-【资金结算平台】-【单位结算】-【单位结算确认】，打开“单位结算确认”，将共享范围内各单位待付款确认的单据列示出来，逐个进行结算确认。选择上海销售公司办公室王倩的报销单，单击“无直联回单确认”，即可完成结算确认，如图 4-41 所示。

图 4-39

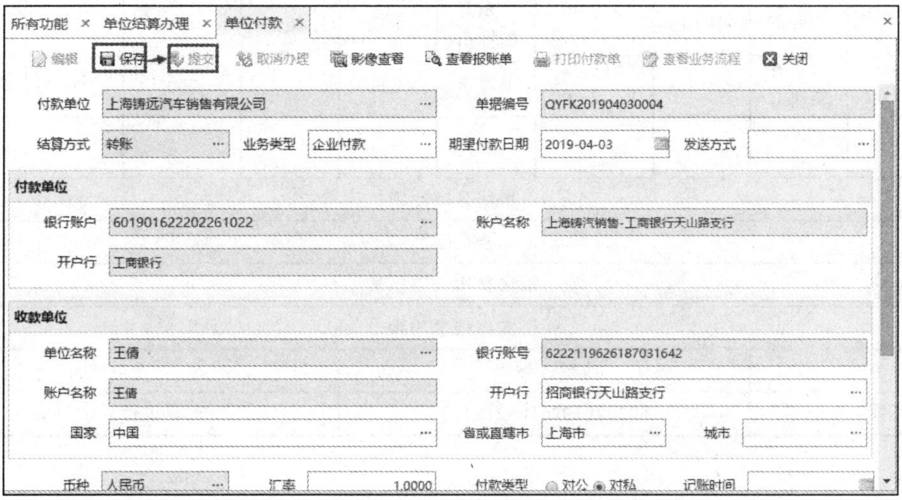

图 4-40

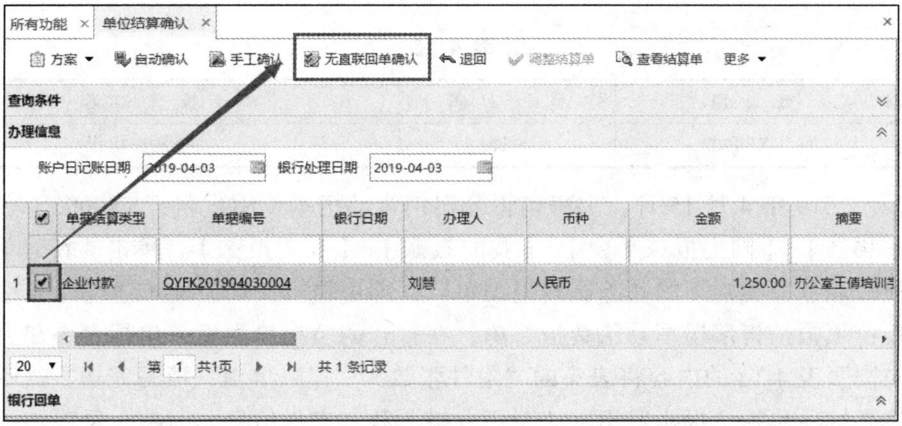

图 4-41

4.5 实验四：超预算差旅费报销

2019 年 4 月 10 日，上海销售公司销售部杨军从上海出差至深圳拜访客户，出差返回后按公司规定于 2019 年 4 月 15 日填报差旅费报销单，出差明细内容如表 4-14 所示。

表 4-14

<table>
<tr><th colspan="5">单位名称</th><th colspan="6">报账事由</th></tr>
<tr><td colspan="5">上海铸远汽车销售有限公司</td><td colspan="6">销售部杨军拜访客户出差</td></tr>
<tr><td colspan="11">附件张数</td></tr>
<tr><td colspan="11">3</td></tr>
<tr><th colspan="11">报销费用明细</th></tr>
<tr><th>序号</th><th>出发时间</th><th>出发城市</th><th>车次航班</th><th>到达时间</th><th>到达城市</th><th>交通工具</th><th>住宿费</th><th>车船/机票费</th><th>附件张数</th><th>报账金额（元）</th></tr>
<tr><td>1</td><td>2019-04-10 10：00</td><td>上海市</td><td>ZH9013</td><td>2019-04-10 13：00</td><td>广东省深圳市</td><td>飞机</td><td>400</td><td>700</td><td>2</td><td>1 100</td></tr>
<tr><td>2</td><td>2019-04-12 9：00</td><td>广东省深圳市</td><td>ZH5528</td><td>2019-04-12 12：00</td><td>上海市</td><td>飞机</td><td></td><td>700</td><td>1</td><td>700</td></tr>
<tr><td>合计</td><td></td><td></td><td></td><td></td><td></td><td></td><td></td><td></td><td></td><td>1 800</td></tr>
<tr><th colspan="11">费用分摊明细</th></tr>
<tr><th colspan="11">费用项目</th></tr>
<tr><td colspan="11">销售费用—差旅费</td></tr>
<tr><th colspan="11">支付信息明细</th></tr>
<tr><th colspan="3">支付方式</th><th colspan="4">收款人账号</th><th colspan="4">开户银行</th></tr>
<tr><td colspan="3">转账</td><td colspan="4">6222201926105218442</td><td colspan="4">工商银行天山路支行</td></tr>
</table>

实验步骤

按表 4-15 用户信息，登录浪潮 GS 管理软件。

表 4-15

登录日期	登录用户	登录密码	操作内容
2019.4.15	XS0002	aaaaaa	报销单填报

第一步：2019 年 4 月 15 日，上海销售公司销售部杨军（用户名：XS0002）登录系统，执行【财务共享】-【网上报账平台】-【我的报账】-【我要报账】，单击“新建单据”，选择“费用报账业务”类别下的“差旅费报销单”，即可填报，如图 4-42 所示。

第二步：填报销售部杨军差旅费报账单，在打开的填报界面里，包括表头和表体两部分内容。首先按照表 4-14 的内容将表头的“附件张数”“报账事由”填写完毕，然后填写表体内容。表体必填项包括“报账费用”“费用分摊”和“支付信息”三项，每项均可通过单击“增加”录入多条明细数据，如图 4-43 所示。

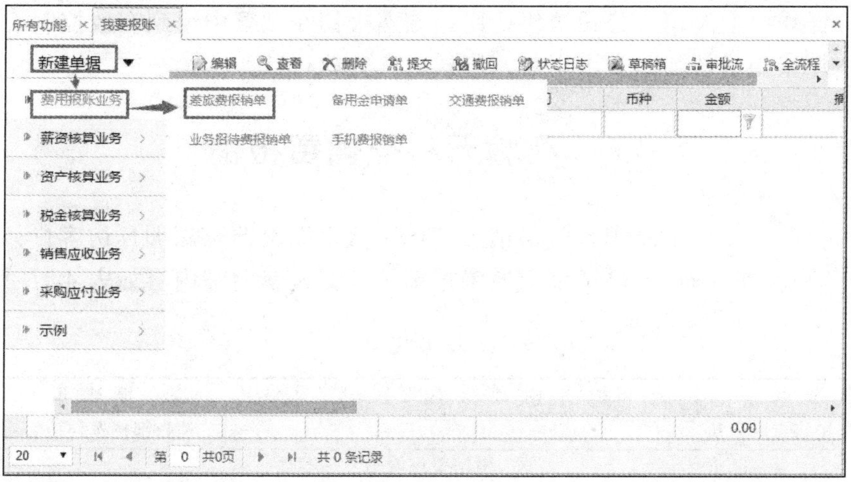

图 4-42

图 4-43

检查“费用分摊”项内容准确，单击“提交”，由于提交的差旅费超出部门月度预算，提示拒绝窗口，如图 4-44 所示，单击“确定”关闭报销界面，需要由报销人填写特殊费用申请，通过线下流程进行领导审批。

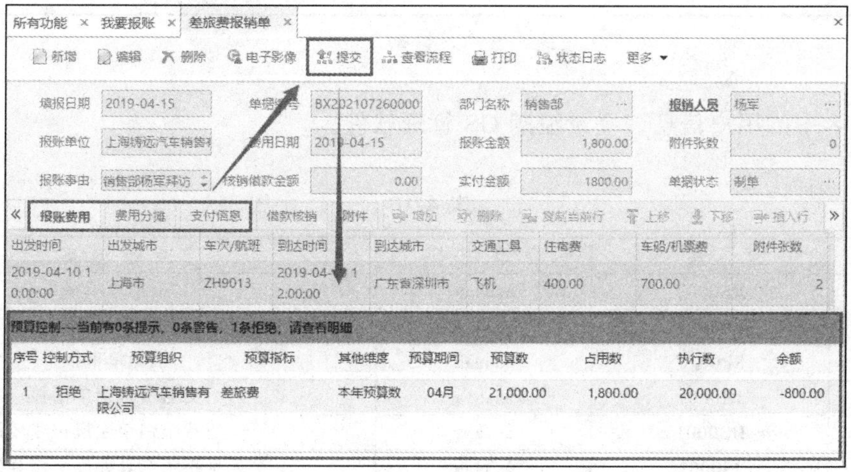

图 4-44

通过如上操作，上海销售公司销售费用差旅费报销在预算中得到有效控制，业务单元数据在预算中费用报销稽核前称为占用数，稽核后称为执行数。

4.6 实验五：交通费报销

2019 年 4 月 10 日，上海销售公司销售部杨军从上海出差至深圳拜访客户，出差返回后按公司规定于 2019 年 4 月 15 日填报交通费报销单，交通费明细内容如表 4-16 所示。

表 4-16

单位名称	附件张数	报账事由
上海铸远汽车销售有限公司	1	销售部杨军拜访客户出差
报销费用明细		
区间	费用说明	同行人数
火车站至客户现场往返	拜访客户出差产生的交通费	1
票据张数	发票号码	报账金额（元）
1	23391898	123
费用分摊明细		
费用项目		
销售费用—交通费		
支付信息明细		
支付方式	收款人账号	开户银行
转账	6227205656210448826	工商银行天山路支行

报销人提交电子报销单后，需按照集团交通费报销业务流程规定，由相关人员完成初审扫描、领导审批、财务稽核、报销打款及生成记账凭证等工作，凭证分录如表 4-17 所示。

表 4-17

序号	凭证所属单位	摘要	凭证分录			
			方向	科目	借方金额	贷方金额
1	上海销售公司	销售部杨军拜访客户出差	借	销售费用—交通费	123	
			贷	银行存款—工商银行		123

实验步骤

按表 4-18 中的用户信息，登录浪潮 GS 管理软件。

表 4-18

登录日期	登录用户	登录密码	操作内容
2019.4.15	XS0002	aaaaaa	报销单填报
2019.4.15	CS0001	aaaaaa	报销单初审
2019.4.15	SP0010	aaaaaa	报销单审批
2019.4.15	JH0001	aaaaaa	交通费报销单稽核
2019.4.15	HS0001	aaaaaa	交通费报销单生成记账凭证
2019.4.15	JS0001	aaaaaa	交通费报销结算办理与结算确认

（1）填写交通费报销单并提交初审。

第一步：2019 年 4 月 15 日，上海销售公司销售部杨军（用户名：XS0002）登录系统，执行【财务共享】-【网上报账平台】-【我的报账】-【我要报账】，单击“新建单据”，选择“费用报账业务”类别下的“交通费报销单”，即可填报，如图 4-45 所示。

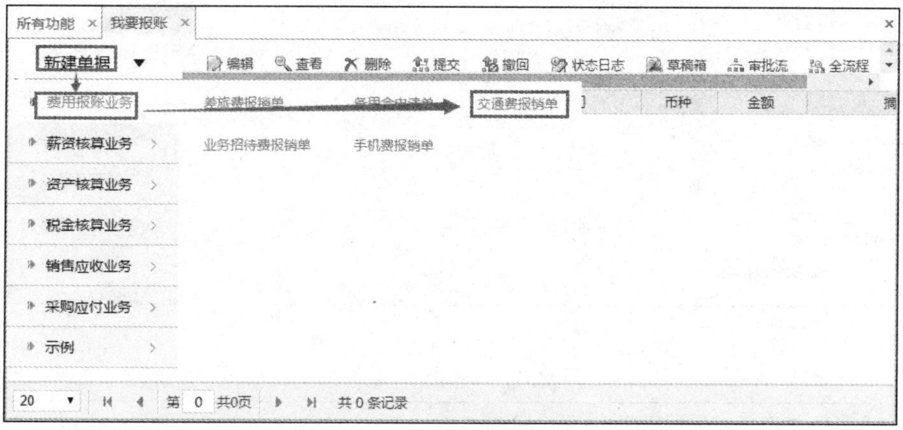

图 4-45

第二步：填报销售部杨军交通费报销单，在打开的填报界面里，包括表头和表体两部分内容。按照表 4-16 中的内容将表头的“附件张数”“报账事由”填写完毕，然后填写表体内容，表体必填项包括“报账费用”“费用分摊”和“支付信息”三项，按表 4-16 中的内容将全部明细项填写完毕后，单击“提交”，如图 4-46 所示，提示提交成功即可。

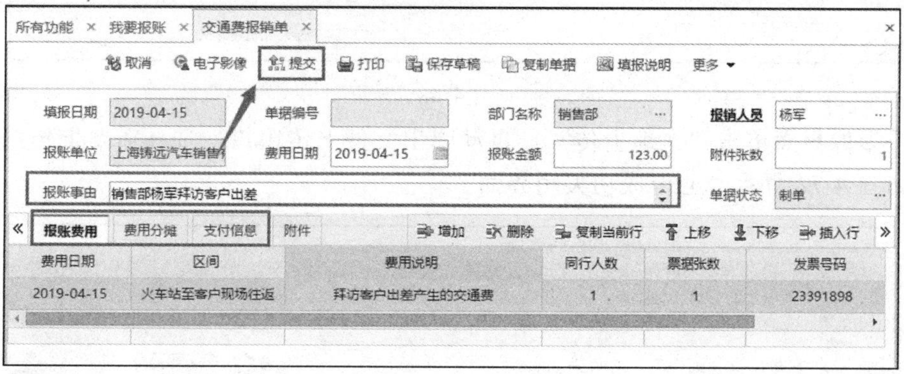

图 4-46

（2）扫描并上传报销单相关原始凭证影像并识别票据，初审通过后提交领导审批。

第一步：2019 年 4 月 15 日，共享中心初审扫描员沈民（用户名：CS0001）登录系统，执行【财务共享】-【网上报账平台】-【单据初审】-【单据初审】，打开“单据初审”，在左侧“待办”选项下，选择“费用报账业务”类别下的“交通费报销单”，右侧会将初审待审的单据列示出来，选择销售部杨军的报销单，单击“办理”，如图 4-47 所示。

单击“办理”即可查看报销单，单击上方工具栏的“电子影像”，如图 4-48 所示。

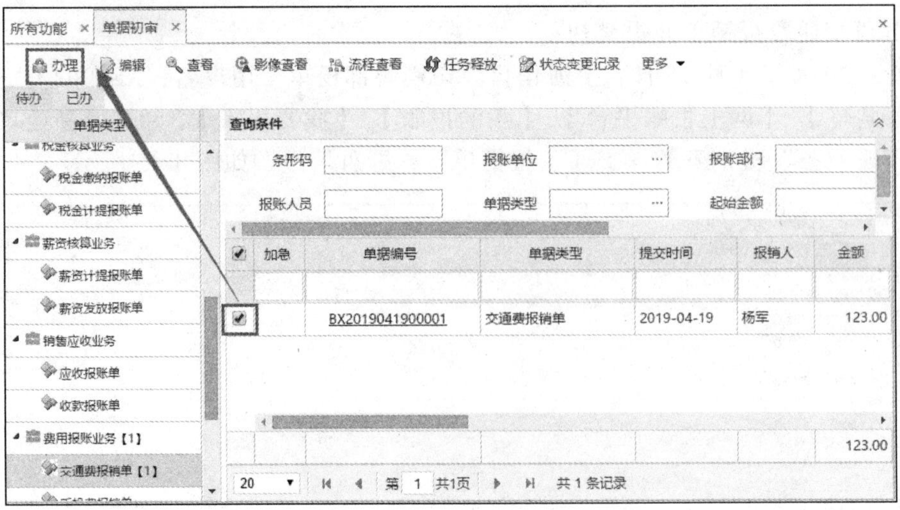

图 4-47

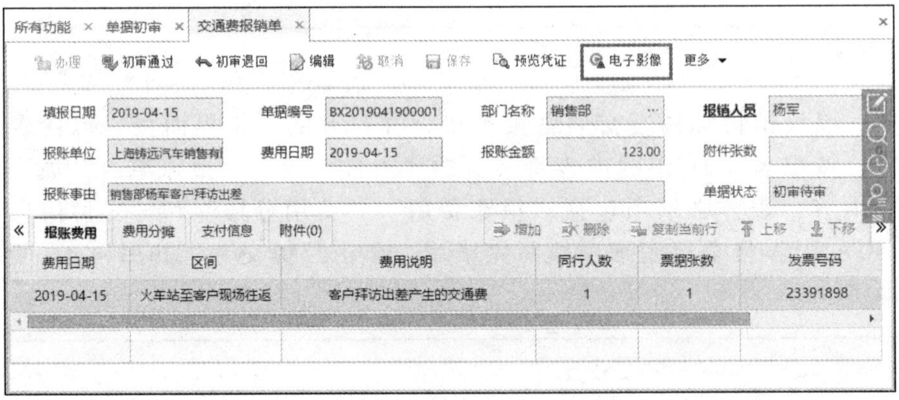

图 4-48

在电子影像界面单击“本地上传”，自动弹出文件上传窗口，选择需要上传的交通费电子发票，如图 4-72 所示，上传成功关闭界面。

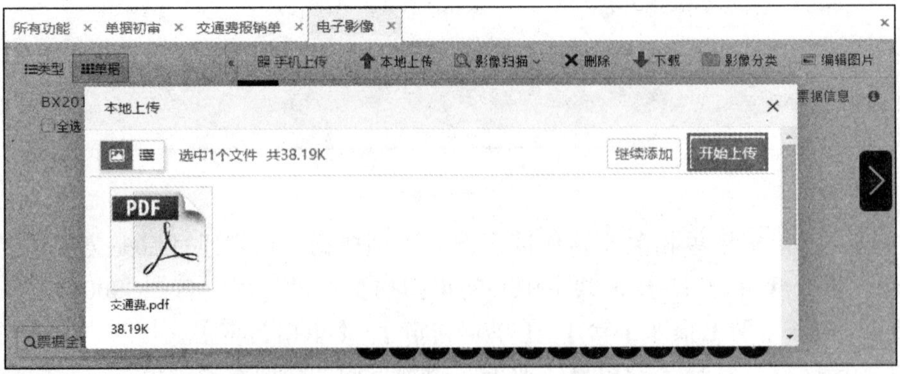

图 4-49

单击右上角的“票据信息”并单击“识别”，识别成功后关闭“电子影像”窗口，如图 4-50 所示。

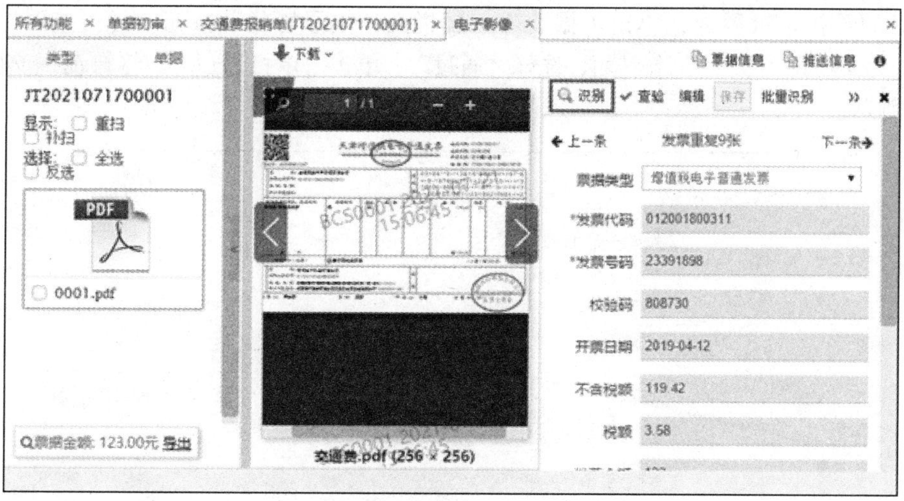

图 4-50

检查报销单据信息无误后，单击“初审通过”，单据将自动提交到领导审批流程，如图 4-51所示。

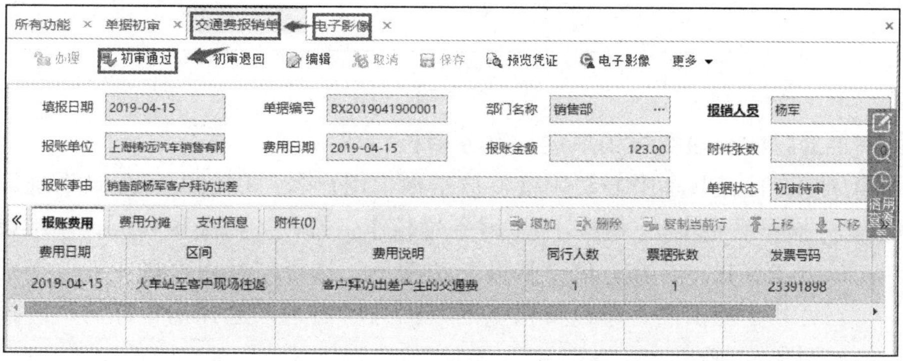

图 4-51

（3）领导审批初审通过的交通费报销单。

2019 年 4 月 15 日，上海销售公司销售部经理白雪（用户名：SP0010）登录系统，执行【系统公共】-【任务中心】-【任务中心】-【待办任务】，打开“待办任务”，选择左侧对应的业务流程，将待审批的单据列示出来，选择销售部杨军的申请单，单击“审批单据”，如图 4-52所示。

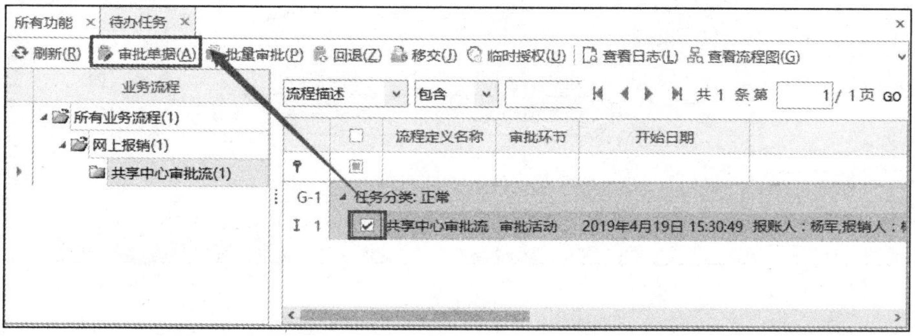

图 4-52

在打开的单据审批界面，单击单据上方工具栏内“电子影像”按钮，即可查看上传的原始凭证，检查无误后即可关闭影像界面，选择“通过”，单击“审批通过”，将自动提交财务稽核，如图 4-53 所示。

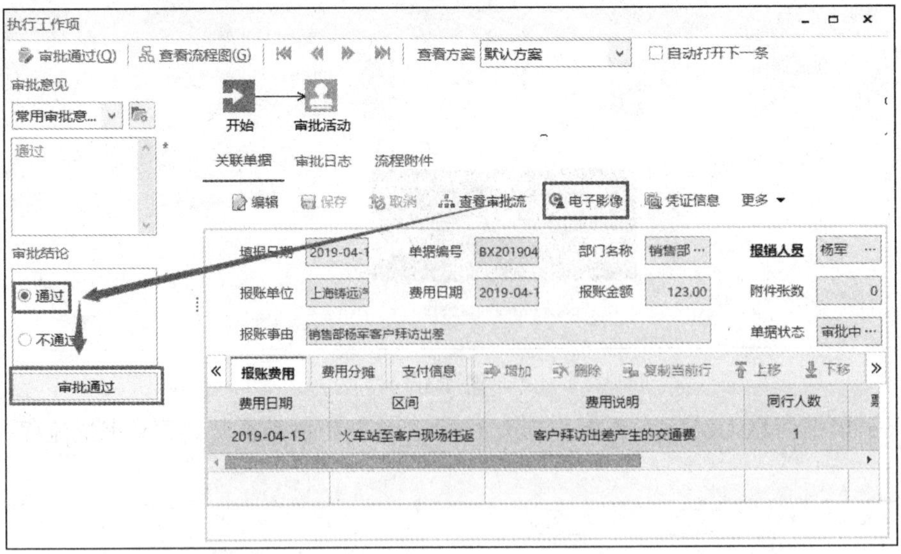

图 4-53

（4）将审批通过的交通费报销单进行财务稽核。

2019 年 4 月 15 日，共享中心费用稽核员李梅（用户名：JH0001）登录系统，执行【财务共享】-【业务操作平台】-【稽核】-【财务稽核】，打开“财务稽核”，“结束日期”选择“今天”，单击“查找”，在左侧“待办”选项下，选择“费用报账业务”类别下的“交通费报销单”，将共享范围内各单位待稽核的单据列示出来，选择销售部杨军的报销单，单击“办理”，如图 4-54 所示。

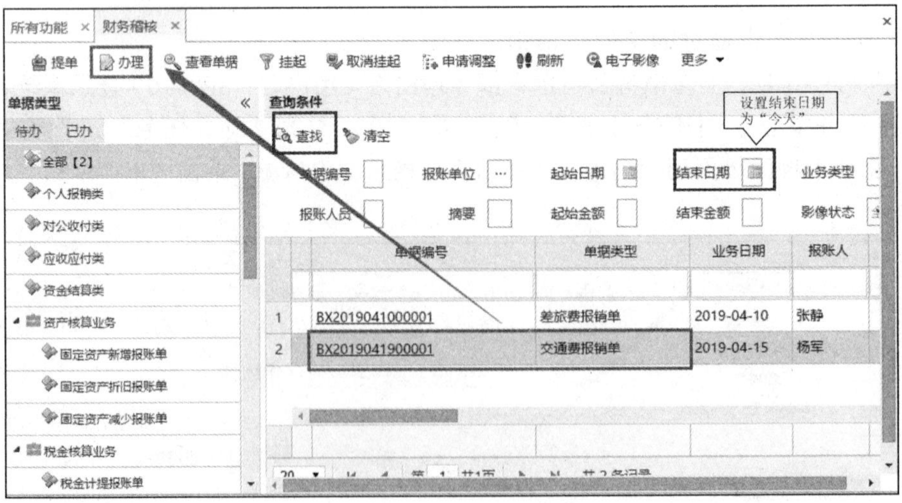

图 4-54

在打开的单据审批界面，检查申请单无误后，单击“审批通过”将自动提交财务稽核。

（5）将财务稽核通过的交通费报销单生成记账凭证。

2019 年 4 月 15 日，共享中心费用核算员何月（用户名：HS0001）登录系统，执行【财务共享】-【业务操作平台】-【制证】-【凭证生成】，打开“凭证生成”，“结束日期”选择“今天”，单击“查找”，将共享范围内各单位待生成记账凭证的单据列示出来，选择销售部杨军的申请单，单击“生成凭证”，如图 4-55、图 4-56 所示。

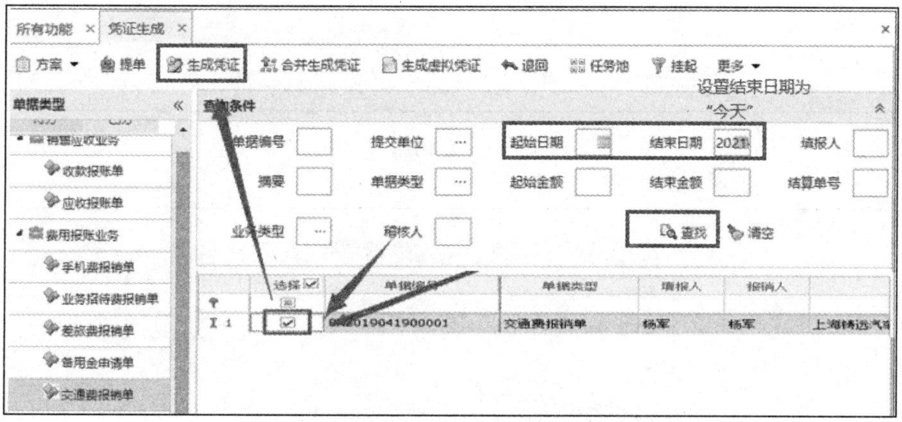

图 4-55

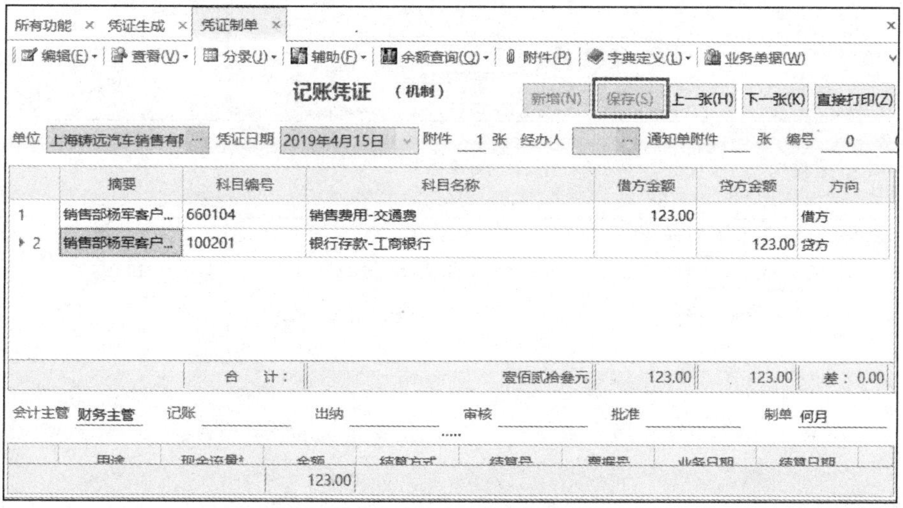

图 4-56

（6）将已生成记账凭证的报销单进行结算办理及结算确认。

第一步：2019 年 4 月 15 日，共享中心资金结算员刘慧（用户名：JS0001）登录系统，执行【财务共享】-【资金结算平台】-【单位结算】-【单位结算办理】，打开“单位结算办理”，将共享范围内各单位待付款办理的单据列示出来。选择销售部杨军的报销单，单击“办理”，在新弹出的“单位结算办理”窗口选择“结算账号”为“上海铸汽销售-工商银行天山路支行”，单击“确定”，如图 4-57、图 4-58 所示。

在“单位付款”界面，选择“业务类型”为“企业付款”，单击“保存”-“提交”，即可办理成功，如图 4-59 所示。

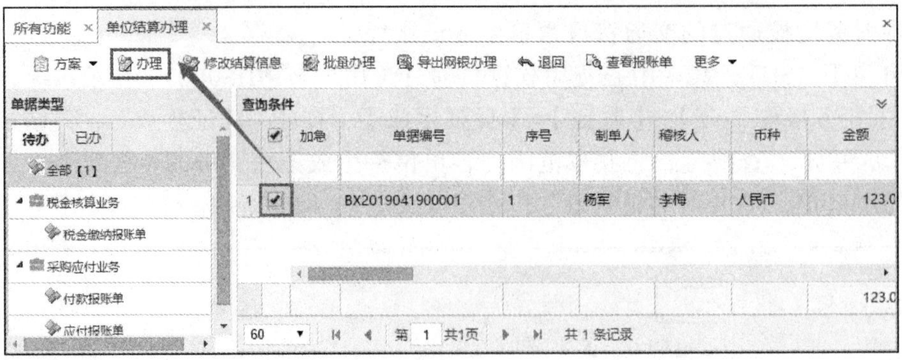

图 4-57

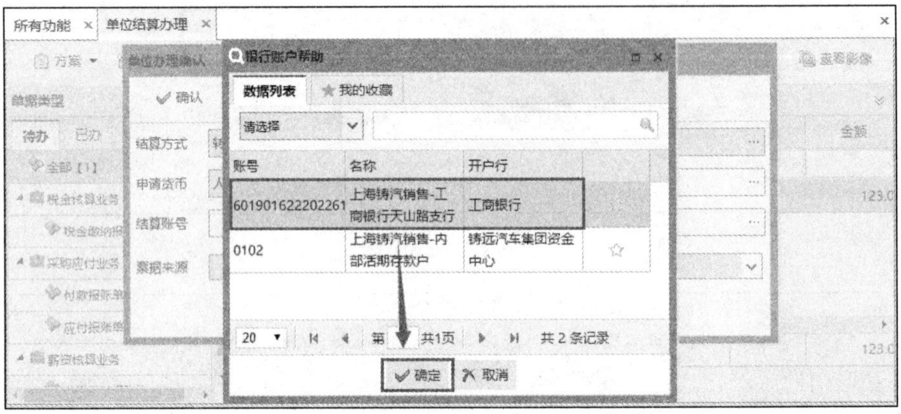

图 4-58

图 4-59

第二步：2019 年 4 月 15 日，共享中心资金结算员刘慧（用户名：JS0001）登录系统，执行【财务共享】-【资金结算平台】-【单位结算】-【单位结算确认】，打开“单位结算确认”，将共享范围内各单位待付款确认的单据列示出来，逐个进行结算确认。选择销售部杨军的报销单，单击“无直联回单确认”，即可完成结算确认，如图 4-60 所示。

图 4-60

4.7 实验六：业务招待费报销

2019 年 4 月 15 日，上海销售公司销售部杨军邀请客户用餐产生业务招待费，回到公司后填报业务招待费报销单，费用明细如表 4-19 所示。

表 4-19

单 位 名 称	附 件 张 数	报 账 事 由
上海铸远汽车销售有限公司	1	销售部杨军邀请客户用餐业务招待费报销
报销费用明细		
招待地点	费用说明	木公司人员
上海	邀请客户用餐业务招待费	杨军
票据张数	发票号码	报账金额（元）
1	17891898	320
费用分摊明细		
费用项目		
销售费用—业务招待费		
支付信息明细		
支付方式	收款人账号	开户银行
转账	6227205656210448826	工商银行天山路支行

报销人提交电子报销单后，需按照集团业务招待费报销业务流程规定，由相关人员完成初审扫描、领导审批、财务稽核、报销打款及生成记账凭证等工作，凭证分录如表 4-20 所示。

表 4-20

序 号	凭证所属单位	摘 要	凭 证 分 录			
			方 向	科 目	借 方 金 额	贷 方 金 额
1	上海销售公司	销售部杨军拜访客户出差	借	销售费用—业务招待费	320	
			贷	银行存款—工商银行		320

实验步骤

按表 4-21 中的用户信息，登录浪潮 GS 管理软件。

表 4-21

登录日期	登录用户	登录密码	操作内容
2019.4.15	XS0002	aaaaaa	报销单填报
2019.4.15	CS0001	aaaaaa	报销单初审
2019.4.15	SP0010	aaaaaa	报销单审批
2019.4.15	JH0001	aaaaaa	业务招待费报销单稽核
2019.4.15	HS0001	aaaaaa	业务招待费报销单生成记账凭证
2019.4.15	JS0001	aaaaaa	业务招待费报销结算办理与结算确认

（1）填写业务招待费报销单并提交初审。

第一步：2019 年 4 月 15 日，上海销售公司销售部杨军（用户名：XS0002）登录系统，执行【财务共享】-【网上报账平台】-【我的报账】-【我要报账】，单击“新建单据”，选择“费用报账业务”类别下的“业务招待费报销单”，即可填报，如图 4-61 所示。

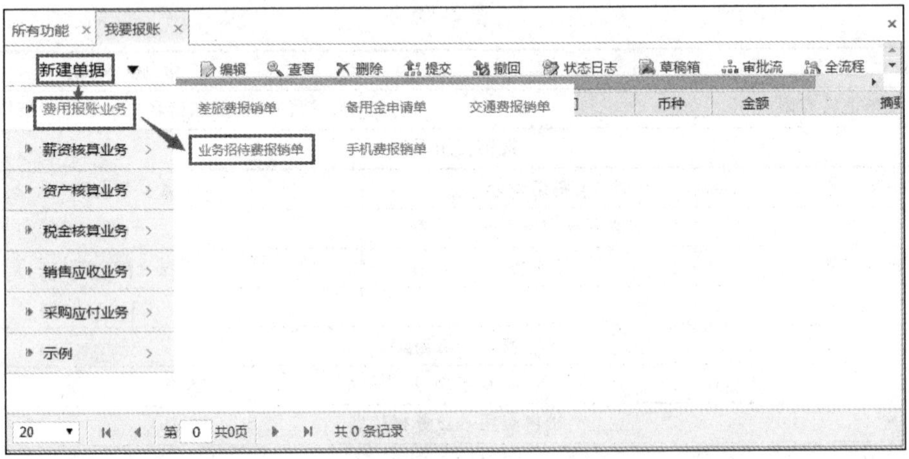

图 4-61

第二步：填报销售部杨军业务招待费报销单，在打开的填报界面里，包括表头和表体两部分内容。按照表 4-19 中的内容将表头的“附件张数”“报账事由”填写完毕，然后填写表体内容，表体必填项包括“报账费用”“费用分摊”和“支付信息”三项，按表 4-19 将全部明细项填写完毕后，单击“提交”，提示提交成功即可，如图 4-62 所示。

（2）初审通过后提交领导审批。

第一步：2019 年 4 月 15 日，共享中心初审扫描员沈民（用户名：CS0001）登录系统，执行【财务共享】-【网上报账平台】-【单据初审】-【单据初审】，打开“单据初审”，在左侧“待办”选项下，选择“费用报账业务”类别下的“业务招待费报销单”，右侧会将初审待审的单据列示出来，选择销售部杨军的报销单，单击“办理”，如图 4-63 所示。

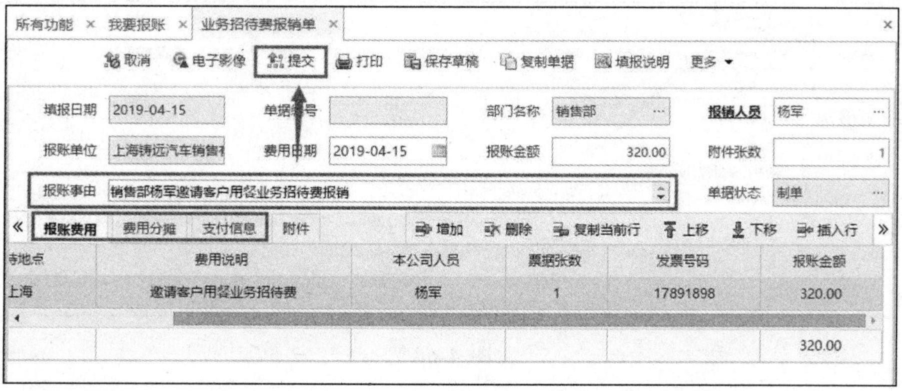

图 4-62

图 4-63

检查报销单据信息无误后，单击“初审通过”，单据将自动提交到领导审批流程。

（3）领导审批初审通过的业务招待费报销单。

2019 年 4 月 15 日，上海销售公司销售部经理白雪（用户名：SP0010）登录系统，执行【系统公共】-【任务中心】-【任务中心】-【待办任务】，打开“待办任务”，选择左侧对应的业务流程，将待审批的单据列示出来，选择销售部杨军的申请单，单击“审批单据”，如图 4-64 所示。

在打开的单据审批界面，检查申请单无误后，单击“审批通过”将自动提交财务稽核。

（4）将审批通过的业务招待费报销单进行财务稽核。

2019 年 4 月 15 日，共享中心费用稽核员李梅（用户名：JH0001）登录系统，执行【财务共享】-【业务操作平台】-【稽核】-【财务稽核】，打开“财务稽核”，“结束日期”选择“今天”，单击“查找”，在左侧“待办”选项下，选择“费用报账业务”类别下的“业务招待费报销单”，将共享范围内各单位待稽核的单据列示出来，选择销售部杨军的报销单，单击“办理”，如图 4-65 所示。

打开财务稽核报销单明细窗口，对报销单内容的准确性、完整性核对完毕后，单击“通过”，提示稽核成功即可。

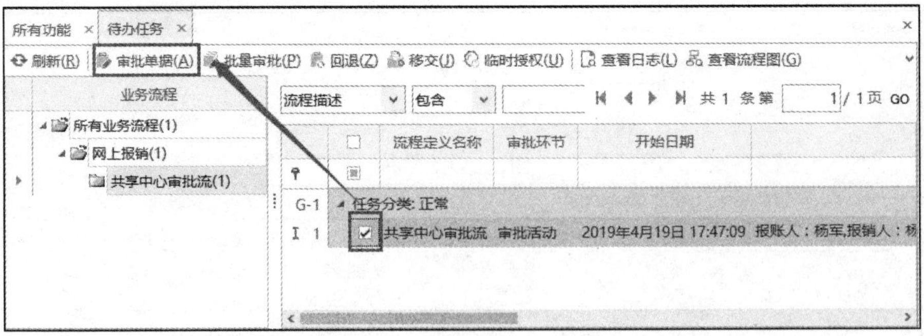

图 4-64

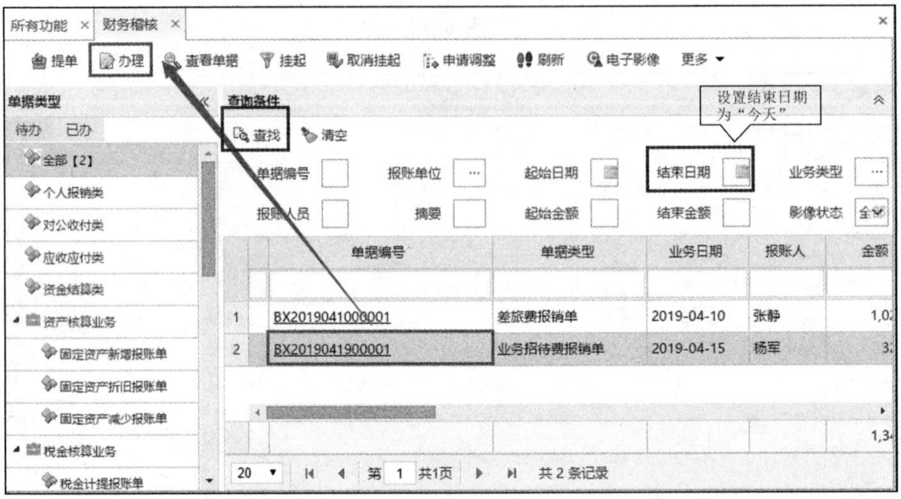

图 4-65

（5）将财务稽核通过的业务招待费报销单生成记账凭证。

2019 年 4 月 15 日，共享中心费用核算员何月（用户名：HS0001）登录系统，执行【财务共享】-【业务操作平台】-【制证】-【凭证生成】，打开“凭证生成”，“结束日期”选择“今天”，单击“查找”，将共享范围内各单位待生成记账凭证的单据列示出来，选择销售部杨军的申请单，单击“生成凭证”，如图 4-66、图 4-67 所示。

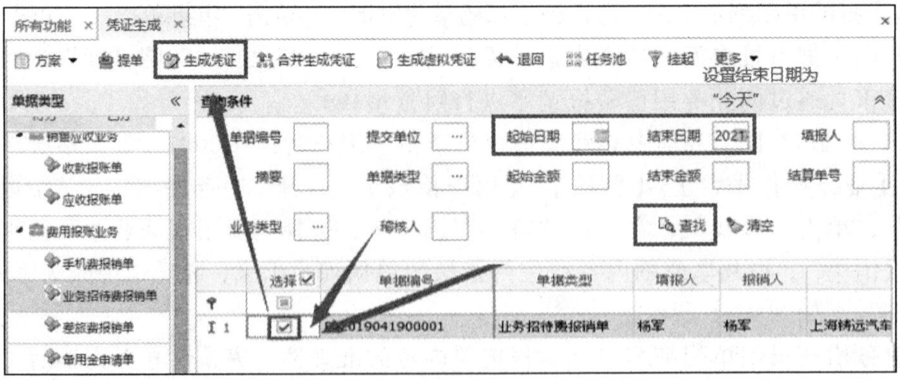

图 4-66

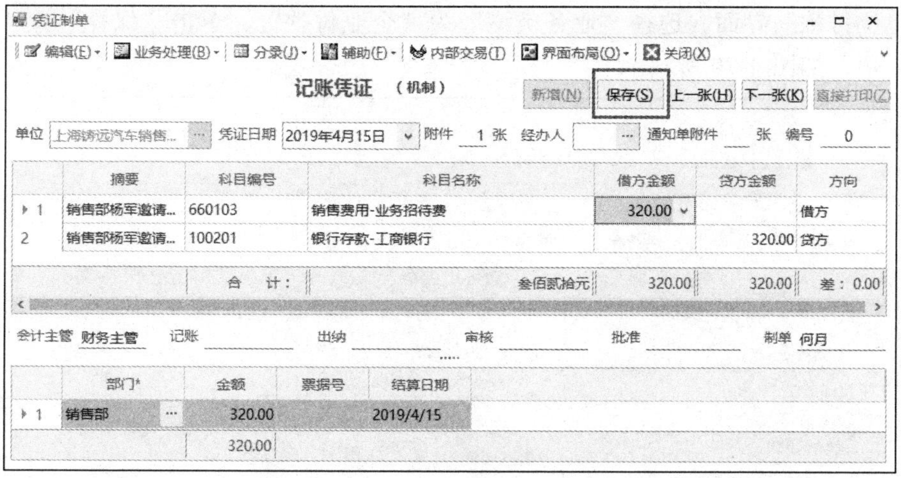

图 4-67

（6）将已生成记账凭证的报销单进行结算办理及结算确认。

第一步：2019 年 4 月 15 日，共享中心资金结算员刘慧（用户名：JS0001）登录系统，执行【财务共享】-【资金结算平台】-【单位结算】-【单位结算办理】，打开“单位结算办理”，将共享范围内各单位待付款办理的单据列示出来。选择销售部杨军的报销单，单击“办理”，在新弹出的“单位结算办理”窗口选择“结算账号”为“上海铸汽销售-工商银行天山路支行”，单击“确定”，如图 4-68、图 4-69 所示。

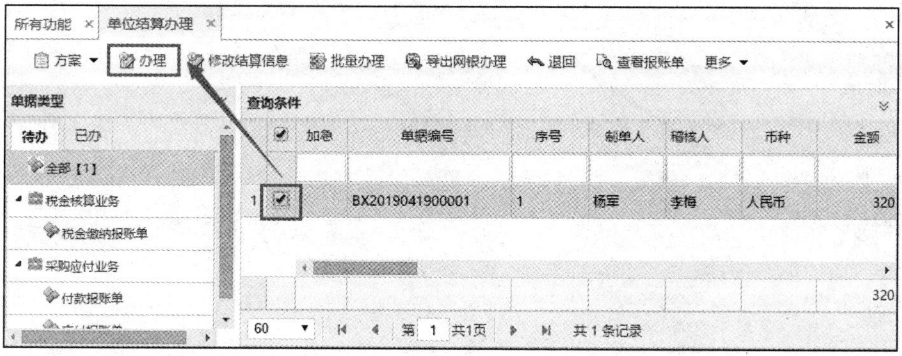

图 4-68

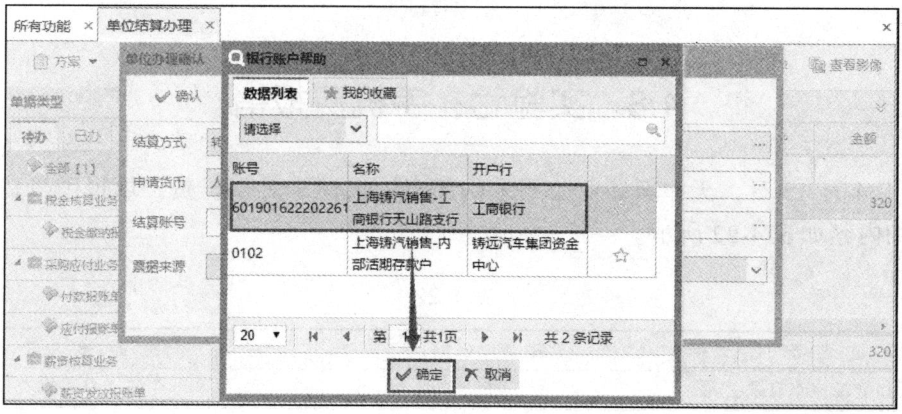

图 4-69

在“单位付款”界面，选择“业务类型”为“企业付款”，单击“保存”并“提交”，即可办理成功，如图 4-70 所示。

图 4-70

第二步：2019 年 4 月 15 日，共享中心资金结算员刘慧（用户名：JS0001）登录系统，执行【财务共享】-【资金结算平台】-【单位结算】-【单位结算确认】，打开“单位结算确认”，将共享范围内各单位待付款确认的单据列示出来，逐个进行结算确认。选择销售部杨军的报销单，单击“无直联回单确认”，即可完成结算确认，如图 4-71 所示。

图 4-71

4.8 实验七：手机费报销

2019 年 4 月 15 日，天津新能源公司采购部李婷报销 3 月手机费，填报手机费报销单，手机费明细内容如表 4-22 所示。

表 4-22

单 位 名 称	附 件 张 数	报 账 事 由
天津铸远新能源汽车有限公司	1	采购部李婷 3 月手机费报销

续表

报销费用明细			
费用说明	票据张数	发票号码	报账金额（元）
3月手机费报销	1	55397426	200
费用分摊明细			
费用项目			
管理费用—手机费			
支付信息明细			
支付方式	收款人账号	开户银行	
转账	6222201926105218442	工商银行河西支行	

报销人提交电子报销单后，需按照集团手机费报销业务流程规定，由相关人员完成初审扫描、领导审批、财务稽核、报销打款及生成记账凭证等工作，凭证分录如表 4-23 所示。

表 4-23

序　号	凭证所属单位	摘　要	凭证分录			
			方　向	科　目	借方金额	贷方金额
1	天津新能源公司	采购部李婷3月手机费报销	借	管理费用—手机费	200	
			贷	银行存款—工商银行		200

实验步骤

按表 4-24 中的用户信息，登录浪潮 GS 管理软件。

表 4-24

登录日期	登录用户	登录密码	操作内容
2019.4.15	CG0001	aaaaaa	报销单填报
2019.4.15	CS0001	aaaaaa	报销单初审
2019.4.15	SP0003	aaaaaa	报销单审批
2019.4.15	JH0001	aaaaaa	交通费报销单稽核
2019.4.15	HS0001	aaaaaa	交通费报销单生成记账凭证
2019.4.15	JS0001	aaaaaa	交通费报销结算办理与结算确认

（1）填写手机费报销单并提交初审。

第一步：2019 年 4 月 15 日，天津新能源公司采购部李婷（用户名：CG0001）登录系统，执行【财务共享】-【网上报账平台】-【我的报账】-【我要报账】，单击“新建单据”，选择“费用报账业务”类别下的“手机费报销单”，即可填报，如图 4-72 所示。

第二步：填报采购部李婷手机费报销单，在打开的填报界面里，包括表头和表体两部分内容。按照表 4-22 中的内容将表头的“附件张数”“报账事由”填写完毕，然后填写表体内容，表体必填项包括“报账费用”“费用分摊”和“支付信息”三项，按表 4-22 中的内容将全部明细项填写完毕后，单击“提交”，提示提交成功即可，如图 4-73 所示。

（2）初审通过后提交领导审批。

第一步：2019 年 4 月 15 日，财务共享中心初审扫描员沈民（用户名：CS0001）登录系统，执行【财务共享】-【网上报账平台】-【单据初审】-【单据初审】，打开“单据初审”，在左侧“待办”选项下，选择“费用报账业务”类别下的“手机费报销单”，右侧会将初审中待审的单据列示出来，选择采购部李婷的报销单，单击“办理”，如图 4-74 所示。

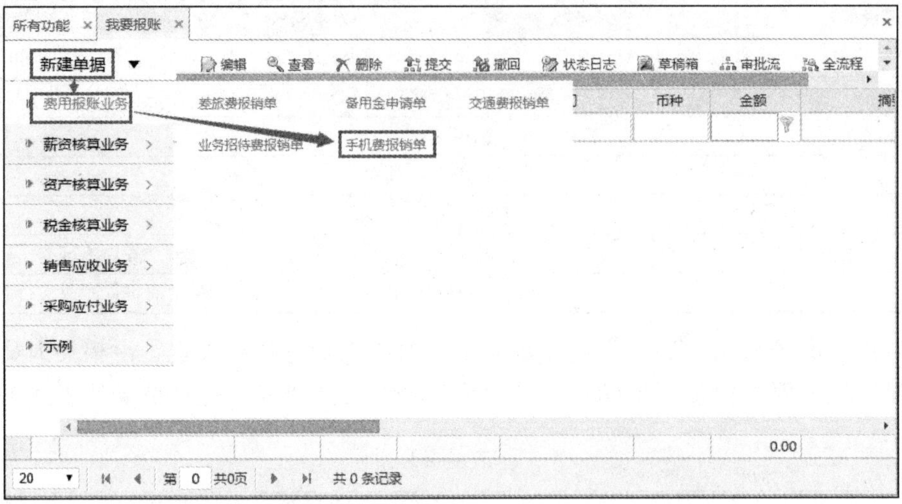

图 4-72

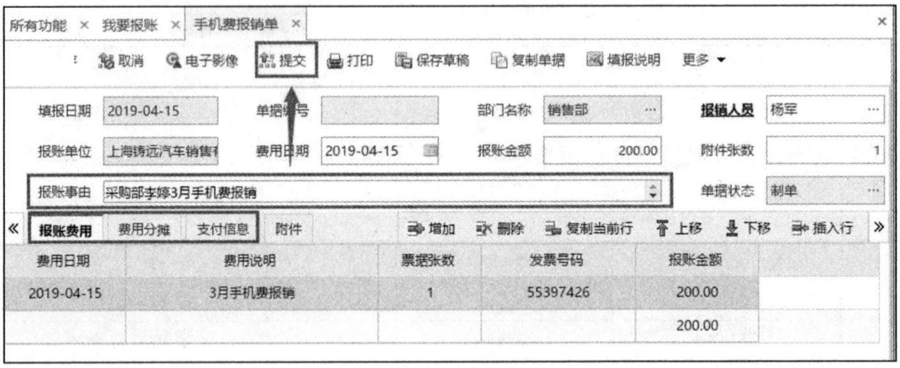

图 4-73

图 4-74

检查报销单据信息无误后，单击“初审通过”，单据将自动提交到领导审批流程。

（3）领导审批初审通过的手机费报销单。

2019 年 4 月 15 日，天津新能源公司采购部经理王海（用户名：SP0003）登录系统，执行【系统公共】-【任务中心】-【任务中心】-【待办任务】，打开“待办任务”，选择左侧对应的业务流程，将待审批的单据列示出来，选择采购部李婷的申请单，单击“审批单据”，如图 4-75 所示。

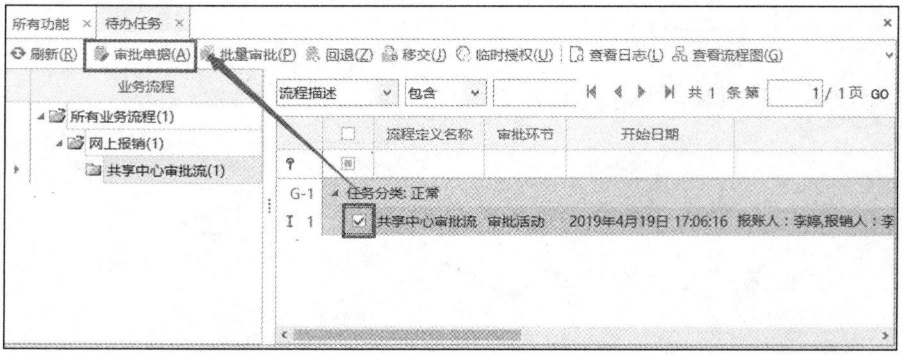

图 4-75

在打开的单据审批界面，检查申请单无误后，单击“审批通过”将自动提交财务稽核。

（4）将审批通过的手机费报销单进行财务稽核。

2019 年 4 月 15 日，财务共享中心费用稽核员李梅（用户名：JH0001）登录系统，执行【财务共享】-【业务操作平台】-【稽核】-【财务稽核】，打开“财务稽核”，“结束日期”选择“今天”，单击“查找”，在左侧“待办”选项下，选择“费用报账业务”类别下的“手机费报销单”，将共享范围内各单位待稽核的单据列示出来，选择采购部李婷的报销单，单击“办理”，如图 4-76 所示。

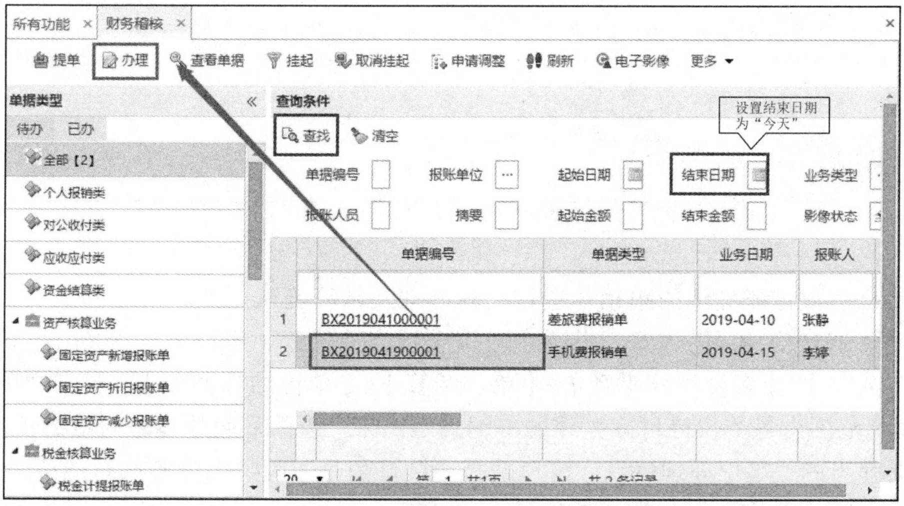

图 4-76

打开财务稽核报销单明细窗口，对报销单内容的准确性、完整性核对完毕后，单击“通过”，提示稽核成功即可。

（5）将财务稽核通过的手机费报销单生成记账凭证。

2019 年 4 月 15 日，财务共享中心费用核算员何月（用户名：HS0001）登录系统，执行【财务共享】-【业务操作平台】-【制证】-【凭证生成】，打开“凭证生成”，“结束日期”选择“今天”，单击“查找”，将共享范围内各单位待生成记账凭证的单据列示出来，选择采购部李婷的申请单，单击“生成凭证”，如图 4-77、图 4-78 所示。

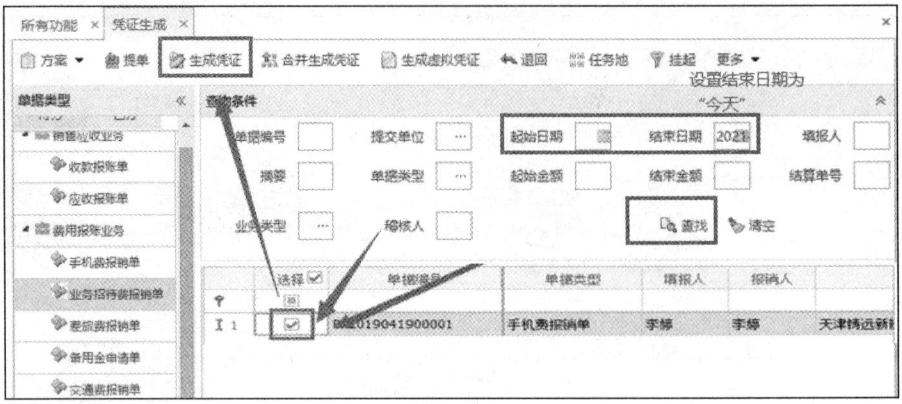

图 4-77

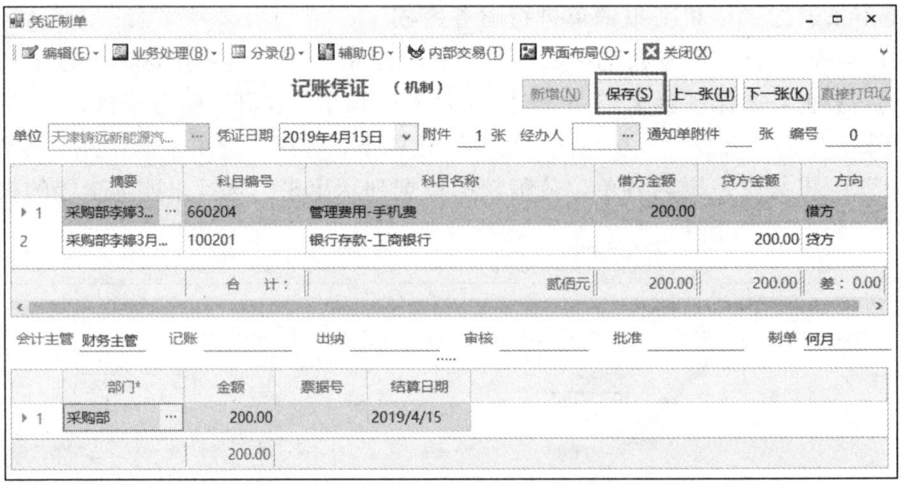

图 4-78

（6）将已生成记账凭证的报销单进行结算办理及结算确认。

第一步：2019 年 4 月 15 日，共享中心资金结算员刘慧（用户名：JS0001）登录系统，执行【财务共享】-【资金结算平台】-【单位结算】-【单位结算办理】，打开“单位结算办理”，将共享范围内各单位待付款办理的单据列示出来。选择采购部李婷的报销单，单击“办理”，在新弹出的“单位办理确认”窗口选择“结算账号”为“天津铸汽新能源-工商银行河西支行”，单击“确定”，如图 4-79、图 4-80 所示。

在“单位付款”界面，选择“业务类型”为“企业付款”，单击“保存”并“提交”，即可办理成功，如图 4-81 所示。

第二步：2019 年 4 月 15 日，财务共享中心资金结算员刘慧（用户名：JS0001）登录系统，执行【财务共享】-【资金结算平台】-【单位结算】-【单位结算确认】，打开“单位结算确认”，将共享范围内各单位待付款确认的单据列示出来，逐个进行结算确认。选择采购部李婷的报销单，单击“无直联回单确认”，即可完成结算确认，如图 4-82 所示。

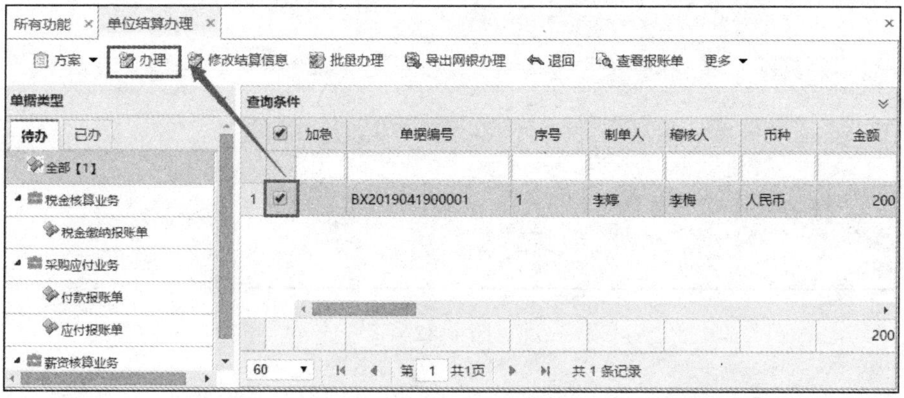

图 4-79

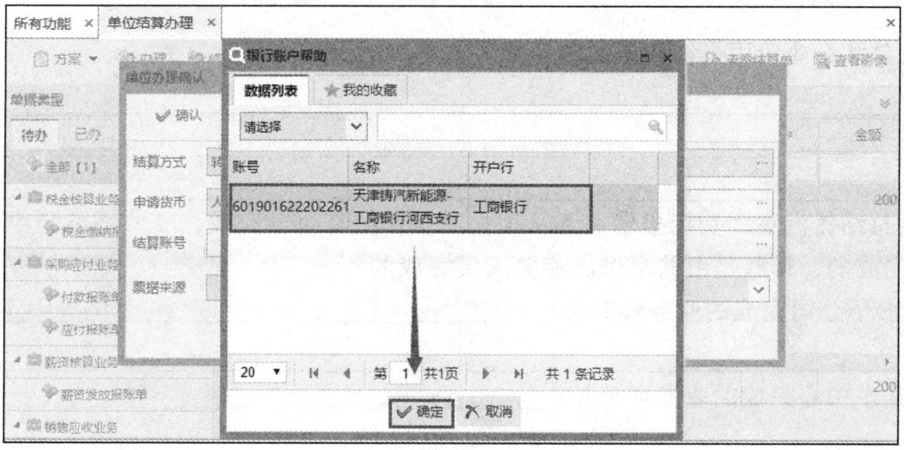

图 4-80

图 4-81

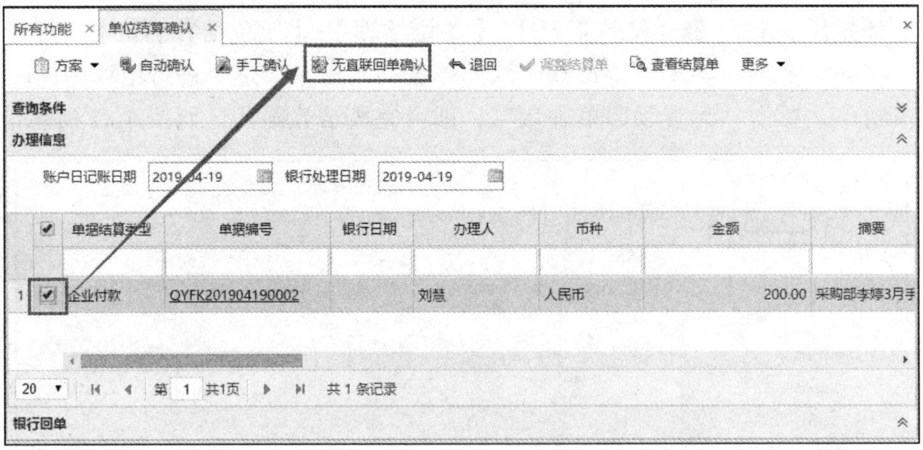

图 4-82

4.9 课后思考题

1．请总结企业费用报销业务通常包括哪些类型的费用，至少五类。

____

2．请总结铸汽集团费用报销业务从填报到报销结算付款完成，哪些环节是由分/子公司相关人员完成的，哪些是由共享中心相关人员完成的？

（1）分/子公司完成的业务环节是：______________________________

（2）共享中心完成的业务环节是：______________________________

3．在共享中心处理的业务环节中，能显示并操作的单据，其对应的单位/组织范围是（　　）。

A．共享中心本部门

B．集团本部

C．共享中心提供服务的所有单位

4．请总结在铸汽集团备用金及费用报销业务处理时，初审扫描员的岗位职责。

____

5．请总结 OCR 技术的应用对财务共享业务处理起到哪些作用和意义。

____

6. 请说明铸汽集团共享业务处理时，电子影像是在哪个环节上传的，上传的电子影像涵盖哪些内容，电子影像的应用对财务共享中心业务处理起到哪些作用和意义？

（1）电子影像上传的业务环节是：

（2）上传的电子影像涵盖哪些内容：

（3）电子影像对业务处理的意义：

7. 财务共享中心的建设，实现了对基础数据的标准化，加强了对业务流程的管控，请简单总结费用报销制单时进行预算控制的意义。

8. 铸汽集团费用报销业务实现了员工可在报账平台直接应用网上报销系统共享的报销单单据样式进行填报，进而完成后续业务处理。请简单说明铸汽集团费用报销业务处理时，涉及的系统模块有哪些，并简述其主要业务处理功能。

9. 铸汽集团费用报销业务在进行报销结算时，你认为应该采用以下哪种结算模式？

A. 共享中心集中结算　　B. 子公司独立结算

请分析你所选择的结算模式的利弊：

第 5 章 教学任务二：销售与收款共享业务处理

5.1 任务背景介绍

在铸汽集团财务共享中心建设计划中，已确定将销售应收与收款业务纳入共享中心。考虑到各子公司销售应收相关业务系统供应商一致、版本趋同、系统稳定，并且已应用多年，经过与第三方咨询机构讨论，最终确定通过接口平台将销售应收相关业务系统生成的销售发票自动传递至共享中心网上报账平台，生成销售应收报账单，用于后续共享中心集中稽核、核算等业务处理。

销售应收流程的核心业务包括合同管理、订单管理、发票管理等，铸汽集团为促进财务转型，实现业财一体化，要求各子公司销售应收业务以销售合同为起点，依据销售合同完成销售订单的录入，依据销售订单完成发货，然后开具发票，进行销售应收款的报账处理，并由共享中心人员统一进行稽核、核算等业务处理。

铸汽集团为加强对子公司的资金监控，确定将资金收款业务纳入共享中心集中处理，由共享中心依据银行回单统一登记收款信息，各子公司进行收款认领并自动生成收款报账单，然后由共享中心完成集中稽核、生成记账凭证等业务处理。

铸汽集团在对业务流程进行重新梳理后，销售应收及收款业务在各子公司和共享中心的工作流转内容如图 5-1 所示。

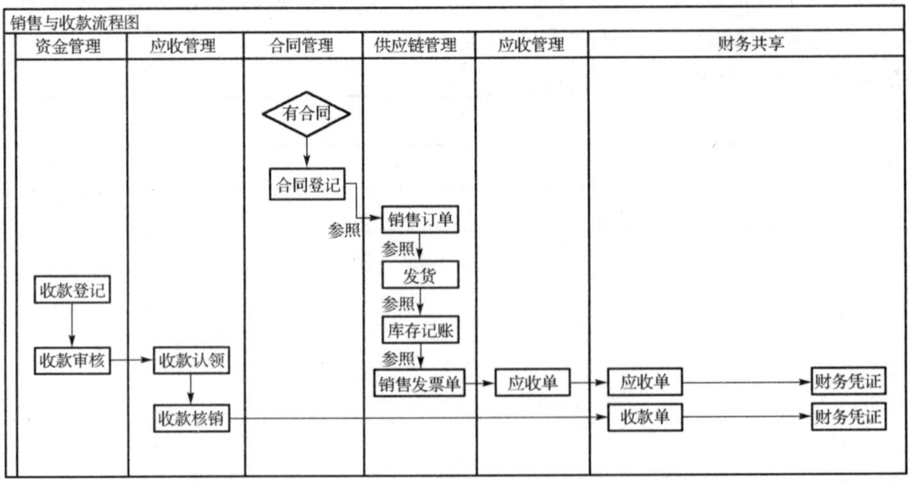

图 5-1

5.2 实验一：应收报账

2019 年 4 月 5 日，天津新能源公司销售部吴峰与北京天友有限公司签订汽车销售合同，向北京天友有限公司销售 20 辆新能源汽车 MAX，含税金额共计 2 440 800 元，已完成发货并开具发票。吴峰需要依据合同进行应收报账处理，合同明细内容如表 5-1 所示。

表 5-1

合同基本信息				
合同类型	签订公司	签订日期	合同名称	往来单位
产品销售合同	天津铸远新能源汽车有限公司	2019 年 4 月 5 日	北京天友有限公司 MAX 销售合同	北京天友有限公司
签订部门	签订人员	币　种		
销售部	吴峰	人民币		
合同明细信息				
物料名称	主数量(辆)	含税单价(元)	税　率	含税金额(元)
新能源 MAX	20	122 040	13%	2 440 800
条款	第一条至第十条			

2019 年 4 月 10 日，上海销售公司销售部杨军与上海宏图有限公司签订汽车销售合同，向上海宏图有限公司销售 5 辆铸汽赛尔汽车 S6，含税金额共计 1 446 400 元，已完成发货并开具发票。杨军需要依据合同进行应收报账处理，合同明细内容如表 5-2 所示。

表 5-2

合同基本信息				
合同类型	签订公司	签订日期	合同名称	往来单位
产品销售合同	上海铸远汽车销售有限公司	2019 年 4 月 10 日	上海宏图有限公司铸汽赛尔汽车 S6 销售合同	上海宏图有限公司
签订部门	签订人员	币　种		
销售部	杨军	人民币		
合同明细信息				
物料名称	主数量(辆)	含税单价(元)	税　率	含税金额(元)
铸汽赛尔汽车 S6	5	289 280	13%	1 446 400
条款	第一条至第十条			

销售业务由合同发起，并完成订单、交货、开具发票等业务后，自动生成共享中心报账单，需按照集团应收业务流程规定，由相关人员完成财务稽核、生成记账凭证等工作，凭证分录如表 5-3 所示。

表 5-3

序号	凭证所属单位	摘　要	凭证分录			
			方向	科　目	借方金额	贷方金额
1	天津新能源公司	销售北京天友 20 辆 MAX	借	应收账款	2 440 800	
			贷	主营业务收入		2 160 000
				应交税费—应交增值税—销项税额		280 800
2	上海销售公司	销售上海宏图 5 辆铸汽赛尔汽车 S6	借	应收账款	1 446 400	
			贷	主营业务收入		1 280 000
				应交税费—应交增值税—销项税额		166 400

实验步骤

(1)基于销售合同完成天津新能源公司对北京天友公司的销售应收共享业务处理。

按表 5-4 中的用户信息，登录浪潮 GS 管理软件。

表 5-4

登录日期	登录用户	登录密码	操作内容
2019.04.05	XS0001	aaaaaa	合同登记、销售订单制单
2019.04.05	SP0009	aaaaaa	合同审批、销售订单审批
2019.04.05	CK0001	aaaaaa	发货
2019.04.05	JZ0001	aaaaaa	库存记账
2019.04.05	FZ0001	aaaaaa	销售发票制单
2019.04.05	FP0001	aaaaaa	发票审核、记账；提交应收报账单
2019.04.05	CS0001	aaaaaa	应收报账单初审
2019.04.05	SP0005	aaaaaa	应收报账单领导审批
2019.04.05	JH0005	aaaaaa	应收报账单稽核
2019.04.05	HS0005	aaaaaa	应收报账单生成凭证

第一步：2019 年 4 月 5 日，天津新能源公司销售部吴峰(用户名：XS0001)登录系统，执行【合同管理】-【合同中心】-【合同业务】-【合同登记】，打开“合同登记”，选择合同类型为“产品销售合同”，签订公司为“天津铸远新能源汽车有限公司”，单击“确定”，如图 5-2 所示。

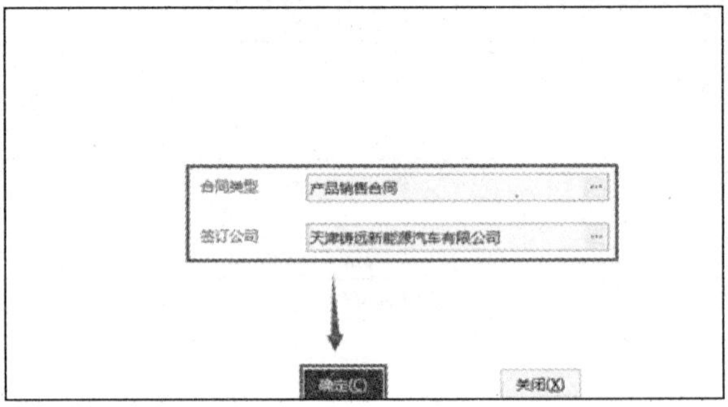

图 5-2

进入产品销售合同界面，包括表头和表体两部分内容。按照表 5-1 将表头合同基本信息填写完毕，如图 5-3 所示。

将表头内容填写完毕，填写表体内容，表体必填项包括“标的”和“条款”两项，按照表 5-1 将明细项填写完毕，如图 5-4、图 5-5 所示。

单击“标的”，按照表 5-1 将物料编号、主数量、含税单价填写完毕。

单击“条款”，单击“条款编号”下的省略号，选中所有条款，单击“确定”，即可全部列示出来，如图 5-6 所示。

单击“保存”，提示“保存成功”字样，单击“确定”即可保存成功，然后单击“提交审批”(提交审批按钮在“审批”按钮下拉显示)，将销售合同提交相关领导审批，如图 5-7、图 5-8 所示。

【注意】合同登记保存时，如果系统提示唯一性约束："【合同编号复合索引】对应的组合数据：合同编号、合同类型的值不唯一，请检查输入的数据。"是由于学生登记的合同类型、签订公司、合同金额都一致的原因，在合同编号中输入自己的组别或其他字母，保存成功即可。

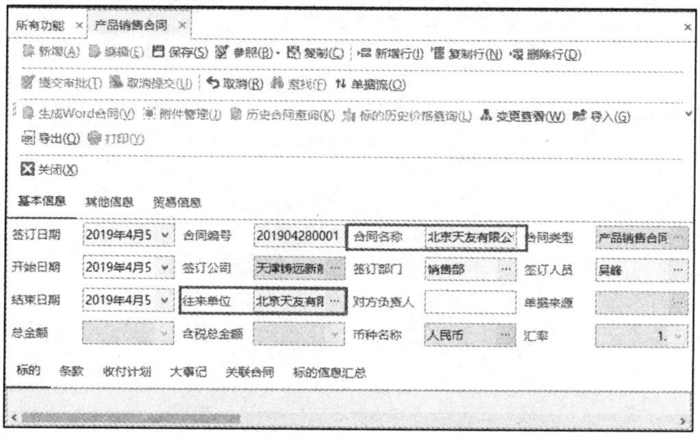

图 5-3

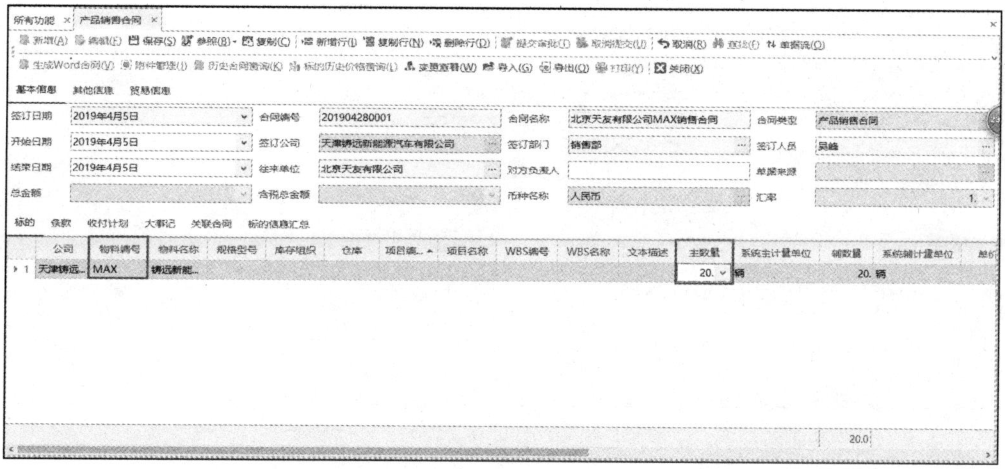

图 5-4

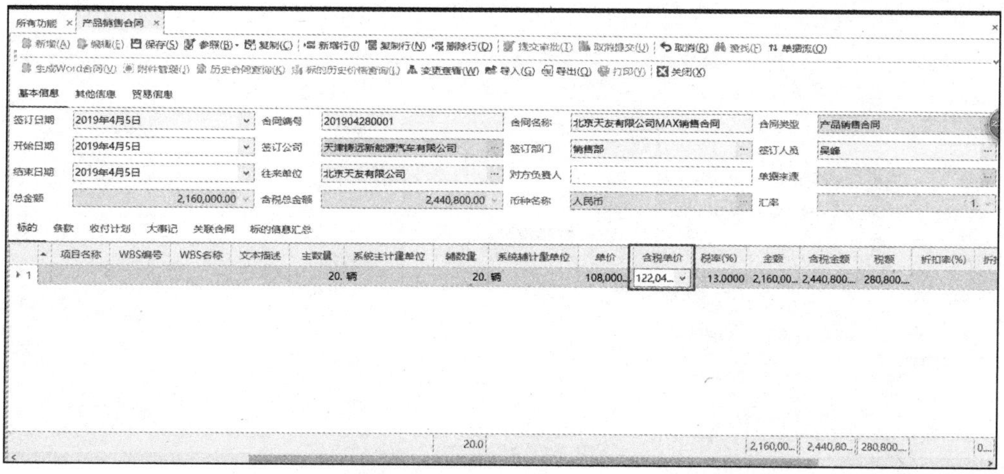

图 5-5

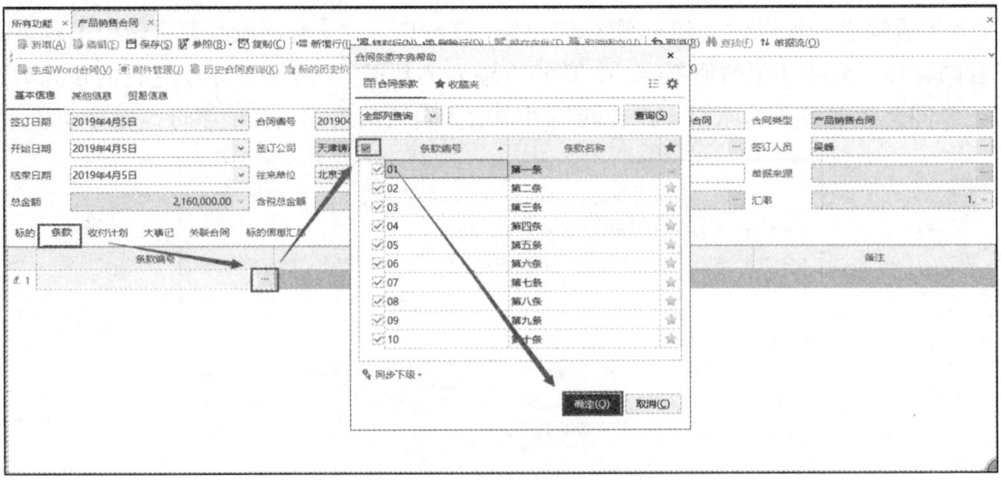

图 5-6

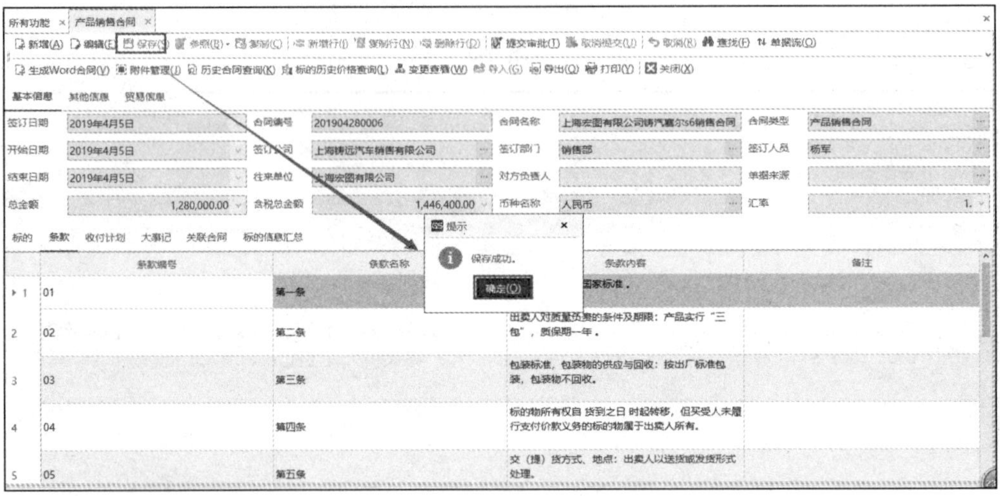

图 5-7

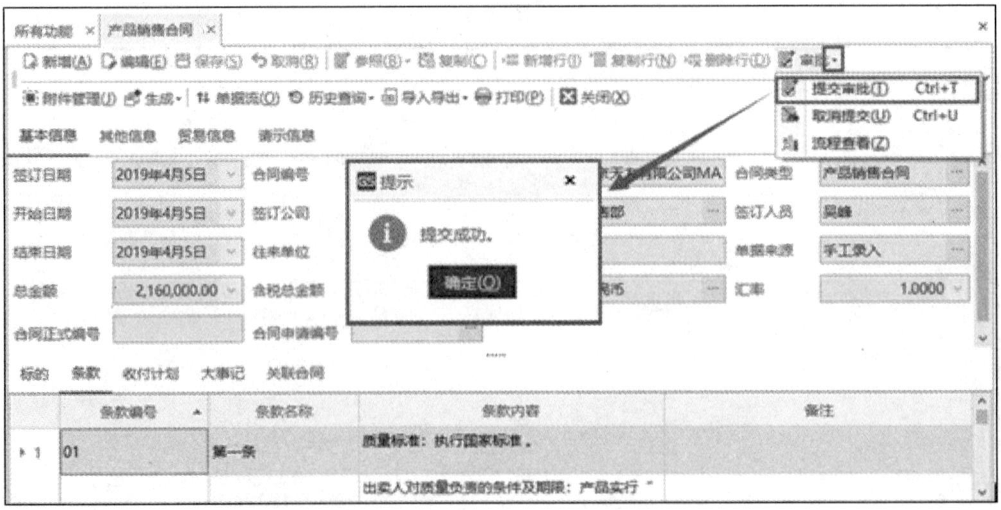

图 5-8

第二步：2019 年 4 月 5 日，天津新能源公司销售部经理赵健(用户名：SP0009)登录系统，执行【系统公共】-【任务中心】-【任务中心】-【待办任务】，打开“待办任务”，选择签订的销售合同，单击“审批单据”，如图 5-9 所示。

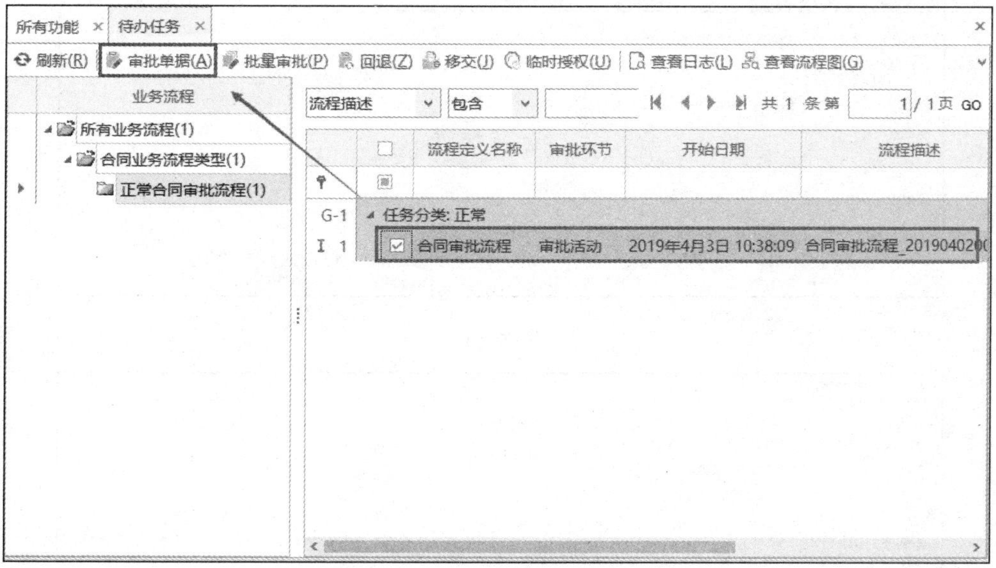

图 5-9

在打开的单据审批界面，核对合同信息正确无误后，选择“通过”，单击“审批通过”，如图 5-10 所示。

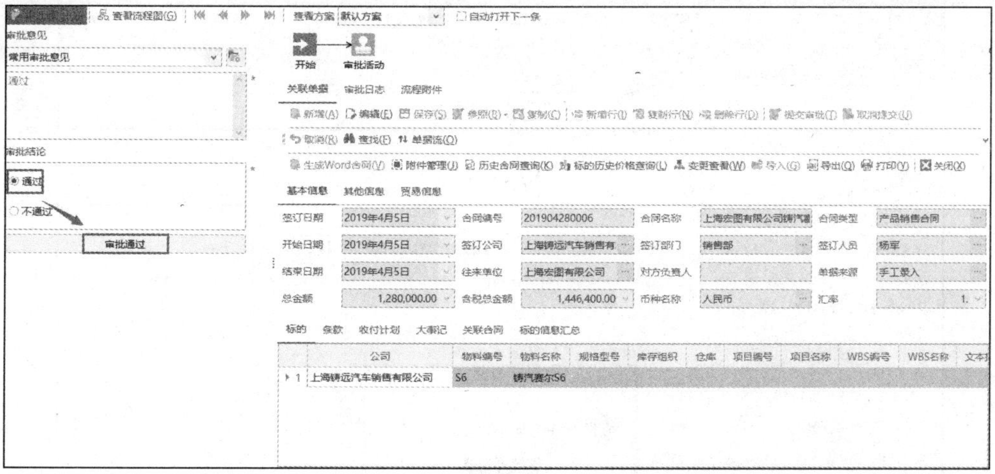

图 5-10

第三步：2019 年 4 月 5 日，天津新能源公司销售部吴峰(用户名：XS0001)登录系统，执行【供应链】-【销售管理】-【销售订单】-【销售订单制单】，打开“销售订单制单”，选择业务类型为“标准订单”，销售组织为“天津铸汽新能源销售组织”，单击“参照”，选择“参照销售合同”，如图 5-11 所示。

在打开的界面中选择已存在的销售合同，单击“确定”，如图 5-12 所示。

再返回销售订单制单界面，单击“保存”，生成销售订单，如图 5-13 所示。

图 5-11

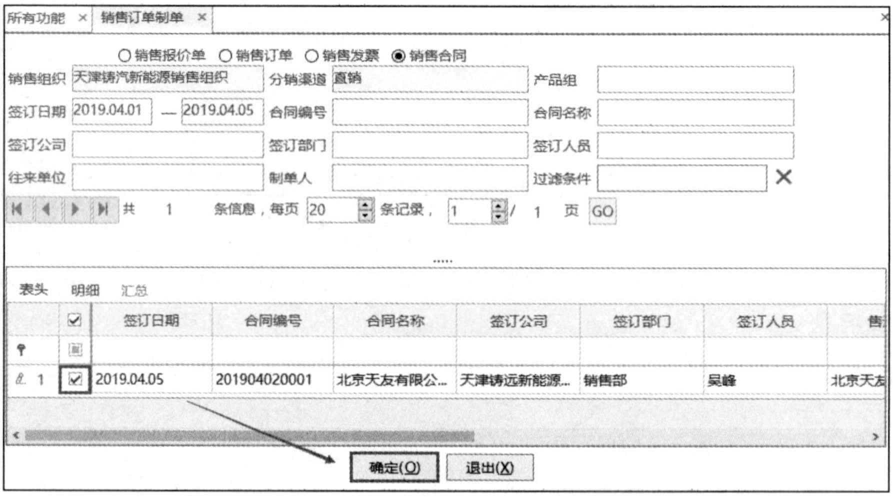

图 5-12

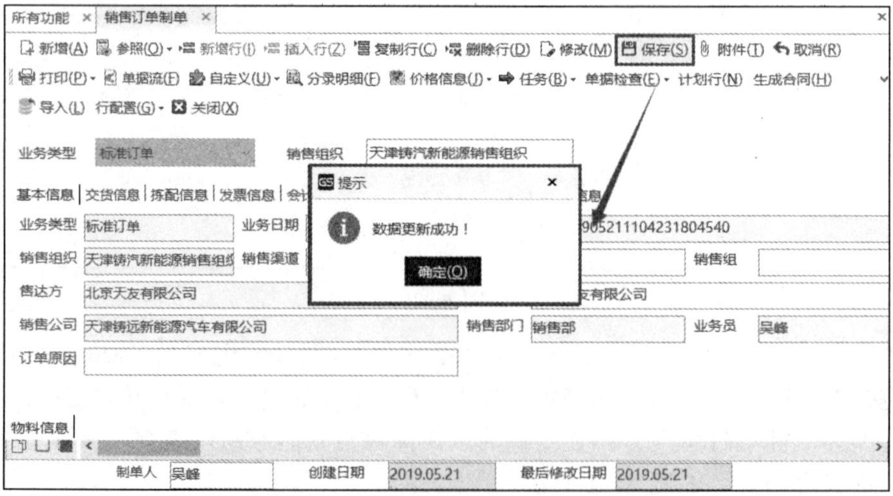

图 5-13

第四步：2019 年 4 月 5 日，天津新能源公司销售部经理赵健(用户名：SP0009)登录系统，执行【供应链】-【销售管理】-【销售订单】-【销售订单审核】，打开“销售订单审核”，选择销售组织为“天津铸汽新能源销售组织”，单击“GO”，选择所要审核的销售订单，单击“审核”，将销售订单审核完成，如图 5-14 所示。

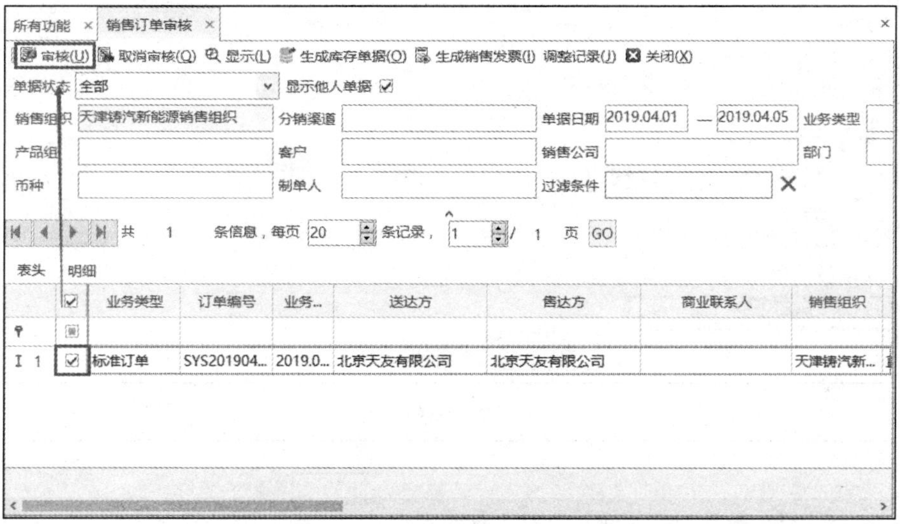

图 5-14

第五步：2019 年 4 月 5 日，天津新能源公司仓管部丛营(用户名：CK0001)登录系统，执行【供应链】-【库存管理】-【货物移动-出库】-【发货】，打开“发货”，选择销售组织为“天津铸汽新能源库存组织”，单击“参照”，选择“销售订单”，如图 5-15 所示。

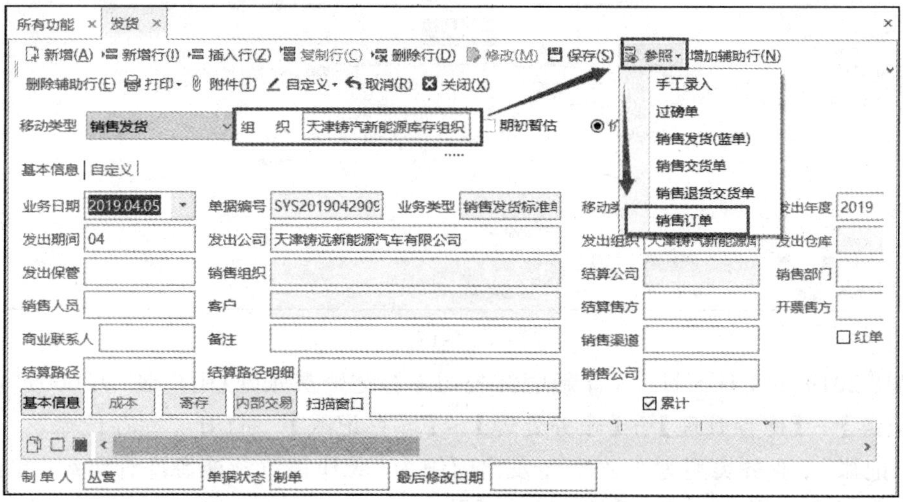

图 5-15

获取到已审核的销售订单，选中此订单，选择“发出仓库”为“天津新能源仓库”，如图 5-16 所示。

在发货界面单击“保存”，完成发货，如图 5-17 所示。

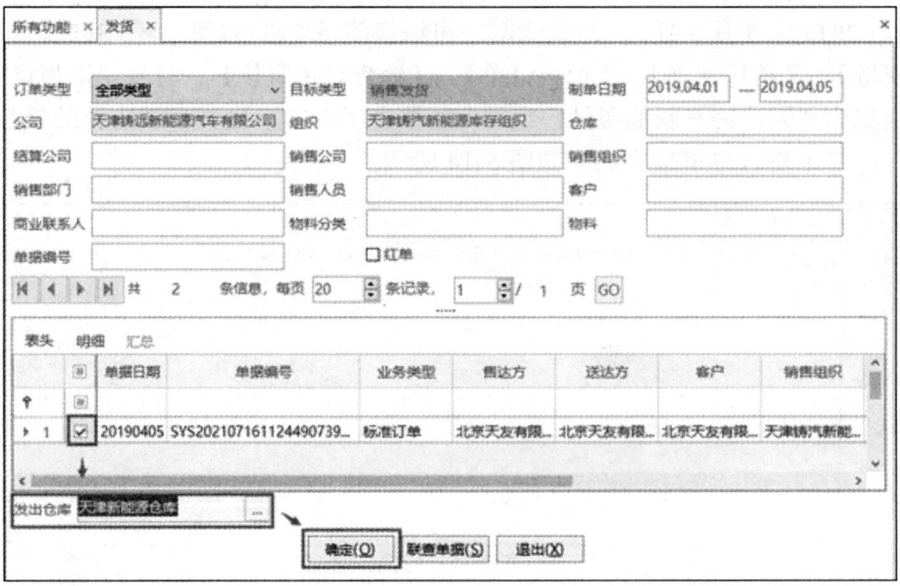

图 5-16

图 5-17

第六步：2019 年 4 月 5 日，天津新能源公司库存记账员张弛(用户名：JZ0001)登录系统，执行【供应链】-【库存管理】-【账务处理】-【库存记账】，打开“库存记账”，选择单据状态为“未记账”，业务类型为“发货”，发出组织为“天津铸汽新能源库存组织”单击“GO”，选中列示的发货单，单击记账，如图 5-18 所示。

第七步：2019 年 4 月 5 日，天津新能源公司财务部范明(用户名：FZ0001)登录系统，执行【供应链】-【销售管理】-【销售发票】-【销售发票制单】，打开“销售发票制单”，选择结算公司为“天津铸远新能源汽车有限公司”，单击“参照”，选择“参照来源”，如图 5-19 所示。

在打开的界面中，“来源单据”选择为“其他库存单据”，并选择对应的发货单，单击“确定”，即可参照成功，如图 5-20 所示。

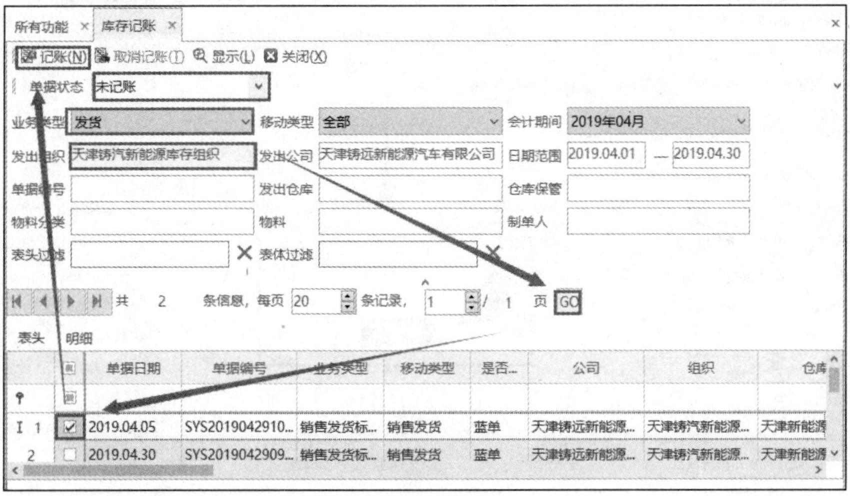

图 5-18

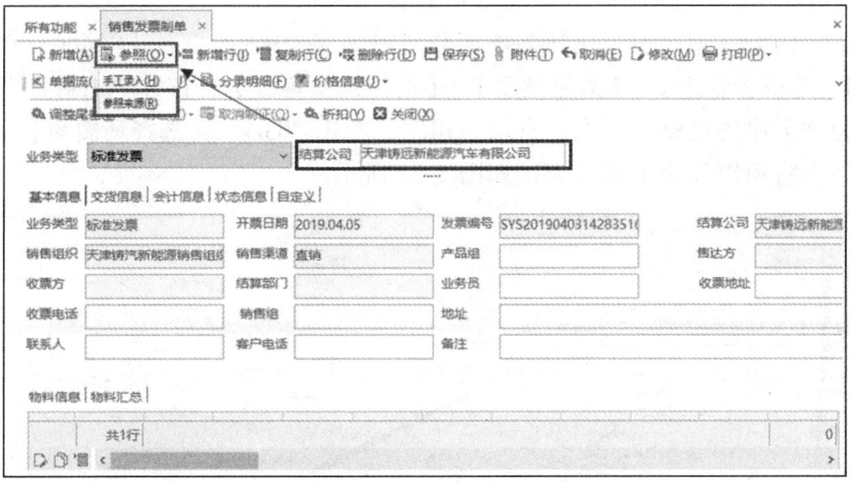

图 5-19

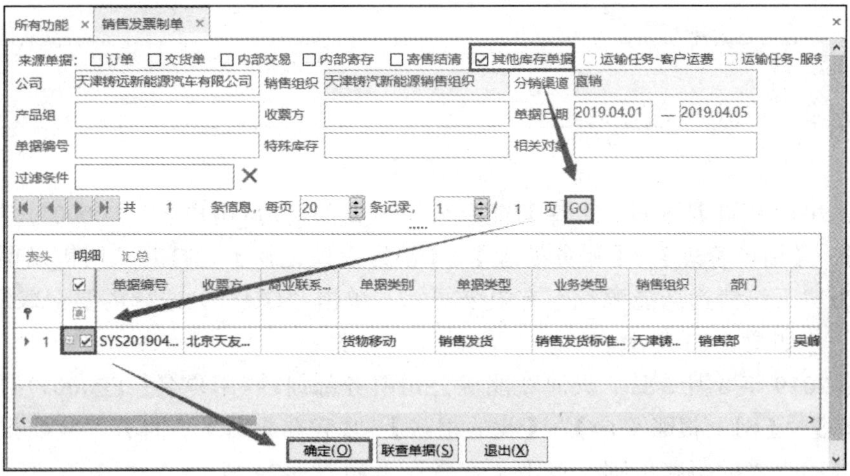

图 5-20

再返回页面单击“保存”，销售发票制单完成，如图 5-21 所示。

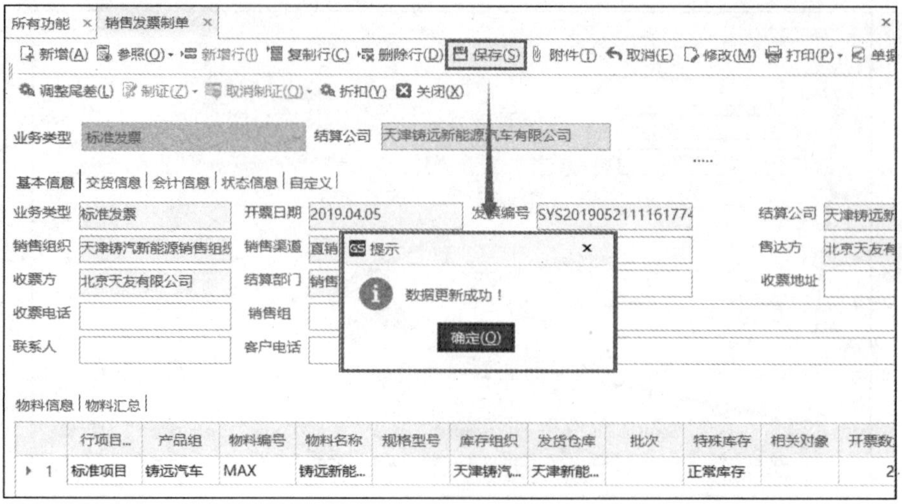

图 5-21

第八步：2019 年 4 月 5 日，天津新能源公司财务部何玲(用户名：FP0001)登录系统，执行【供应链】-【销售管理】-【销售发票】-【销售发票审核】，打开“销售发票审核”，选择结算公司为“天津铸远新能源汽车有限公司”，单击“GO”，选择所要审核的销售发票，单击“审核”，将销售发票审批完成，如图 5-22 所示。

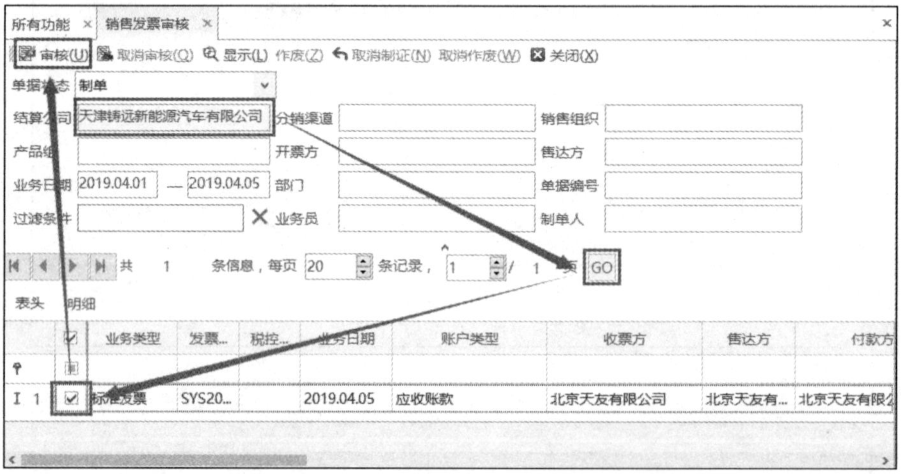

图 5-22

第九步：2019 年 4 月 5 日，天津新能源公司财务部何玲(用户名：FP0001)登录系统，执行【供应链】-【销售管理】-【账务处理】-【销售发票记账】，打开“销售发票记账”，选择结算公司为“天津铸远新能源汽车有限公司”，单击“GO”，选择需要记账的销售发票，单击“记账”，如图 5-23 所示。

第十步：2019 年 4 月 5 日，天津新能源公司财务部何玲(用户名：FP0001)登录系统，执行【财务共享】-【网上报账平台】-【我的报账】-【我要报账】，打开“我要报账”，选择由销售发票自动生成的报账单据，单击“查看”，如图 5-24 所示。

在打开的界面中，核对单据信息正确无误后，单击“提交”，再单击“确定”，如图 5-25 所示。

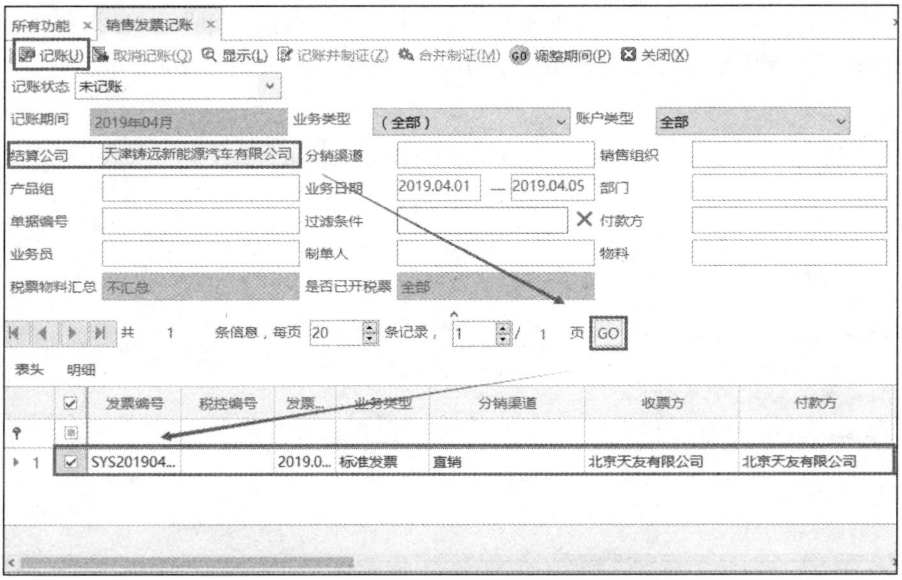

图 5-23

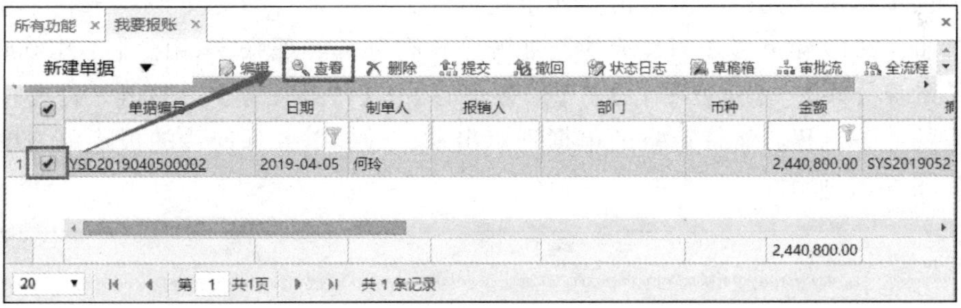

图 5-24

图 5-25

第十一步：2019 年 4 月 5 日，共享中心初审扫描员沈民(用户名：CS0001)登录系统，执行【财务共享】-【网上报账平台】-【单据初审】-【单据初审】，打开“单据初审”，在左侧“待办”选项下，选择“销售应收业务”类别下的“应收报账单”，右侧会将初审待审的单据列示出来，选择财务部何玲的报销单，单击“办理”，如图 5-26 所示。

图 5-26

检查报销单据信息无误后，单击“初审通过”，单据将自动提交到领导审批流程。

第十二步：2019 年 4 月 5 日，天津新能源公司财务部经理张宁(用户名：SP0005)登录系统，执行【系统公共】-【任务中心】-【任务中心】-【待办任务】，打开“待办任务”，选择左侧对应的业务流程，将待审批的单据列示出来，选择财务部何玲的报账单，单击“审批单据”，如图 5-27 所示。

图 5-27

在打开的单据审批界面，检查单据无误后，选择“通过”，单击“审批通过”，将自动提交财务稽核，如图 5-28 所示。

第十三步：2019 年 4 月 5 日，共享中心应收稽核员傅金(用户名：JH0005)登录系统，执行【财务共享】-【业务操作平台】-【稽核】-【财务稽核】，打开“财务稽核”，“结束日期”选择“今天”，单击“查找”，在左侧“待办”选项下，选择“销售应收业务”类别下的“应收报账单”，将共享范围内各单位待稽核的单据列示出来，选择天津新能源公司的应收报账单，单击“办理”，如图 5-29 所示。

在打开的财务稽核报账单明细窗口中，对报账单内容的准确性、完整性核对完毕后，单击“通过”，提示稽核成功并自动返回当前界面，如图 5-30 所示。

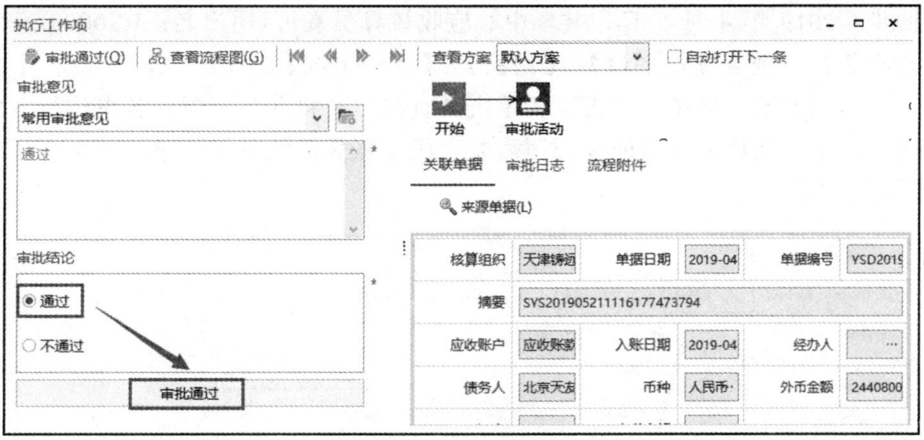

图 5-28

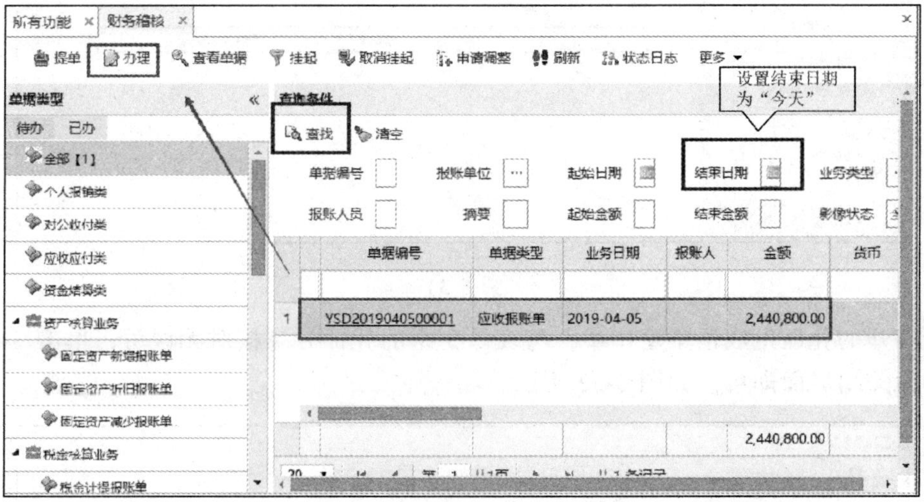

图 5-29

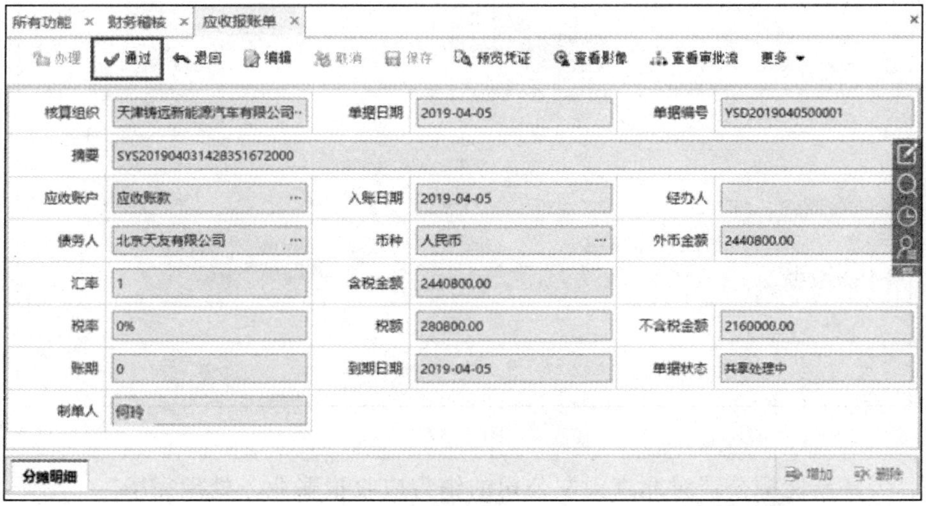

图 5-30

第十四步：2019 年 4 月 5 日，共享中心应收核算员袁可(用户名：HS0005)登录系统，执行【财务共享】-【业务操作平台】-【制证】-【凭证生成】，打开“凭证生成”，打开“凭证生成”，“结束日期”选择“今天”，单击“查找”，将共享范围内各单位待生成记账凭证的单据列示出来，选择天津新能源公司需要生成记账凭证的单据，单击“生成凭证”，如图 5-31 所示。

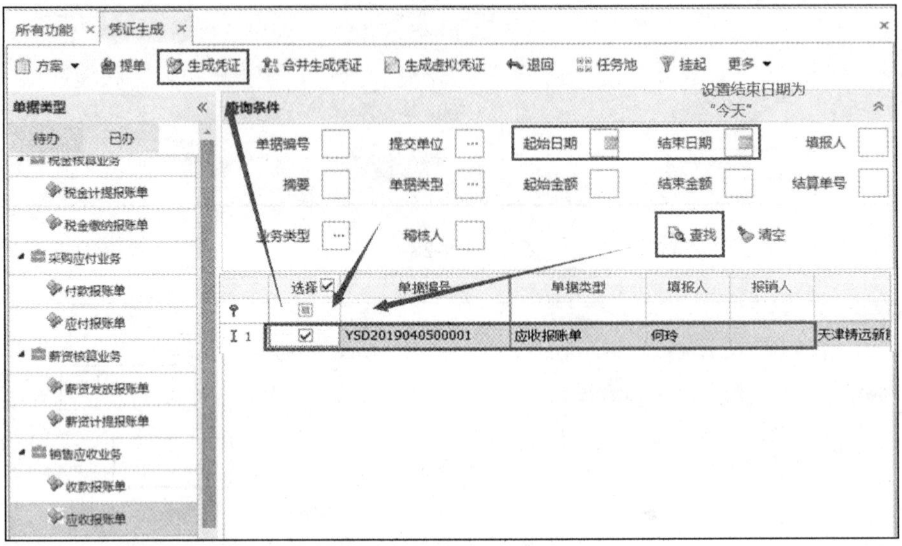

图 5-31

在新打开的凭证生成预览窗口中，与表 5-3 中的凭证分录核对无误后，单击“保存”，保存成功后关闭界面即可，如图 5-32 所示。

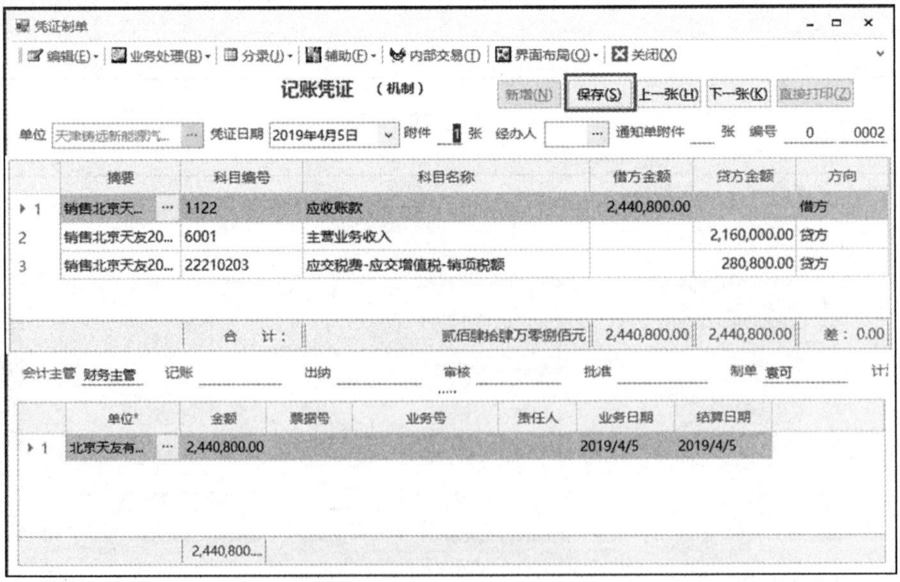

图 5-32

至此，天津新能源公司对北京天友公司的销售应收报账业务处理完毕。

(2)基于销售合同完成上海销售公司对上海宏图公司的销售应收共享业务处理。

参考天津新能源公司如上操作步骤，按照表 5-5 中的登录用户及操作路径等信息，共 14 个操作步骤，完成上海销售公司对上海宏图公司从合同登记到记账凭证生成的全业务流程处理。

【注意 1】销售合同明细见表 5-2，记账凭证分录见表 5-3。

【注意 2】在第五步发货中，上海销售公司是从“株洲铸汽赛尔库存组织”发货，因此参照“销售订单”，“仓库”应选择“株洲赛尔仓库”，如图 5-33、图 5-34 所示。

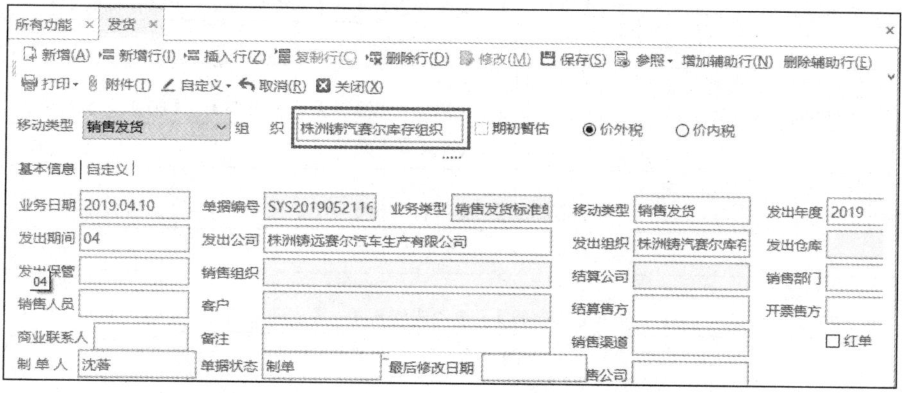

图 5-33

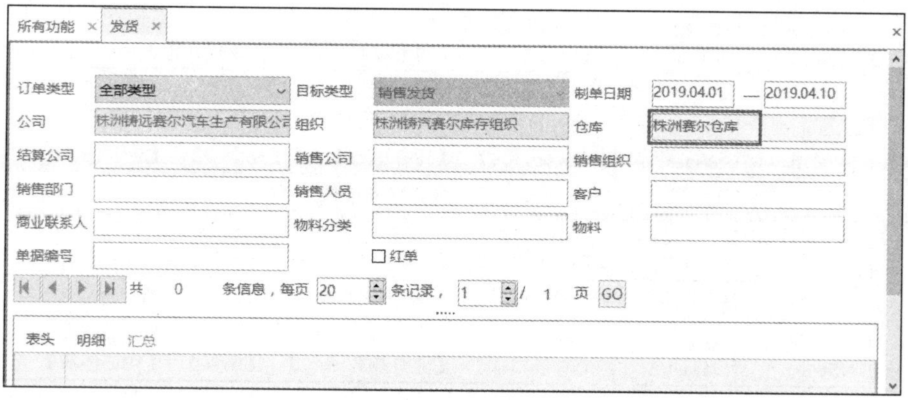

图 5-34

表 5-5

第一步：合同登记（销售合同明细见表 5-2 中的内容）			
登录日期 2019.04.10	登录用户 XS0002	登录密码 aaaaaa	操作路径 【合同管理】–【合同管理】–【合同业务】–【合同登记】
第二步：合同审批			
登录日期 2019.04.10	登录用户 SP0010	登录密码 aaaaaa	操作路径 【系统公共】–【任务中心】–【任务中心】–【待办任务】
第三步：销售订单制单			
登录日期 2019.04.10	登录用户 XS0002	登录密码 aaaaaa	操作路径 【供应链】–【销售管理】–【销售订单】–【销售订单制单】
第四步：销售订单审批			
登录日期 2019.04.10	登录用户 SP0010	登录密码 aaaaaa	操作路径 【供应链】–【销售管理】–【销售订单】–【销售订单审核】

续表

第五步：发货			
登录日期 2019.04.10	登录用户 CK0002	登录密码 aaaaaa	操作路径 【供应链】-【库存管理】-【货物移动–出库】-【发货】
第六步：库存记账			
登录日期 2019.04.10	登录用户 JZ0002	登录密码 aaaaaa	操作路径 【供应链】-【库存管理】-【账务处理】-【库存记账】
第七步：销售发票制单			
登录日期 2019.04.10	登录用户 FZ0002	登录密码 aaaaaa	操作路径 【供应链】-【销售管理】-【销售发票】-【销售发票制单】
第八步：销售发票审核			
登录日期 2019.04.10	登录用户 FP0002	登录密码 aaaaaa	操作路径 【供应链】-【销售管理】-【销售发票】-【销售发票审核】
第九步：销售发票记账			
登录日期 2019.04.10	登录用户 FP0002	登录密码 aaaaaa	操作路径 【供应链】-【销售管理】-【账务处理】-【销售发票记账】
第十步：应收报账提交			
登录日期 2019.04.10	登录用户 FP0002	登录密码 aaaaaa	操作路径 【财务共享】-【网上报账平台】-【我的报账】-【我要报账】
第十一步：应收报账初审			
登录日期 2019.04.10	登录用户 CS0001	登录密码 aaaaaa	操作路径 【财务共享】-【网上报账平台】-【单据初审】-【单据初审】
第十二步：应收报账领导审批			
登录日期 2019.04.10	登录用户 SP0010	登录密码 aaaaaa	操作路径 【系统公共】-【任务中心】-【任务中心】-【待办任务】
第十三步：应收报账财务稽核			
登录日期 2019.04.10	登录用户 JH0005	登录密码 aaaaaa	操作路径 【财务共享】-【业务操作平台】-【稽核】-【财务稽核】
第十四步：生成记账凭证（记账凭证分录见表 5-3 中的内容）			
登录日期 2019.04.10	登录用户 HS0005	登录密码 aaaaaa	操作路径 【财务共享】-【业务操作平台】-【制证】-【凭证生成】

5.3 实验二：收款报账

2019 年 4 月 20 日，共享中心查收北京天友有限公司汇款 2 440 800 元、上海宏图有限公司汇款 1 446 400 元，根据铸汽集团要求，由共享中心统一进行收款登记处理，收款明细信息如表 5-6、表 5-7 所示。

表 5-6

银行到账日期	结 算 方 式	业 务 类 型
2019 年 4 月 20 日	转账	企业收款
收 款 单 位	银 行 账 号	银行账户户名
天津铸远新能源汽车有限公司	601901622202261021	天津铸汽新能源–工商银行河西支行
付 款 单 位	金 额	摘 要
北京天友有限公司	2 440 800	新能源 MAX 货款

表 5-7

银行到账日期	结算方式	业务类型
2019 年 4 月 20 日	转账	企业收款
收款单位	银行账号	银行账户户名
上海铸远汽车销售有限公司	6019016222022610022	上海铸汽销售–工商银行天山路支行
付款单位	金额	摘要
上海宏图有限公司	1 446 400	铸汽赛尔 S6 货款

共享中心统一登记收款信息并由子公司进行收款认领后，再由共享中心相关人员完成财务稽核、生成记账凭证等工作，凭证分录如表 5-8 所示。

表 5-8

序号	凭证所属单位	摘要	凭证分录			
			方向	科目	借方金额	贷方金额
1	天津新能源公司	新能源 MAX 货款	借	银行存款	2 440 800	
			贷	应收账款		2 440 800
2	上海销售公司	铸汽赛尔 S6 货款	借	银行存款	1 446 400	
			贷	应收账款		1 446 400

实验步骤

按表 5-9 中的用户信息，登录浪潮 GS 管理软件。

表 5-9

登录日期	登录用户	登录密码	操作内容
2019.04.20	JS0001	aaaaaa	收款登记
2019.04.20	CN0001	aaaaaa	收款认领
2019.04.20	CN0002	aaaaaa	
2019.04.20	JH0005	aaaaaa	收款报账单稽核
2019.04.20	HS0005	aaaaaa	收款报账单生成凭证

(1) 共享中心统一登记收款信息。

第一步：2019 年 4 月 20 日，共享中心资金结算员刘慧（用户名：JS0001）登录系统，执行【财务共享】–【资金结算平台】–【收款认领】–【收款登记】，打开“收款登记”，单击“新增”，按照表 5-5 填写北京天友有限公司的收款登记卡片，单击“保存”，然后单击“发布认领”，收款登记完成，如图 5-35 所示。

第二步：同样由共享中心资金结算员刘慧（用户名：JS0001）参考如上操作步骤，按照表 5-6 中的内容，将上海宏图有限公司收款登记卡片填写完毕，并进行“发布认领”。

(2) 子公司收款认领。

第一步：2019 年 4 月 20 日，天津新能源公司财务部程明（用户名：CN0001）登录系统，执行【财务共享】–【资金结算平台】–【收款认领】–【收款认领】，打开“收款认领”，选择“天津铸远新能源汽车有限公司”的收款单据，单击“编辑”，如图 5-36 所示。

按照图 5-40 操作，在打开的收款认领编辑界面中，收款账户选择“天津铸汽新能源-内部活期存款户”，单击“认领”，认领原因为“收货款”，单击“确认”，如图 5-37 所示。

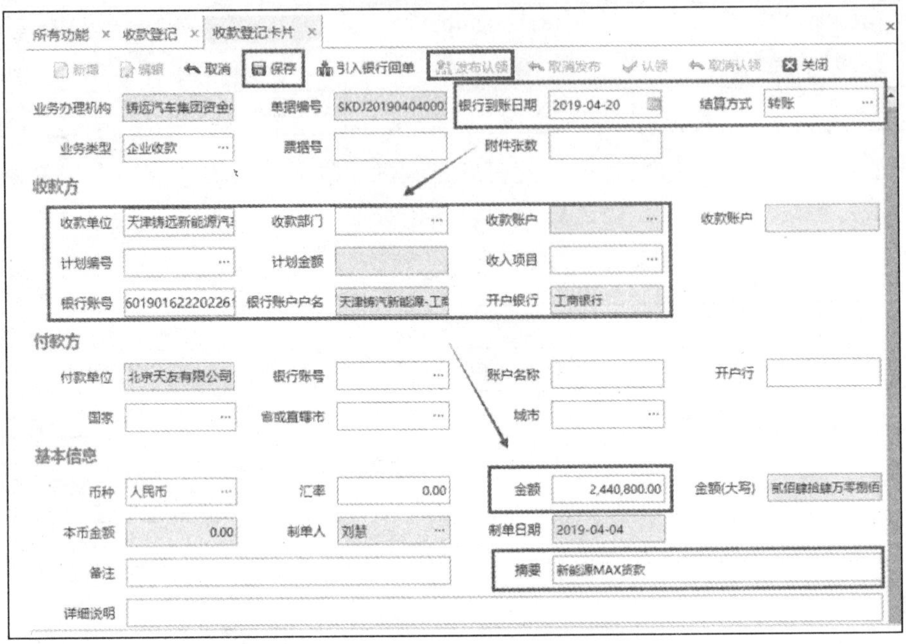

图 5-35

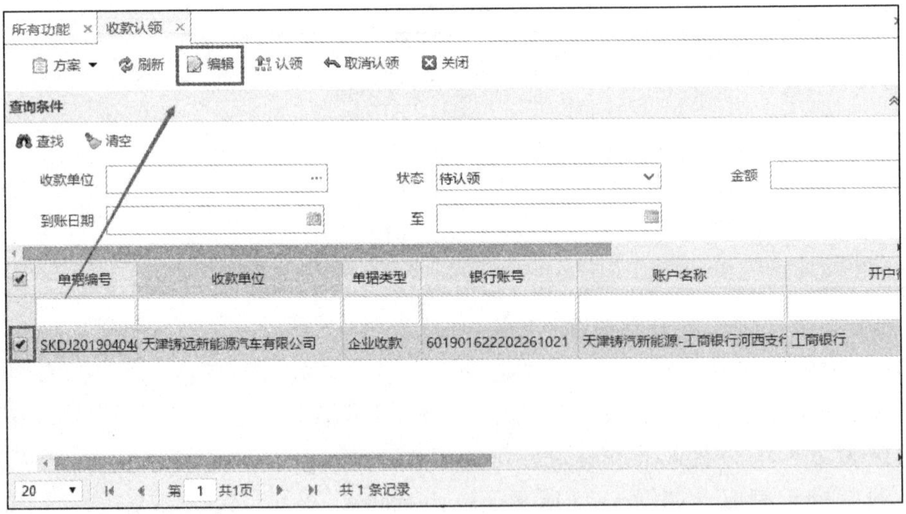

图 5-36

按照图 5-37 操作，在打开的收款报账单中，选择业务类型为“企业收款”，单击“保存”，然后单击“提交”，单据提交完成，如图 5-38 所示。

第二步：上海销售公司财务部姜婷(用户名：CN0002)登录系统，执行【财务共享】-【资金结算平台】-【收款认领】-【收款认领】，打开“收款认领”，选择上海宏图有限公司收款单据，单击“编辑”，在打开的收款认领编辑界面中，收款账户选择“上海铸汽销售-内部活期存款户”，单击“认领”，认领原因为“收货款”，单击“确认”，在打开的收款报账单中，选择业务类型为“企业收款”，单击“保存”，然后单击“提交”，单据提交完成。

图 5-37

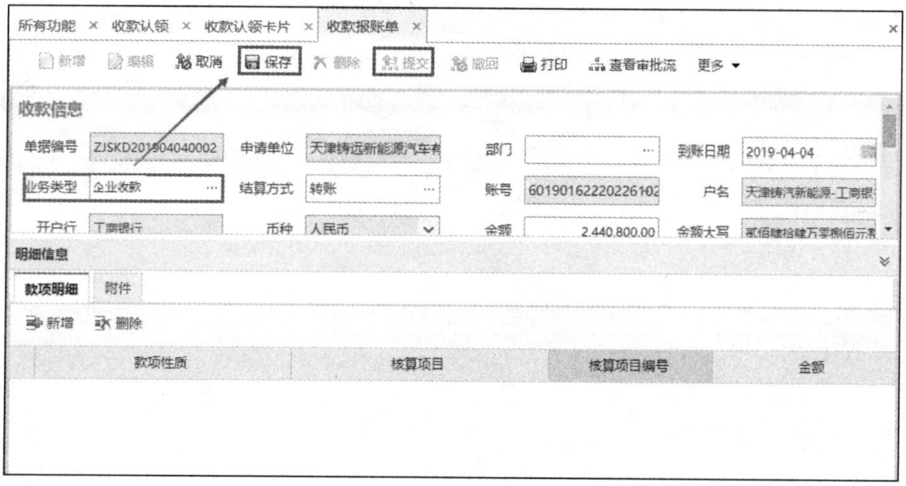

图 5-38

(3)将提交的收款报账单进行财务稽核。

第一步：2019 年 4 月 20 日，共享中心应收稽核员傅金(用户名：JH0005)登录系统，执行【财务共享】-【业务操作平台】-【稽核】-【财务稽核】，打开“财务稽核”，“结束日期”选择“今天”，单击“查找”，在左侧“待办”选项下，选择“销售应收业务”类别下的“收款报账单”，将共享范围内各单位待稽核的单据列示出来，逐个单据进行稽核。

以天津新能源公司对北京天友有限公司的收款单据为例，选择此报账单，单击“办理”，如图 5-39 所示。

在打开的财务稽核报账单明细窗口中，对报账单内容的准确性、完整性核对完毕后，单击“通过”，提示稽核成功并自动返回当前界面，如图 5-40 所示。

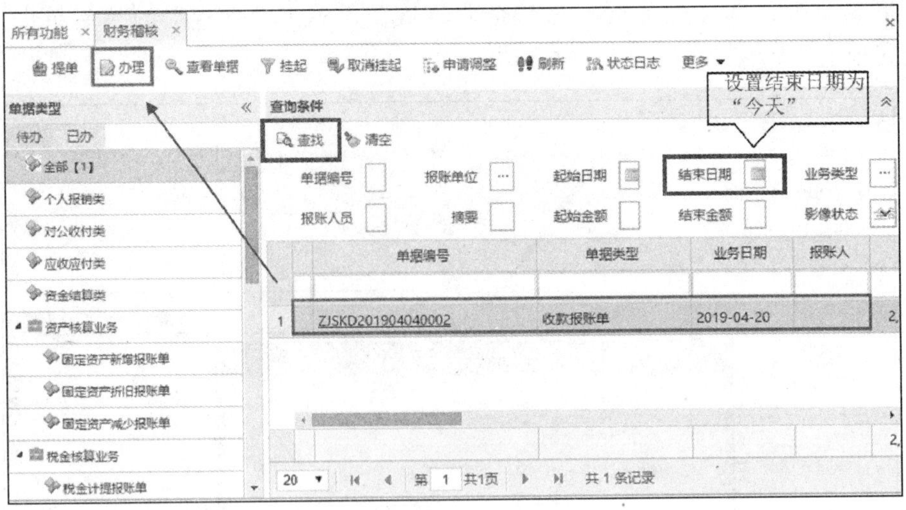

图 5-39

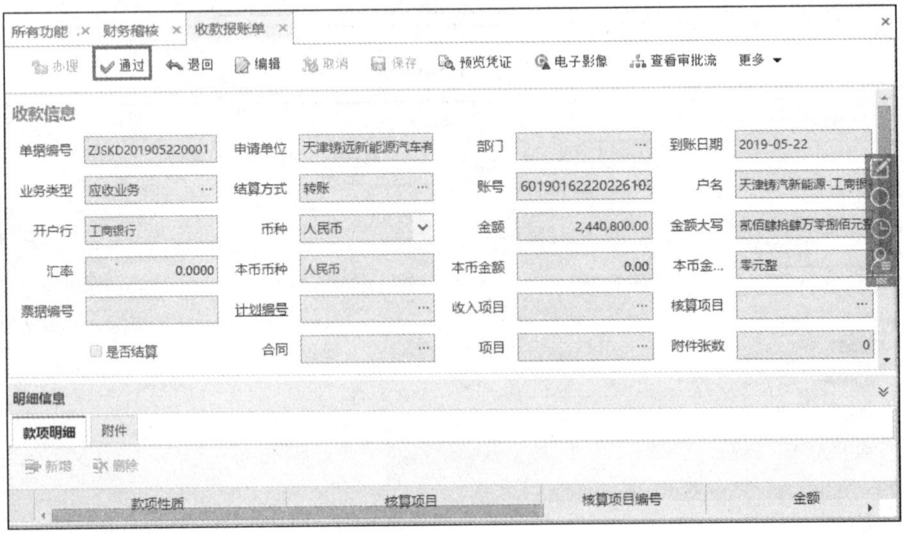

图 5-40

第二步：同样由共享中心应收稽核员傅金(用户名：JH0005)参考如上操作步骤，将上海销售公司对上海宏图有限公司的收款单据稽核完成。

(4)将财务稽核通过的收款报账单生成记账凭证。

第一步：2019 年 4 月 20 日，共享中心应收核算员袁可(用户名：HS0005)登录系统，执行【财务共享】-【业务操作平台】-【制证】-【凭证生成】，打开“凭证生成”，“结束日期”选择“今天”，单击“查找”，将共享范围内各单位待生成记账凭证的单据列示出来，逐个单据生成记账凭证。

以天津新能源公司对北京天友有限公司的收款单据为例，选择此报账单，单击“生成凭证”，如图 5-41 所示。

在新打开的凭证生成预览窗口中，与表 5-7 中的凭证分录核对无误后，单击“保存”，保存成功后关闭界面即可，如图 5-42 所示。

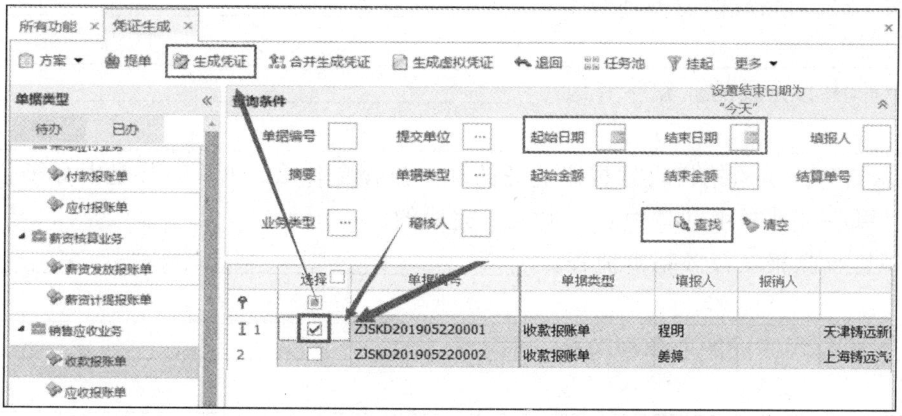

图 5-41

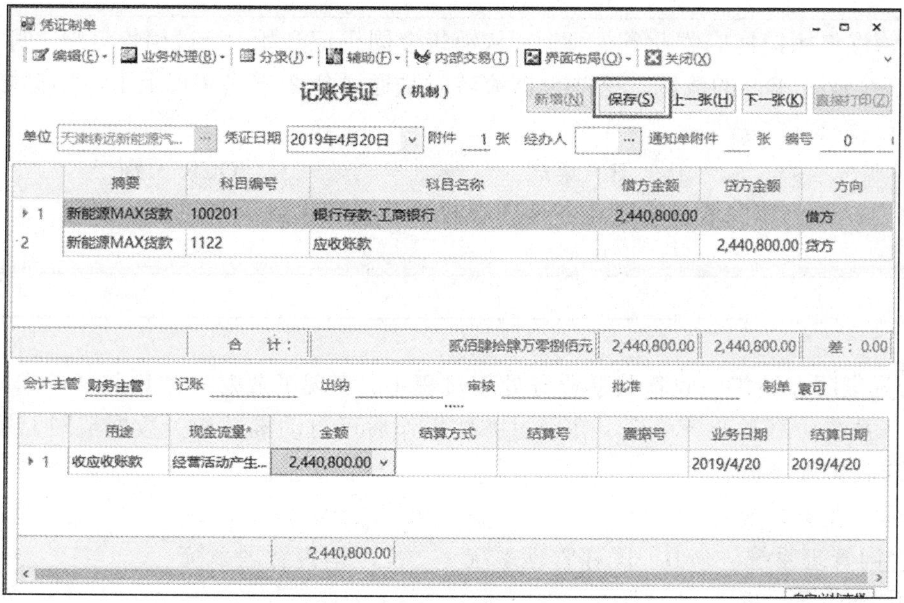

图 5-42

第二步：同样由共享中心应收核算员袁可(用户名：HS0005)参考如上操作步骤，将上海销售公司对上海宏图有限公司的收款单据生成记账凭证，与表 5-7 中的凭证分录核对无误后，单击“保存”并关闭界面即可。

5.4 课后思考题

1. 请总结铸汽集团销售应收报账业务的基本流程是什么，哪些环节是由分子公司相关人员完成的，哪些环节是由共享中心相关人员完成的？

（1）销售应收报账业务基本流程：____

____

（2）分/子公司完成的业务环节是：____

____

（3）共享中心完成的业务环节是：____

____

2. 请总结铸汽集团销售收款报账业务的基本流程是什么，哪些环节是由分子公司相关人员完成的，哪些环节是由共享中心相关人员完成的？

（1）销售收款报账业务基本流程：____

____

（2）分/子公司完成的业务环节是：____

____

（3）共享中心完成的业务环节是：____

____

3. 在铸汽集团销售应收业务处理时，从销售合同登记开始，经过销售订单、销售发货单、销售发票多个业务单据的流转，这些单据流转时是通过什么方式实现上下游单据之间的数据传递的？（　　）

A．参照　　B．集成　　C．OCR 识别

4. 请总结铸汽集团收款报账业务处理中收款登记和收款认领的业务含义。

____

____

____

5. 铸汽集团在销售与收款共享业务处理过程中，实现了业财一体化共享模式，请总结是在哪个业务系统、哪类业务单据、在经过哪些操作后可自动推送相关数据至网上报账平台，生成销售应收报账单的？

（1）哪类业务系统（　　）

A．合同管理系统　　B．库存管理系统　　C．销售管理系统

（2）哪类业务单据（　　）

A．合同登记单　　B．销售订单　　C．发货单　　D．销售发票

（3）哪项操作（　　）

A．保存　　B．提交审批　　C．审核　　D．记账

6. 铸汽集团销售应收业务以销售合同为起点，实现了业务端到财务端的业财融合处理模式，业务流转时需经合同管理、销售管理、库存管理等业务系统进行业务处理，请总结这几类系统的主要业务处理功能是什么，每类系统可处理的典型业务单据有哪些？

（1）合同管理系统功能：____

____

____

（2）合同管理典型单据：________________________________

（3）销售管理系统功能：________________________________

____

____

（4）销售管理典型单据：________________________________

（5）库存管理系统功能：________________________________

____

____

（6）库存管理典型单据：________________________________

第 6 章 教学任务三：采购与付款共享业务处理

铸远汽车集团将物资采购及付款结算业务纳入财务共享中心。

对于物资采购业务，铸远汽车集团财务共享中心要求各下属单位在收货时，采购人员需依据采购合同完成采购订单的录入；收到货物时需完成入库单的录入；在收到供应商开出的发票时，进行采购发票管理及采购应付款的报账处理，审批通过后由共享中心人员统一进行稽核、核算等业务处理。

处理对外付款业务时，需由采购员发起付款申请，经相关领导审批后进行付款报账处理，共享中心人员对符合付款条件的报账申请集中进行核算、结算等业务处理。

6.1 任务背景介绍

在铸汽集团财务共享中心建设计划中，已确定将采购应付与付款业务纳入共享中心。同时考虑各子公司信息系统应用情况，结合铸汽集团的战略目标(促进财务转型，实现业财一体化)，要求各子公司的销售应付业务以采购合同为起点，依据采购合同完成采购订单的录入，依据采购订单完成收货，然后录入采购发票，通过接口平台将采购发票自动传递至共享中心网上报账平台，生成采购应付报账单，由共享中心人员统一进行稽核、核算等业务处理。

付款业务需由各子公司业务员提出付款申请，经相关领导审批，由共享中心完成集中稽核、结算付款、生成记账凭证等业务处理。

铸汽集团在对业务流程进行重新梳理后，采购应付及付款业务在各子公司和共享中心的工作流转内容如图 6-1 所示。

6.2 实验一：物资采购

2019 年 4 月 5 日，天津新能源公司物资采购部李婷与河北新丰机电有限公司签订液压制动器采购合同，含税金额共计 291 540 元，收到货物完成验收入库，并收到发票。李婷需要依据合同进行应付报账处理，合同明细内容如表 6-1 所示。

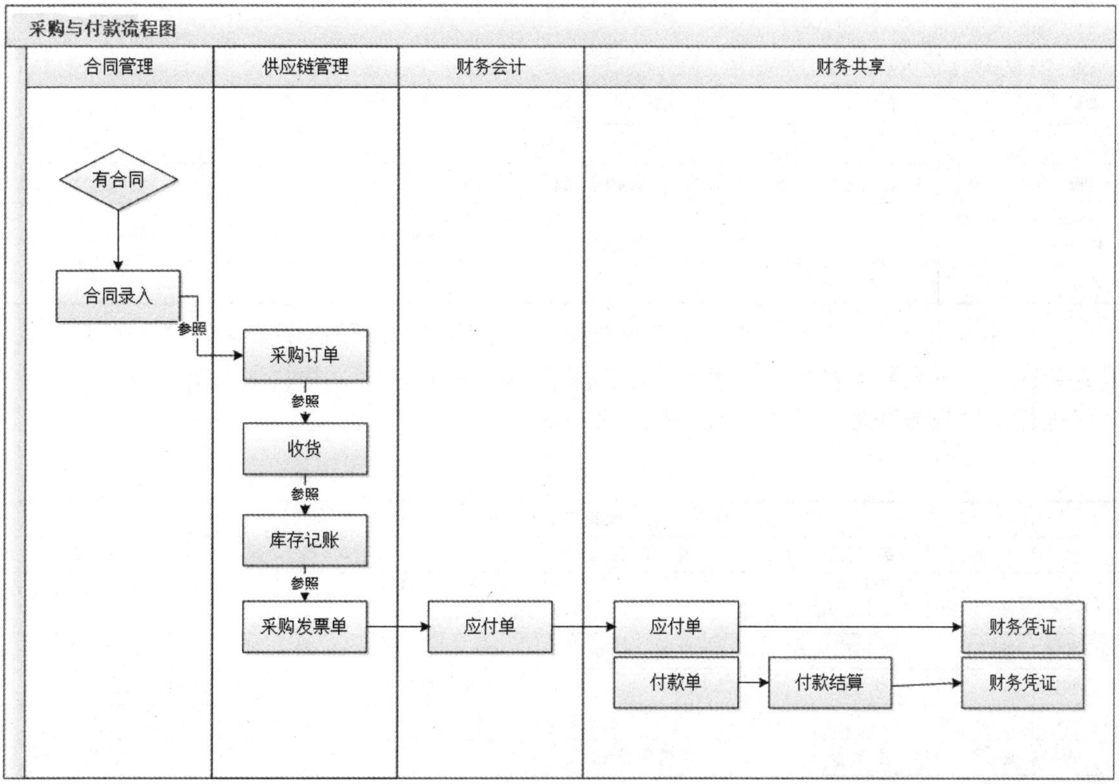

图 6-1

表 6-1

合同基本信息				
合同类型	签订公司	签订日期	合同名称	往来单位
物资采购合同	天津铸远新能源汽车有限公司	2019 年 4 月 5 日	河北新丰机电有限公司液压制动器采购合同	河北新丰机电有限公司
签订部门	签订人员	币　种	票据编号	账户类型
采购部	李婷	人民币	3799236646	工程设备
合同明细信息				
物料名称	主数量(个)	含税单价(元)	税　率	含税金额(元)
YW500-3 液压制动器	300	971.80	13%	291 540
条款	第一条至第十条			

2019 年 4 月 5 日，株洲赛尔公司采购部何米与宁波康铭贸易有限公司签订 S6 座椅采购合同，含税金额共计 734 500 元，收到货物完成验收入库，并收到发票。何米需要依据合同进行应付报账处理，合同明细内容如表 6-2 所示。

表 6-2

合同基本信息				
合同类型	签订公司	签订日期	合同名称	往来单位
物资采购合同	株洲铸远赛尔汽车生产有限公司	2019 年 4 月 5 日	宁波康铭贸易有限公司 S6 座椅采购合同	宁波康铭贸易有限公司

续表

签订部门	签订人员	币种	票据编号	账户类型
采购部	何米	人民币	3799236672	生产材料
合同明细信息				
物料名称	主数量(个)	含税单价(元)	税率	含税金额(元)
S6 适配皮革座椅套装	100	7 345	13%	734 500
条款	第一条至第十条			

2019 年 4 月 5 日，株洲赛尔公司采购部何米与正明轮胎制造有限公司签订 1100R15 轮胎采购合同，含税金额共计 548 050 元，收到货物完成验收入库，并收到发票。何米需要依据合同进行应付报账处理，合同明细内容如表 6-3 所示。

表 6-3

合同基本信息				
合同类型	签订公司	签订日期	合同名称	往来单位
物资采购合同	株洲铸远赛尔汽车生产有限公司	2019 年 4 月 5 日	正明轮胎制造有限公司 1100R15 轮胎采购合同	正明轮胎制造有限公司
签订部门	签订人员	币种	票据编号	账户类型
采购部	何米	人民币	3799236679	生产材料
合同明细信息				
物料名称	主数量(个)	含税单价(元)	税率	含税金额(元)
1100R15 轮胎	500	1 096.1	13%	548 050
条款	第一条至第十条			

采购业务由合同发起，并完成订单、收货、录入发票等业务后，自动生成共享中心报账单，然后按照集团应付业务流程规定，由相关人员完成财务稽核、生成记账凭证等工作，凭证分录如表 6-4 所示。

表 6-4

序号	凭证所属单位	摘要	凭证分录			
			方向	科目	借方金额	贷方金额
1	天津铸远新能源汽车有限公司	采购河北新丰机有限公司液压制动器	借	原材料	258 000	
				应交税费—应交增值税—进项税额	33 540	
			贷	应付账款		291 540
2	株洲铸远赛尔汽车生产有限公司	采购宁波康铭贸易有限公司 S6 座椅	借	原材料	650 000	
				应交税费—应交增值税—进项税额	84 500	
			贷	应付账款		734 500
3	株洲铸远赛尔汽车生产有限公司	采购正明轮胎有限公司 1100R15 轮胎	借	原材料	485 000	
				应交税费—应交增值税—进项税额	63 050	
			贷	应付账款		548 050

实验步骤

(1)基于采购合同完成天津新能源公司对河北新丰机电的采购应付共享业务处理。

按表 6-5 中的用户信息，登录浪潮 GS 管理软件。

表 6-5

登录日期	登录用户	登录密码	操作内容
2019.04.05	CG0001	aaaaaa	合同登记、采购订单制单
2019.04.05	SP0003	aaaaaa	合同审批、采购订单审批
2019.04.05	Ck0001	aaaaaa	收货
2019.04.05	JZ0001	aaaaaa	库存记账
2019.04.05	FZ0001	aaaaaa	采购发票制单
2019.04.05	FP0001	aaaaaa	发票审核、记账，提交应付报账单
2019.04.05	CS0001	aaaaaa	应付报账单初审
2019.04.05	SP0005	aaaaaa	应付报账单审批
2019.04.05	JH0006	aaaaaa	应付报账单稽核
2019.04.05	HS0006	aaaaaa	应付报账单生成凭证

第一步：2019 年 4 月 5 日，天津新能源公司采购部李婷(用户名：CG0001)登录系统，执行【合同管理】-【合同中心】-【合同业务】-【合同登记】，打开“合同登记”，“合同类型”选择“物资采购合同”，“签订公司”选择“天津铸远新能源汽车有限公司”，单击“确定”，如图 6-2 所示。

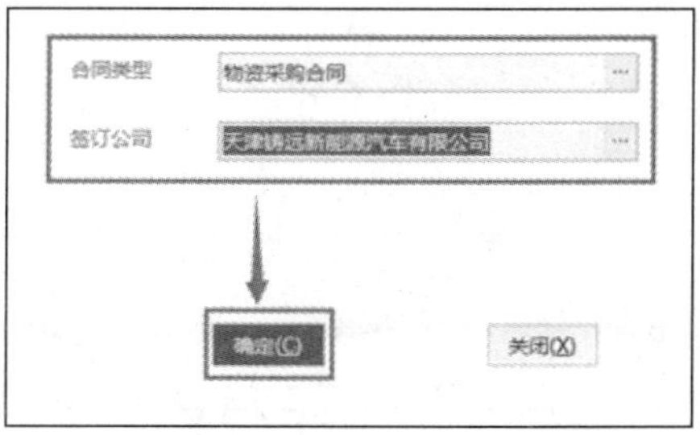

图 6-2

按照图 6-2 操作，进入采购合同录入界面，包括表头和表体两部分内容。按照表 6-1 中的内容将表头合同基本信息填写完毕，如图 6-3 所示。

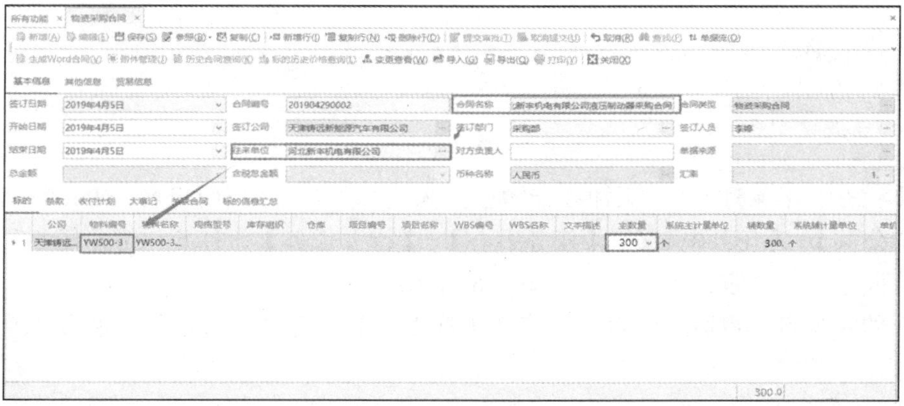

图 6-3

将表头内容填好后，填写表体内容，表体必填项包括“标的”和“条款”两项，按照表 6-1 中的内容将明细项填写完毕，单击“保存”，然后单击“提交审批”（“提交审批”

按钮在“审批”按钮下拉显示），将合同提交给领导审批，如图 6-4、图 6-5 所示。

【注意】合同登记保存时，如果系统提示唯一性约束：“【合同编号复合索引】对应的组合数据：合同编号、合同类型的值不唯一，请检查输入的数据。”是由于学生登记的合同类型、签订公司、合同金额都一致的原因，在合同编号中输入自己的组别或其他字母，保存成功即可。

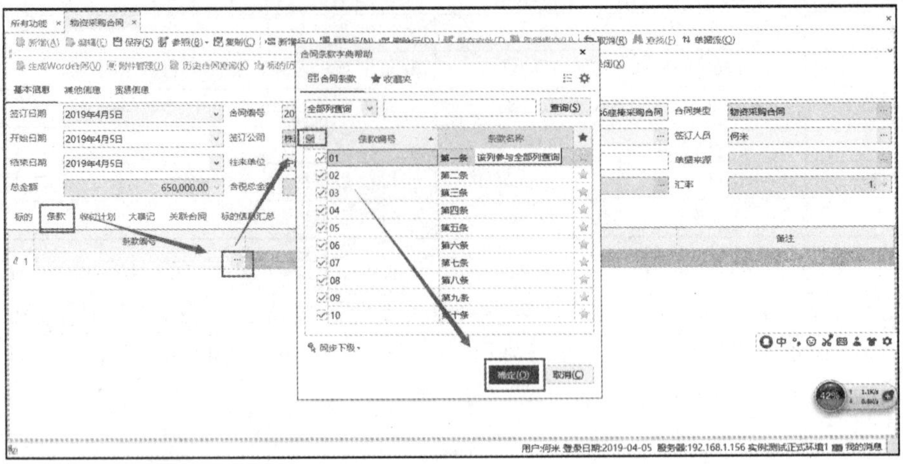

图 6-4

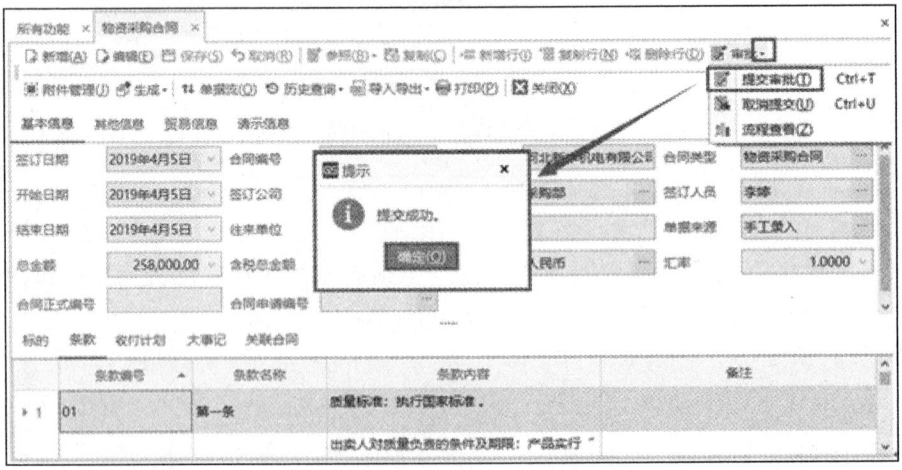

图 6-5

第二步：2019 年 4 月 5 日，天津新能源公司采购部经理王海（用户名：SP0003）登录系统，执行【系统公共】-【任务中心】-【任务中心】-【待办任务】，打开“待办任务”，选择签订的采购合同，单击“审批单据”，如图 6-6 所示。

在打开的单据审批界面，核对合同信息正确无误后，选择“通过”，单击“通过”，如图 6-7 所示。

第三步：2019 年 4 月 5 日，天津新能源公司采购部李婷（用户名：CG0001）登录系统，执行【供应链】-【采购管理】-【采购订单】-【采购订单制单】，打开“采购订单制单”，“采购组织”选择“天津铸汽新能源采购组织”，供应商为“河北新丰机电有限公司”，单击“参照”，如图 6-8 所示，选择“参照采购合同”。

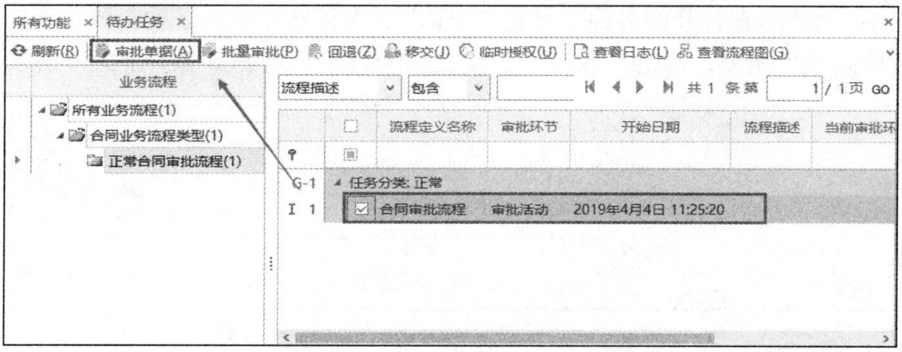
所有功能
待办任务
刷新(R)
审批单据(A)
批量审批(P)
回退(Z)
移交(J)
临时授权(U)
查看日志(L)
查看流程图(G)
业务流程
所有业务流程(1)
合同业务流程类型(1)
正常合同审批流程(1)
流程描述
包含
共 1 条 第
1 / 1 页 GO
流程定义名称
审批环节
开始日期
流程描述
当前审批环
任务分类: 正常
合同审批流程
审批活动
2019年4月4日 11:25:20

图 6-6

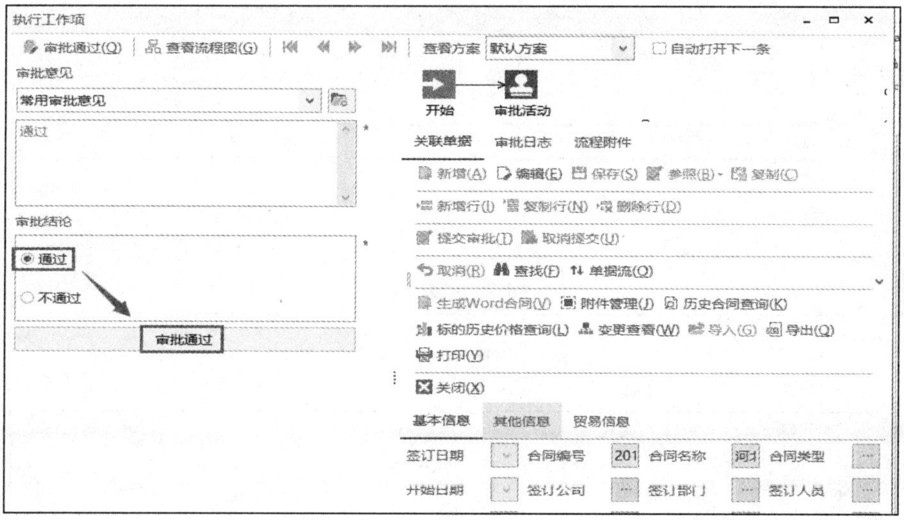
执行工作项
审批通过(Q)
查看流程图(G)
查看方案
默认方案
自动打开下一条
审批意见
常用审批意见
通过
审批结论
通过
不通过
审批通过
开始
审批活动
关联单据
审批日志
流程附件
新增(A)
编辑(E)
保存(S)
参照(R)
复制(C)
新增行(I)
复制行(N)
删除行(D)
提交审批(T)
取消提交(U)
取消(R)
查找(F)
单据流(Q)
生成Word合同(V)
附件管理(J)
历史合同查询(K)
标的历史价格查询(L)
变更查看(W)
导入(G)
导出(O)
打印(Y)
关闭(X)
基本信息
其他信息
贸易信息
签订日期
合同编号
合同名称
合同类型
开始日期
签订公司
签订部门
签订人员

图 6-7

所有功能
采购订单制单
新增(A)
参照(O)
新增行(I)
复制行(C)
删除行(D)
保存(S)
附件(T)
取消(R)
修改(M)
打印(P)
单据流(F)
自定义(U)
数据导出(E)
导入数据(N)
确定价格(F)
价格查询(H)
修改行(B)
查看协议(G)
重选协议(Z)
生成合同(H)
关闭(X)
订单类型
标准订单
价外税
价内税
单价金额输入时以不含税为主
采购组织
天津铸汽新能源采购
批量赋值
基本信息
自定义
供应商
自提运输
会计信息
贸易信息
业务日期
2019.04.05
单据编号
SYS20190404113149
订单类型
标准订单
来源类型
手工录入
单据种类
标准采购订单标准单据
采购组织
天津铸汽新能源采购组
采 购 组
供 应 商
采购公司
天津铸远新能源汽车有
采购部门
采购人员
工程项目
施工单位
备 注
物料信息
汇总信息
付款计划
账户类型
分录类别
结算公司
结算部门
结算人员
单位工程
接收公司
接收组织
物料编号
含税总金额
本币含税总金额
合计主数量
合计辅数量
制 单 人
李婷
创建日期
2019.04.20
最后修改时间
2019.04.04 11:31:48
单据状态

图 6-8

按照图 6-8 操作，在打开的界面中单击“查询”，选择已存在的采购合同，单击“确定”，返回采购订单制单界面中，单击“保存”，生成采购订单，如图 6-9、图 6-10 所示。

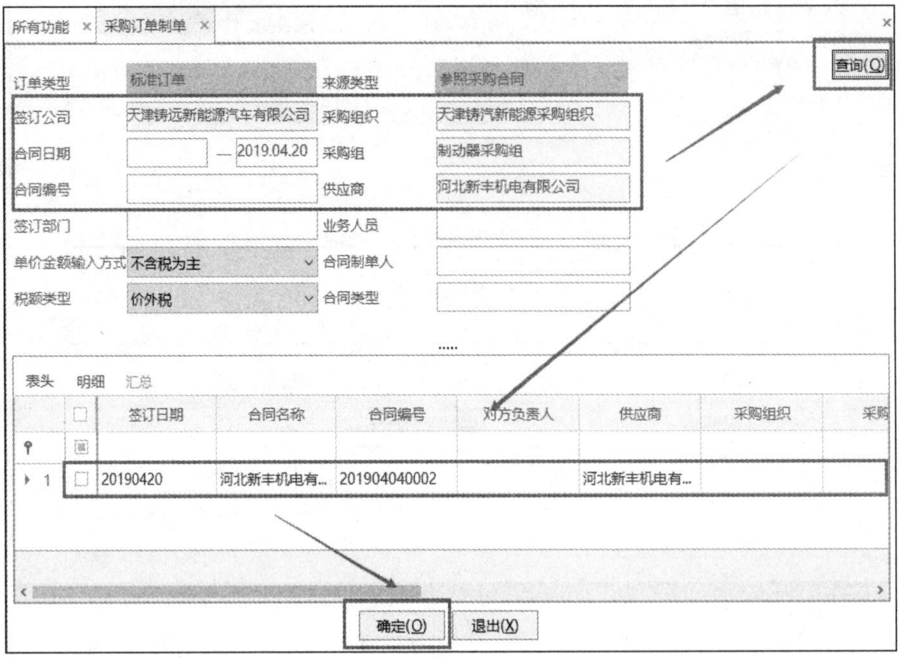

图 6-9

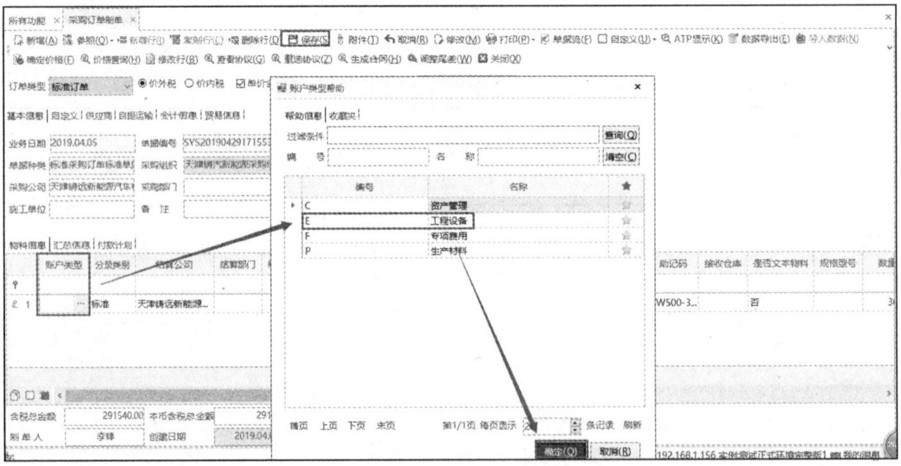

图 6-10

第四步：2019 年 4 月 5 日，天津新能源公司采购部经理王海（用户名：SP0003）登录系统，执行【供应链】-【采购管理】-【采购订单】-【采购订单审核】，打开“采购订单审核”，“采购组织”选择“天津铸汽新能源采购组织”，单击“GO”，选中所要审核的采购订单，单击“审核通过”，采购订单审核完成，如图 6-11 所示。

第五步：2019 年 4 月 5 日，天津新能源公司仓管部丛营（用户名：CK0001）登录系统，执行【供应链】-【库存管理】-【货物移动-入库】-【收货】，打开“收货”，“组织”选择“天津铸汽新能源库存组织”，单击“参照”，选择“采购订单”，如图 6-12 所示。

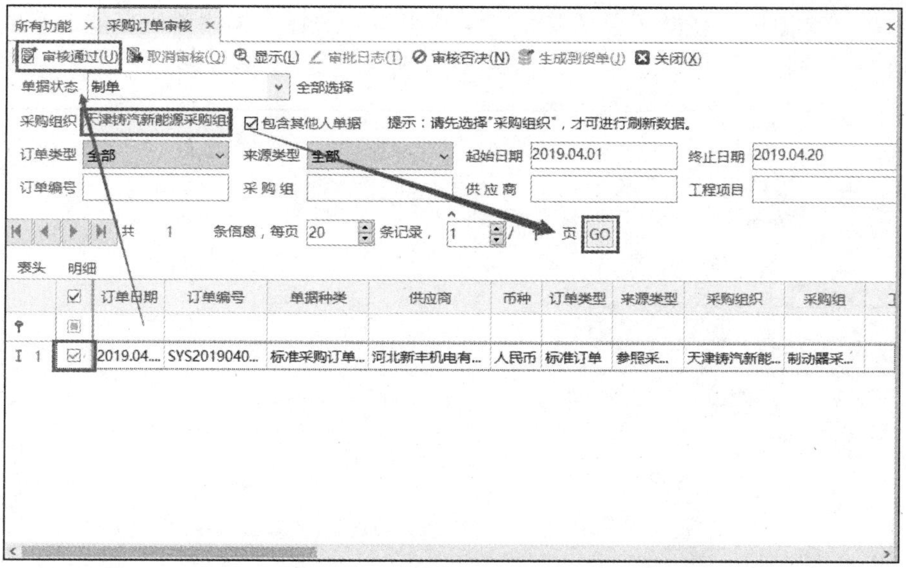

图 6-11

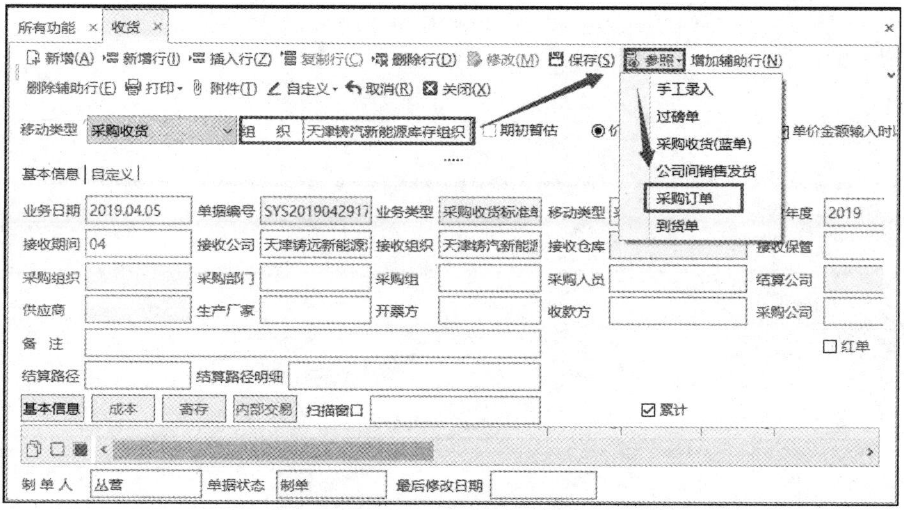

图 6-12

按照图 6-12 操作，在打开的界面中，“仓库”选择“天津新能源仓库”，“采购组织”选择“天津铸汽新能源采购组织”，单击“GO”，选中列示的采购订单，“接收仓库”选择“天津新能源仓库”，单击“确定”即可完成参照，如图 6-13 所示在返回页面中单击“保存”，完成收货处理。

第六步：2019 年 4 月 5 日，天津新能源公司库存记账员张弛（用户名：JZ0001）登录系统，执行【供应链】-【库存管理】-【账务处理】-【库存记账】，打开“库存记账”，“单据状态”选择“未记账”，“业务类型”选择“收货”，“接收仓库“选择“天津铸汽新能源库存组织”，单击“GO”，选中列示的发货单，单击记账，如图 6-14 所示。

第七步：2019 年 4 月 5 日，天津新能源公司财务部范明（用户名：FZ0001）登录系统，执行【供应链】-【采购管理】-【采购发票】-【采购发票制单】，打开“采购发票制单”，“结算公司”选择“天津铸远新能源公司”，“采购组织”选择“天津铸汽新能源采购组织”，单击“参照”，选择“参照收货单”，如图 6-15 所示。

图 6-13

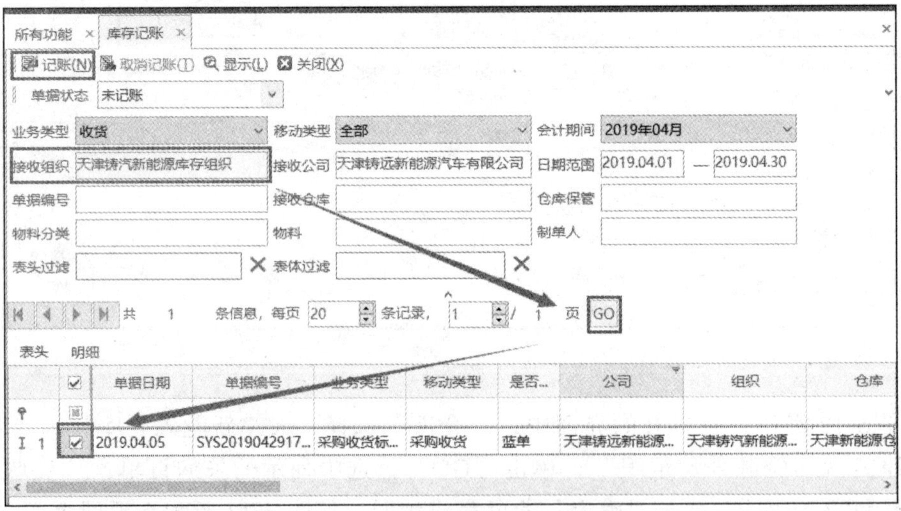

图 6-14

按照图 6-5 操作，在打开的界面中单击“查询”，选中对应的单据，“分录默认账户类型”选择“工程设备”，单击“合并生成”，如图 6-16 所示。

按照图 6-16 操作，在打开的界面中，首先在“基本信息”下，“结算部门”选择“采购部”，如图 6-17 所示。

然后在“供应商信息”下，设置“票据编号”为“3799236646”，单击“保存”，采购发票制单完成，如图 6-18 所示。

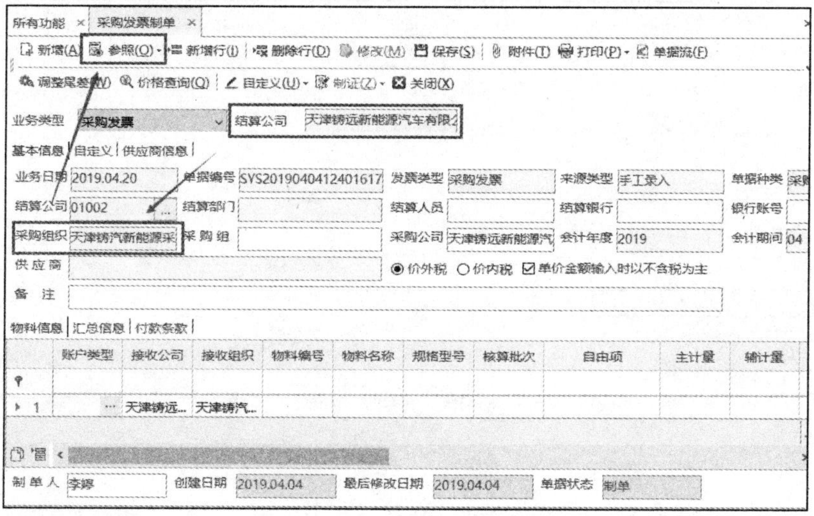

图 6-15

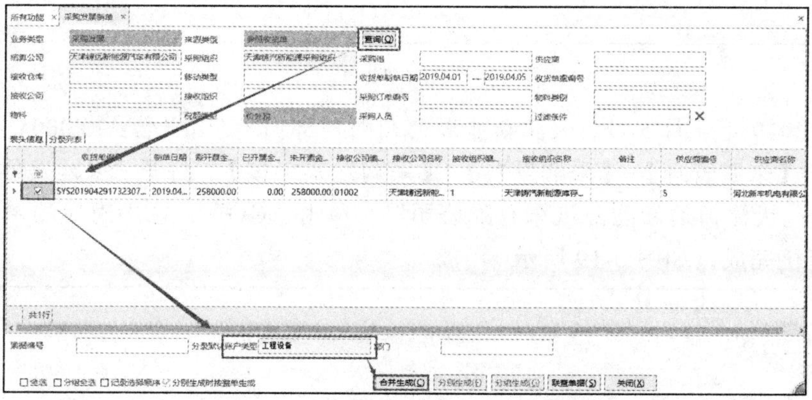

图 6-16

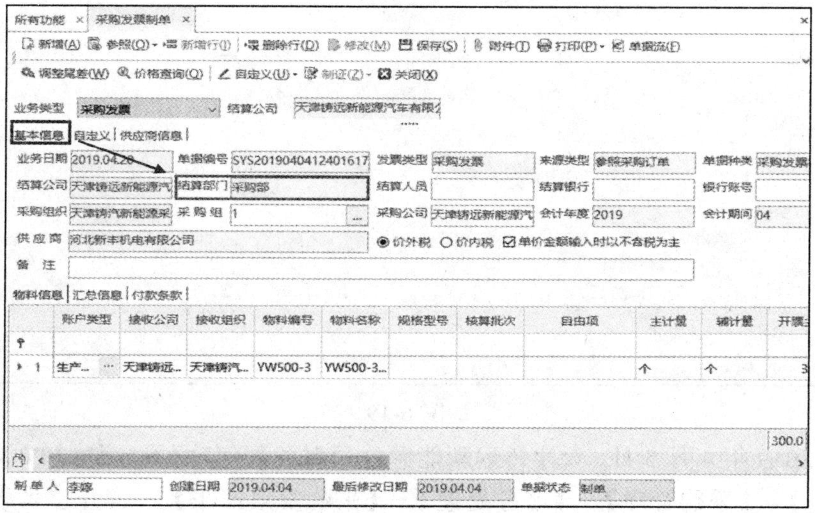

图 6-17

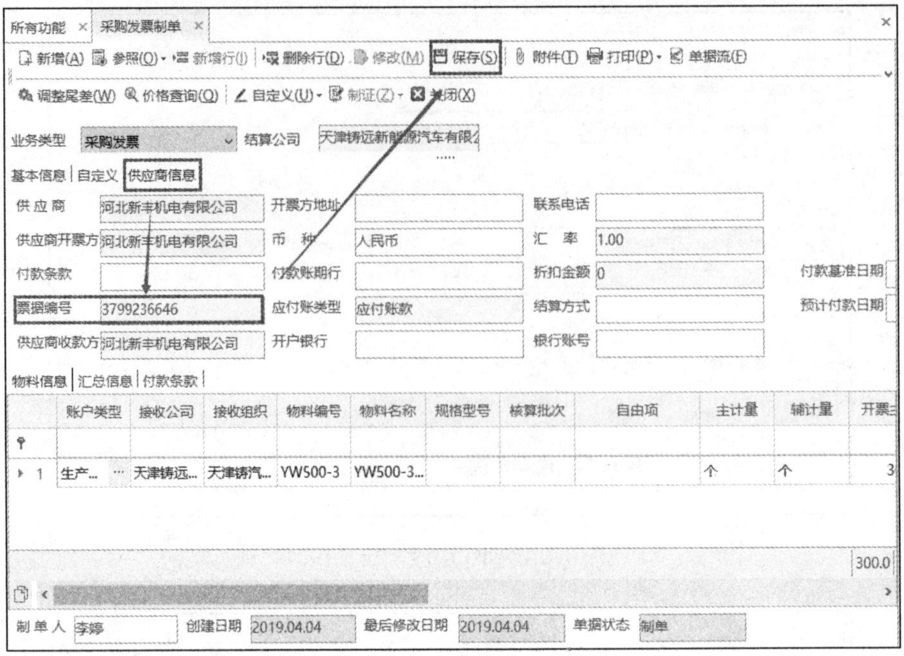

图 6-18

第八步：2019 年 4 月 5 日，天津新能源公司财务部何玲（用户名：FP0001）登录系统，执行【供应链】-【采购管理】-【采购发票】-【采购发票审核】，打开“采购发票审核”，“结算公司”选择“天津铸远新能源汽车有限公司”，单击“GO”，选中对应的单据，单击“审核”，发票审核完成，如图 6-19 所示。

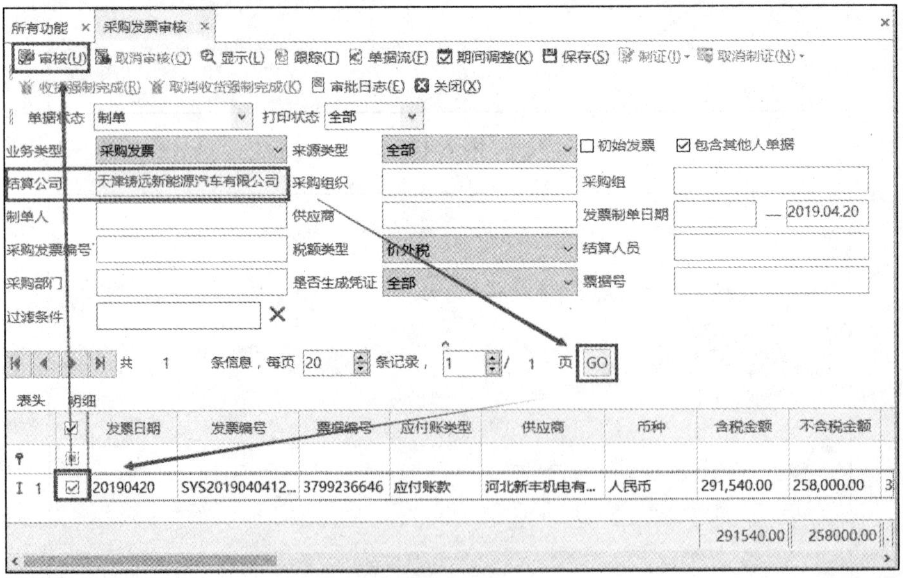

图 6-19

第九步：2019 年 4 月 5 日，天津铸远新能源公司财务部何玲（用户名：FP0001）登录系统，执行【供应链】-【采购管理】-【账务处理】-【采购发票记账】，打开“采购发票记账”，“结算公司”选择“天津铸远新能源汽车有限公司”，单击“GO”，选择对应的单据后，单击“记账”，如图 6-20 所示。

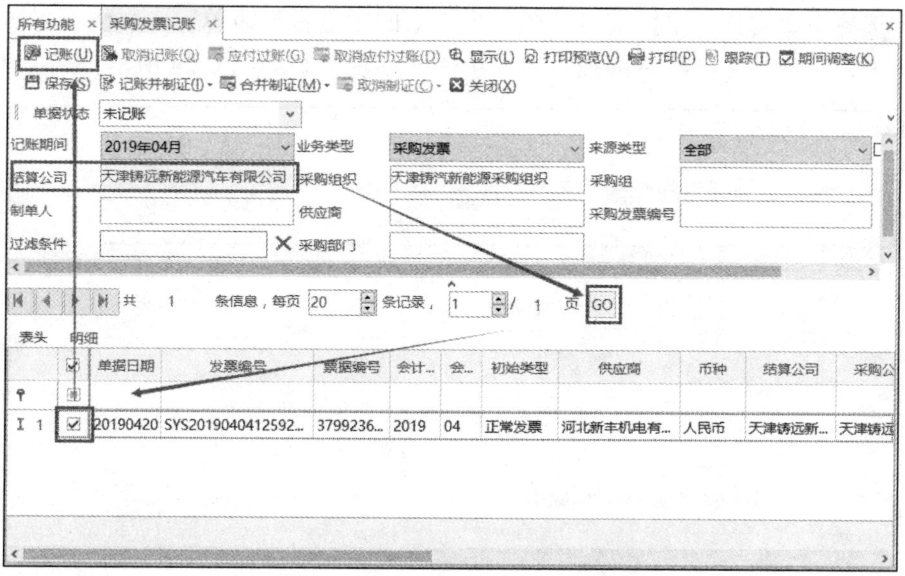

图 6-20

按照图 6-20 操作后，“单据状态”选择“未应付过账”，单击“GO”，选中对应的单据，单击“应付过账”，将采购发票自动生成应付报账单，如图 6-21 所示。

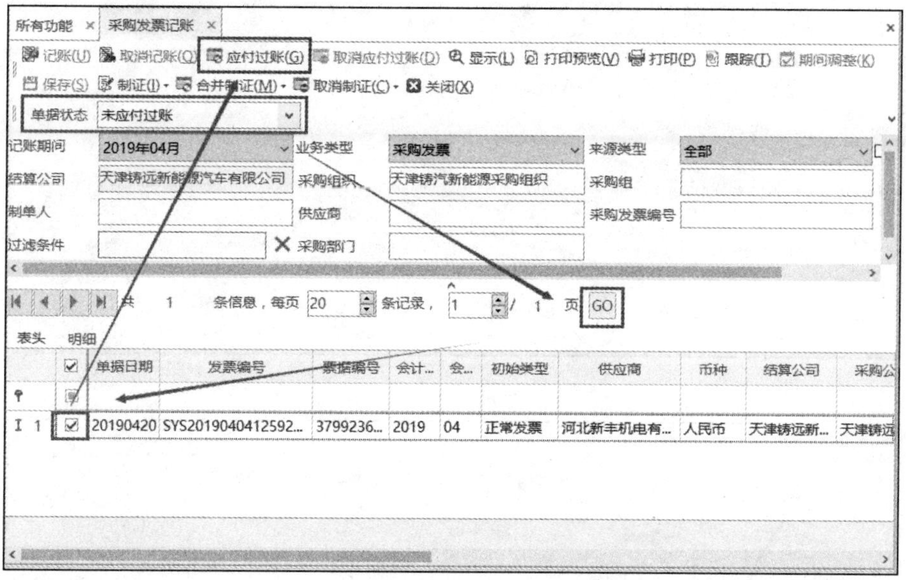

图 6-21

第十步：2019 年 4 月 5 日，天津新能源公司财务部何玲（用户名：FP0001）登录系统，执行【财务共享】-【网上报账平台】-【我的报账】-【我要报账】，打开“我要报账”，选中由采购发票自动生成的单据，单击“查看”，如图 6-22 所示。

按照图 6-22 操作，在打开的界面中，核对单据信息正确无误后，单击“提交”，如图 6-23 所示。

第十一步：2019 年 4 月 5 日，共享中心初审扫描员沈民（用户名：CS0001）登录系统，执行【财务共享】-【网上报账平台】-【单据初审】-【单据初审】，打开“单据初审”，在左侧“待办”选项下，选择“采购应付业务”类别下的“应付报账单”，右侧会将初审待审的单据列示出来，选中财务部何玲的报账单，单击“办理”，如图 6-24 所示。

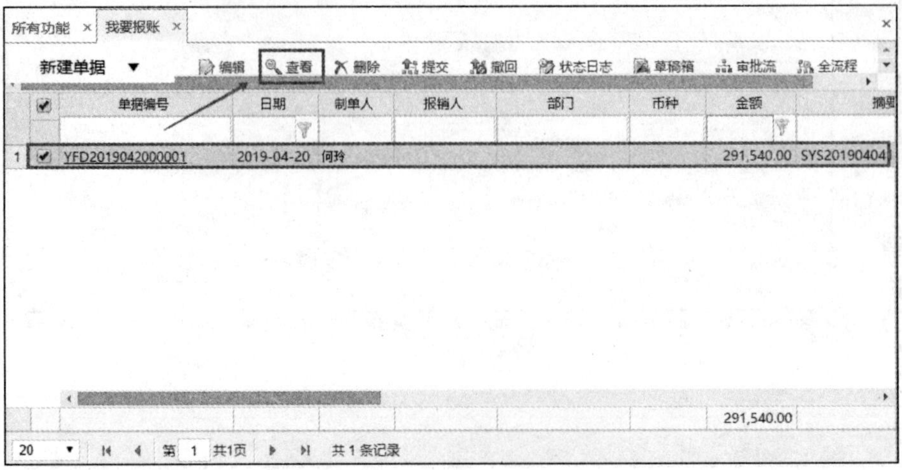

图 6-22

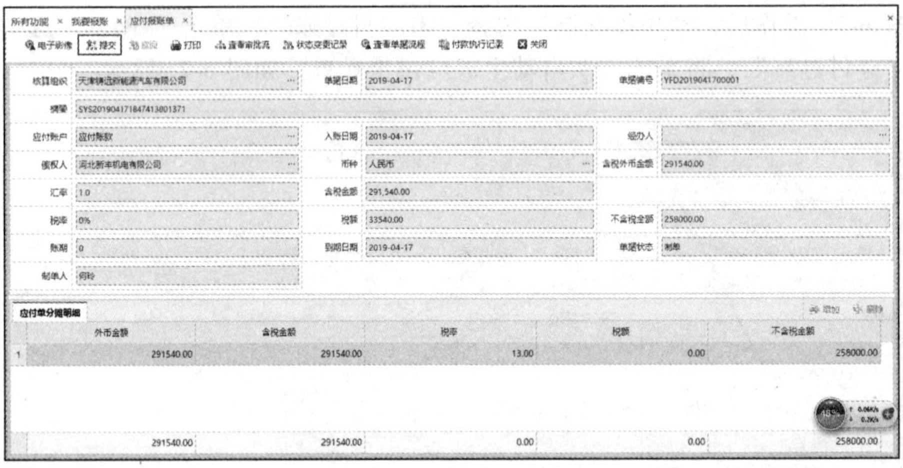

图 6-23

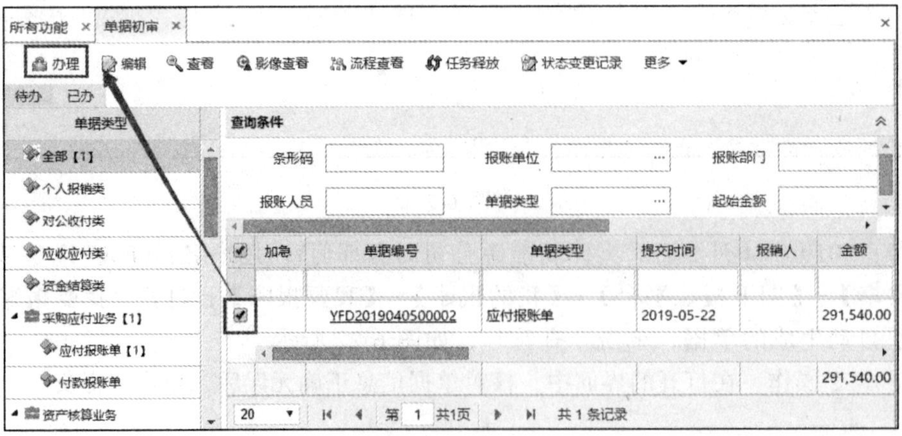

图 6-24

检查报销单据信息无误后，单击“初审通过”，单据将自动提交到领导审批流程。

第十二步：2019 年 4 月 5 日，天津新能源公司财务部经理张宁（用户名：SP0005）登录系统，执行【系统公共】-【任务中心】-【任务中心】-【待办任务】，打开“待办任务”，选择对应的业务流程，将待审批的单据列示出来，选中财务部何玲的报账单，单击“审批单据”，如图 6-25 所示。

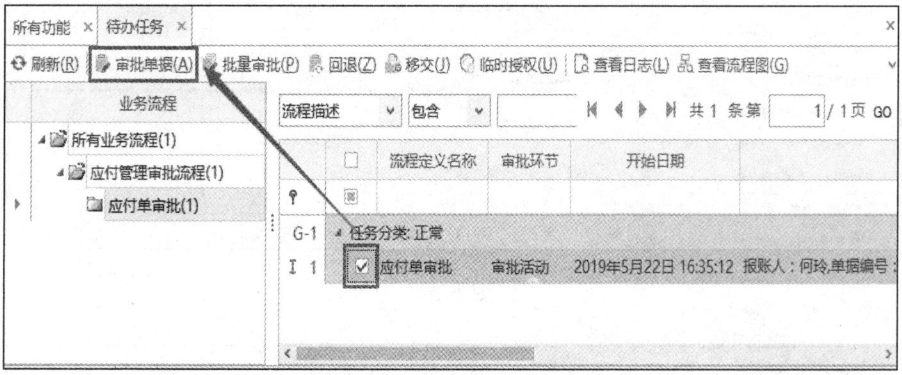

图 6-25

在打开的单据审批界面，查看报账单无误后，选择“通过”，单击“审批通过”，将自动提交财务稽核，如图 6-26 所示。

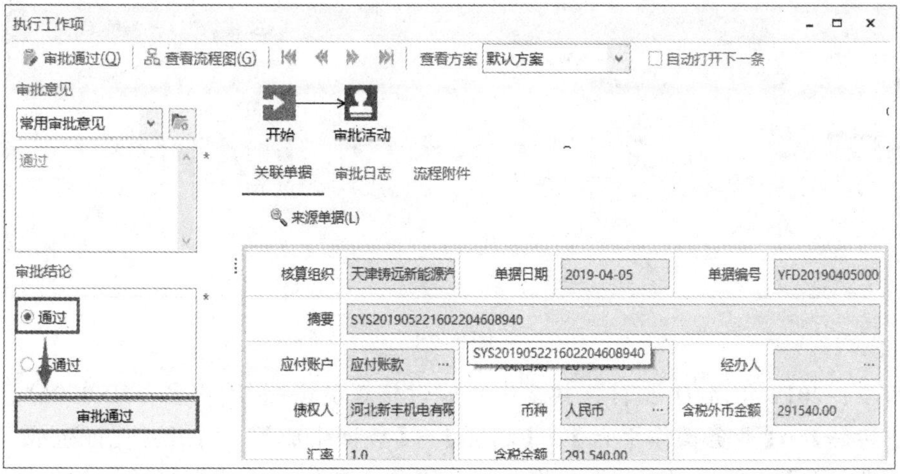

图 6-26

第十三步：2019 年 4 月 5 日，共享中心应付稽核员吴晓（用户名：JH0006）登录系统，执行【财务共享】-【业务操作平台】-【稽核】-【财务稽核】，打开“财务稽核”，“结束日期”选择“今天”，单击“查找”，在左侧“待办”选项下，选择“采购应付业务”类别下的“应付报账单”，将共享范围内各单位待稽核的单据列示出来，选中天津新能源公司的应付报账单，单击“办理”，如图 6-27 所示。

在打开的财务稽核的应付报账单明细窗口中，对报账单内容的准确性、完整性核对完毕，单击“通过”，如图 6-28 所示，提示稽核成功并自动返回当前界面。

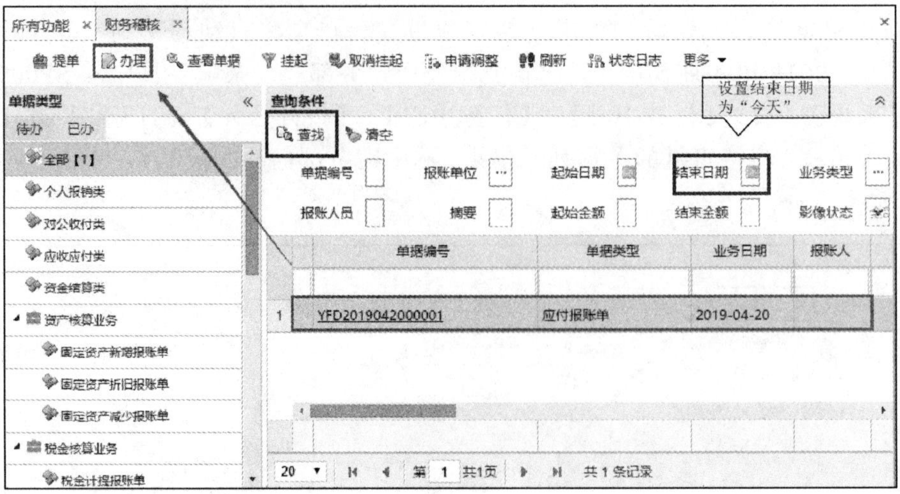

图 6-27

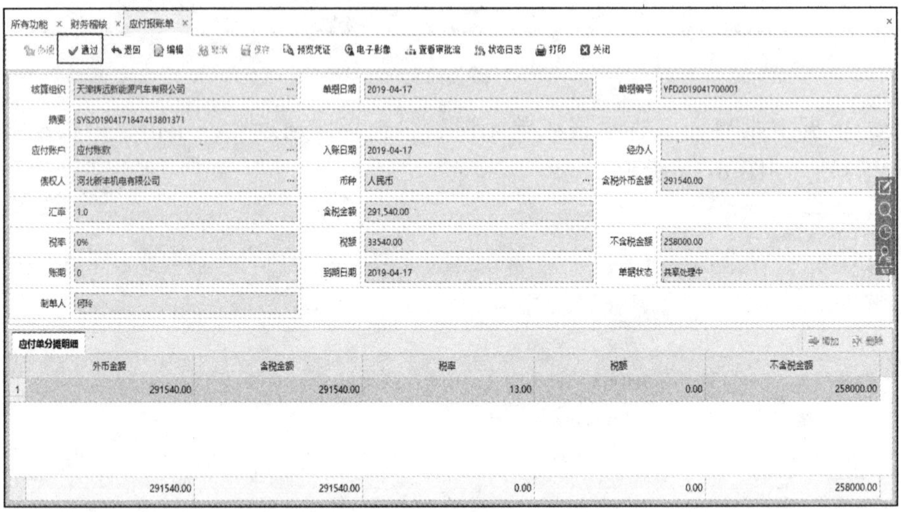

图 6-28

第十四步：2019 年 4 月 5 日，共享中心应付核算员焦磊(用户名：HS0006)登录系统，执行【财务共享】-【业务操作平台】-【制证】-【凭证生成】，打开“凭证生成”，“结束日期”选择“今天”，单击“查找”，将共享范围内各单位待生成记账凭证的单据列示出来，选中天津铸远新能源汽车有限公司需要生成记账凭证的单据，单击“生成凭证”，如图 6-29 所示。

在新打开的凭证制单窗口中，与表 6-4 中的凭证分录核对无误后，单击“保存”，如图 6-30 所示，保存成功后关闭界面即可。

至此，天津新能源公司采购报账业务处理完毕。

(2)基于采购合同完成株洲赛尔公司对宁波康铭公司的采购应付共享业务处理。

参考天津新能源公司如上操作步骤，按照表 6-6 中的登录用户及操作路径等信息，共十四个操作步骤，完成株洲赛尔公司从合同登记到记账凭证生成的全业务流程处理。

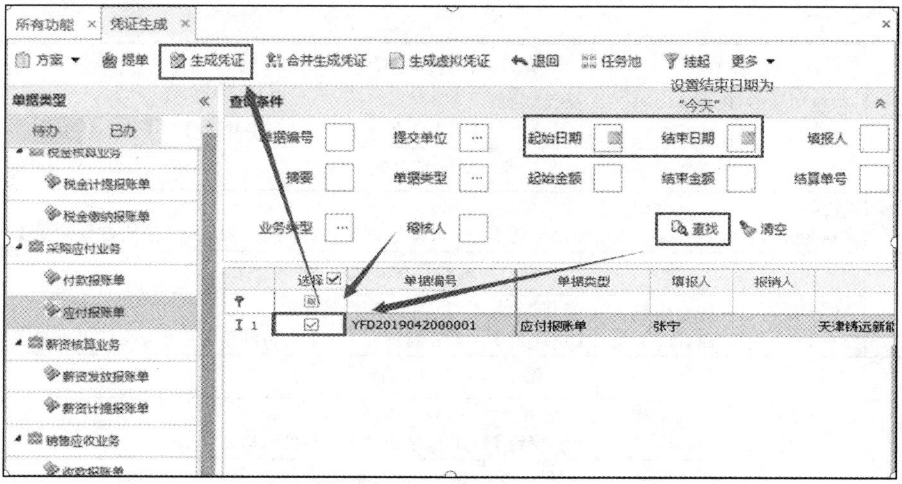

图 6-29

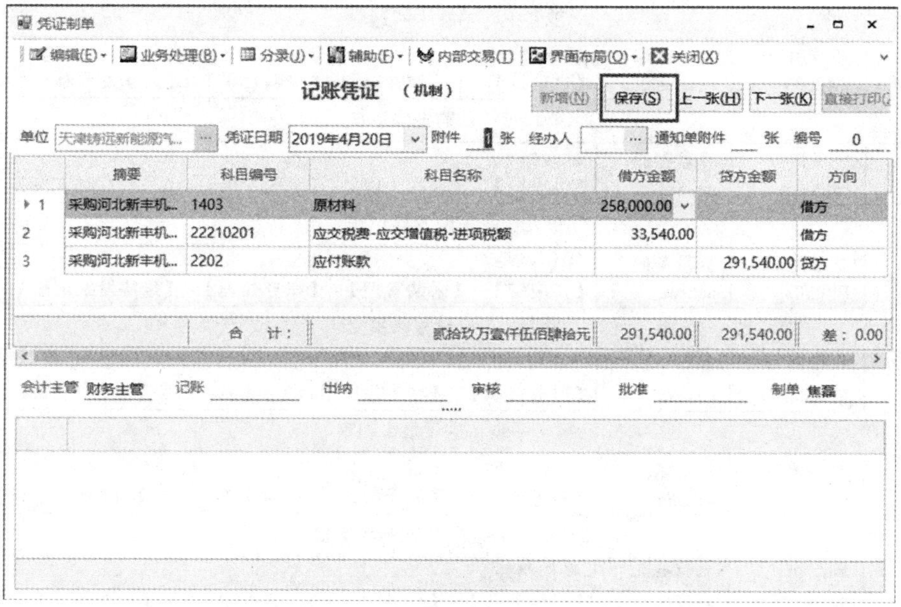

图 6-30

【注意】采购合同明细见表 6-2 中的内容，记账凭证分录见表 6-4 中的内容。

(3)基于采购合同完成株洲赛尔公司对正明轮胎公司的采购应付共享业务处理。

参考如上株洲赛尔公司对宁波康铭公司的操作步骤及登录用户信息，完成株洲赛尔公司对正明轮胎公司从合同登记到记账凭证生成的全业务流程处理。

【注意】采购合同明细见表 6-3 中的内容，记账凭证分录见表 6-4 中的内容。

表 6-6

第一步：合同登记（采购合同明细见表 6-4 中的内容）			
登录日期 2019.04.05	登录用户 CG0002	登录密码 aaaaaa	操作路径 【合同管理】–【合同管理】–【合同业务】–【合同登记】

续表

第二步：合同审批			
登录日期 2019.04.05	登录用户 SP0011	登录密码 aaaaaa	操作路径 【系统公共】–【任务中心】–【任务中心】–【待办任务】
第三步：采购订单制单			
登录日期 2019.04.05	登录用户 CG0002	登录密码 aaaaaa	操作路径 【供应链】–【采购管理】–【采购订单】–【采购订单制单】
第四步：采购订单审批			
登录日期 2019.04.05	登录用户 SP0011	登录密码 aaaaaa	操作路径 【供应链】–【采购管理】–【采购订单】–【采购订单审核】
第五步：完成收货			
登录日期 2019.04.05	登录用户 CK0002	登录密码 aaaaaa	操作路径 【供应链】–【库存管理】–【货物移动–入库】–【收货】
第六步：完成库存记账			
登录日期 2019.04.05	登录用户 JZ0002	登录密码 aaaaaa	操作路径 【供应链】–【库存管理】–【账务处理】–【库存记账】
第七步：录入采购发票			
登录日期 2019.04.05	登录用户 FZ0003	登录密码 aaaaaa	操作路径 【供应链】–【采购管理】–【采购发票】–【采购发票制单】
第八步：采购发票审核			
登录日期 2019.04.05	登录用户 FP0003	登录密码 aaaaaa	操作路径 【供应链】–【采购管理】–【采购发票】–【采购发票审核】
第九步：采购发票记账			
登录日期 2019.04.05	登录用户 FP0003	登录密码 aaaaaa	操作路径 【供应链】–【采购管理】–【账务处理】–【采购发票记账】
第十步：应付报账提交			
登录日期 2019.04.05	登录用户 FP0003	登录密码 aaaaaa	操作路径 【财务共享】–【网上报账平台】–【我的报账】–【我要报账】
第十一步：应付报账初审			
登录日期 2019.04.05	登录用户 CS0001	登录密码 aaaaaa	操作路径 【财务共享】–【网上报账平台】–【单据初审】–【单据初审】
第十二步：应付报账领导审批			
登录日期 2019.04.05	登录用户 SP0015	登录密码 aaaaaa	操作路径 【系统公共】–【任务中心】–【任务中心】–【待办任务】
第十三步：应付报账财务稽核			
登录日期 2019.04.05	登录用户 JH0006	登录密码 aaaaaa	操作路径 【财务共享】–【业务操作平台】–【稽核】–【财务稽核】
第十四步：生成记账凭证（记账凭证分录见表 6-4 中的内容）			
登录日期 2019.04.05	登录用户 HS0006	登录密码 aaaaaa	操作路径 【财务共享】–【业务操作平台】–【制证】–【凭证生成】

6.3 实验二：对外付款

2019 年 4 月 28 日，天津新能源公司对河北新丰机电有限公司的物资采购款 291 540 元进行付款申请，审批通过后进行对外付款报账处理，如表 6-7 所示。

表 6-7

业务类型	申请单位	摘要	期望付款日期
企业付款	天津铸远新能源汽车有限公司	付河北新丰机电有限公司液压制动器款	2019-4-28
收款单位名称	**收款账号**		**收款账号名称**
河北新丰机电有限公司	644848665007699002		河北新丰机电有限公司
付款明细信息			
结算方式	**合同名称**		**金额**
转账	河北新丰机电有限公司液压制动器采购合同		291 540

2019 年 4 月 28 日，株洲赛尔公司对宁波康铭贸易有限公司的物资采购款 734 500 元进行付款申请，审批通过后进行对外付款报账处理，如表 6-8 所示。

表 6-8

业务类型	申请单位	摘要	期望付款日期
企业付款	株洲铸远赛尔汽车生产有限公司	付宁波康铭贸易有限公司座椅货款	2019-4-28
收款单位名称	**收款账号**		**收款账号名称**
宁波康铭贸易有限公司	644848665007698706		宁波康铭贸易有限公司
付款明细信息			
结算方式	**合同名称**		**金额**
转账	宁波康铭贸易有限公司 S6 座椅采购合同		734 500

2019 年 4 月 28 日，株洲赛尔公司对正明轮胎制造有限公司的物资采购款 548 050 元进行付款申请，审批通过后进行对外付款报账处理，如表 6-9 所示。

表 6-9

业务类型	申请单位	摘要	期望付款日期
企业付款	株洲铸远赛尔汽车生产有限公司	付正明轮胎制造有限公司轮胎货款	2019-4-28
收款单位名称	**收款账号**		**收款账号名称**
正明轮胎制造有限公司	6448486650067458001		正明轮胎制造有限公司
付款明细信息			
结算方式	**合同名称**		**金额**
转账	正明轮胎制造有限公司 1100R15 轮胎采购合同		548 050

各子公司发起付款申请，经相关领导审批后，由相关人员完成财务稽核、生成记账凭证、付款结算等工作，凭证分录如表 6-10 所示。

表 6-10

序号	凭证所属单位	摘要	凭证分录			
			方向	科目	借方金额	贷方金额
1	天津铸远新能源汽车有限公司	付河北新丰机电有限公司液压制动器款	借	应付账款	291 540	
			贷	银行存款		291 540
2	株洲铸远赛尔汽车生产有限公司	付宁波康铭贸易有限公司座椅货款	借	应付账款	734 500	
			贷	银行存款		734 500
3	株洲铸远赛尔汽车生产有限公司	付正明轮胎制造有限公司轮胎货款	借	应付账款	548 050	
			贷	银行存款		548 050

实验步骤

按表 6-11 中的用户信息，登录浪潮 GS 管理软件。

表 6-11

登 录 日 期	登 录 用 户	登 录 密 码	操 作 内 容
2019.04.28	CG0001	aaaaaa	付款报账单填报
2019.04.28	CG0002	aaaaaa	
2019.04.28	CS0001	aaaaaa	付款报账单初审
2019.04.28	SP0003	aaaaaa	付款报账单审批
2019.04.28	SP00011	aaaaaa	
2019.04.28	JH0006	aaaaaa	付款报账单稽核
2019.04.28	JS0001	aaaaaa	付款结算
2019.04.28	HS0006	aaaaaa	付款报账单生成凭证

(1)各子公司提出付款申请。

第一步：2019 年 4 月 28 日，天津新能源公司采购部李婷(用户名：CG0001)登录系统，执行【财务共享】-【网上报账平台】-【我的报账】-【我要报账】，打开“我要报账”，单击“新增单据”，选择“付款报账单”，在打开的填报界面里，包括表头和表体两部分内容。按照表 6-7 所示将表头填写完毕，如图 6-31 所示。

图 6-31

然后，按照表 6-7 中的内容填写表体内容，单击“新增行”，结算方式选择“转账”，输入金额，填写“合同名称”为“河北新丰机电有限公司液压制动器采购合同”，单击“提交”，如图 6-32 所示。

第二步：2019 年 4 月 28 日，株洲赛尔公司采购部何米(用户名：CG0002)登录系统，执行【财务共享】-【网上报账平台】-【我的报账】-【我要报账】，参考天津新能源公司填报付款报账单的操作步骤，按照表 6-8 中的内容，完成株洲赛尔公司对宁波康铭公司的付款报账单填写，并提交相关领导审批。

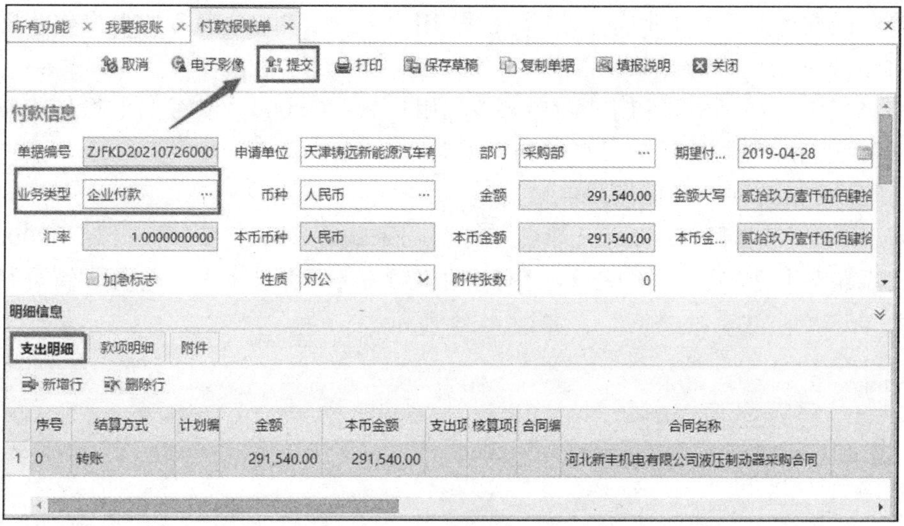

图 6-32

第三步：2019 年 4 月 28 日，株洲赛尔公司采购部何米（用户名：CG0002）登录系统，执行【财务共享】-【网上报账平台】-【我的报账】-【我要报账】，参考天津新能源公司填报付款报账单的操作步骤，按照表 6-9 中的内容，完成株洲赛尔公司对正明轮胎公司的付款报账单填写，并提交相关领导审批。

(2)初审通过后提交领导审批。

第一步：2019 年 4 月 28 日，共享中心初审扫描员沈民（用户名：CS0001）登录系统，执行【财务共享】-【网上报账平台】-【单据初审】-【单据初审】，打开“单据初审”，在左侧“待办”选项下，选择“采购应付业务”类别下的“付款报账单”，将共享范围内各单位待初审的单据列示出来，包括天津新能源公司对河北新丰公司、株洲赛尔公司对宁波康铭公司及正明轮胎公司的付款报账单。

以天津新能源公司对河北新丰公司的付款报账单为例，选中此报账单，单击“办理”，如图 6-33 所示。

图 6-33

检查报销单据信息无误后，单击“初审通过”，单据将自动提交到领导审批流程。

第二步：同样由共享中心初审扫描员沈民(用户名：CS0001)参考如上操作步骤，将株洲赛尔公司对宁波康铭公司的付款报账单初审通过。

第三步：同样由共享中心初审扫描员沈民(用户名：CS0001)参考如上操作步骤，将株洲赛尔公司对正明轮胎公司的付款报账单初审通过。

(3)各子公司相关领导审批付款申请。

第一步：2019 年 4 月 28 日，天津新能源公司采购部经理王海(用户名：SP0003)登录系统，执行【系统公共】-【任务中心】-【任务中心】-【待办任务】，打开“待办任务”，选中付款报账单，单击“审批单据”，如图 6-34 所示。

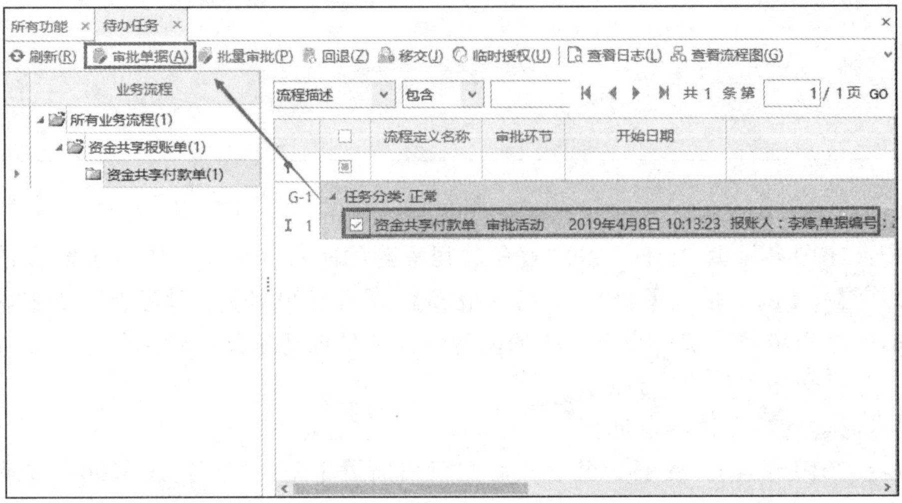

图 6-34

在打开的单据审批界面，检查申请单无误后，单击“审批通过”将自动提交财务稽核。

第二步：2019 年 4 月 28 日，株洲赛尔公司采购部经理朱赫(用户名：SP0011)登录系统，执行【系统公共】-【任务中心】-【任务中心】-【待办任务】，参考天津新能源公司审批付款报账单的操作步骤，完成株洲赛尔公司对宁波康铭公司的付款报账单审批。

第三步：2019 年 4 月 28 日，株洲赛尔公司采购部经理朱赫(用户名：SP0011)登录系统，执行【系统公共】-【任务中心】-【任务中心】-【待办任务】，参考天津新能源公司审批付款报账单的操作步骤，完成株洲赛尔公司对正明轮胎公司的付款报账单审批。

(4)共享中心稽核员对审批通过的付款报账单进行财务稽核。

第一步：2019 年 4 月 28 日，共享中心应付稽核员吴晓(用户名：JH0006)登录系统，执行【财务共享】-【业务操作平台】-【稽核】-【财务稽核】，打开“财务稽核”，“结束日期”选择“今天”，单击“查找”，在左侧“待办”选项下，选择“采购应付业务”类别下的“付款报账单”，将共享范围内各单位待稽核的单据列示出来，逐个单据进行稽核。

以天津新能源公司对北京天友公司的付款报账单为例，选中此报账单，单击“办理”，如图 6-35 所示。

打开财务稽核报销单明细窗口，对报销单内容的准确性、完整性核对完毕后，单击“通过”，提示稽核成功即可。

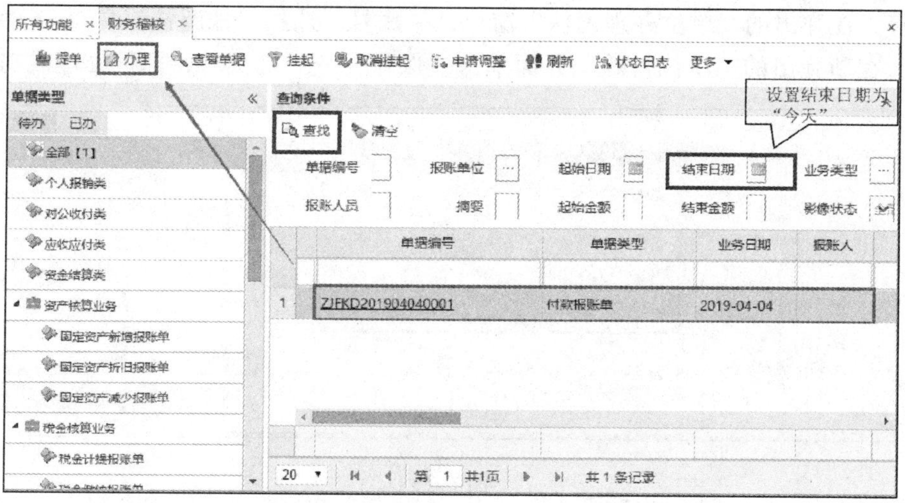

图 6-35

第二步：同样由应付稽核员吴晓(用户名：JH0006)参考如上操作步骤，将株洲赛尔公司对宁波康铭公司的付款报账单稽核完成。

第三步：同样由应付稽核员吴晓(用户名：JH0006)参考如上操作步骤，将株洲赛尔公司对正明轮胎公司的付款报账单稽核完成。

(5)共享中心资金结算员对财务稽核通过的付款报账单进行结算办理及确认。

第一步：2019 年 4 月 28 日，共享中心资金结算员刘慧(用户名：JS0001)登录系统，执行【财务共享】-【资金结算平台】-【单位结算】-【单位结算办理】，打开“单位结算办理”，将共享范围内各单位待付款办理的单据列示出来，逐个进行结算办理。

以天津新能源公司对河北新丰公司的付款报账单为例，选中此报账单，单击“办理”，在新弹出的“单位办理确认”窗口，“账号”选择“天津铸汽新能源-工商银行河西支行”，单击“确定”，如图 6-36、图 6-37 所示。

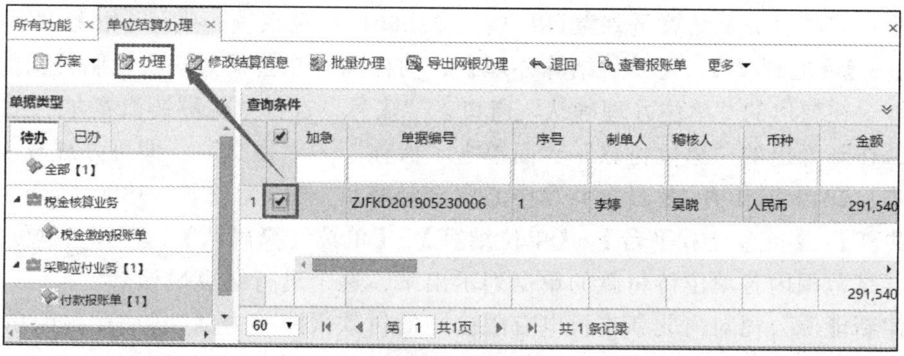

图 6-36

在新弹出的“单位付款”界面，“业务类型”选择“企业付款”，单击“保存”并“提交”，即可办理成功，如图 6-38 所示。

第二步：同样由资金结算员刘慧(用户名：JS0001)登录系统，执行【财务共享】-【资金结算平台】-【单位结算】-【单位结算办理】，为株洲赛尔公司对宁波康铭公司的付款报账单办理结算，在弹出的“单位办理确认”窗口，“账号”选择“株洲铸汽赛尔-工商银行黄河路支行”，在新弹出的“单位付款”界面单击“保存”→“提交”，即可办理成功。

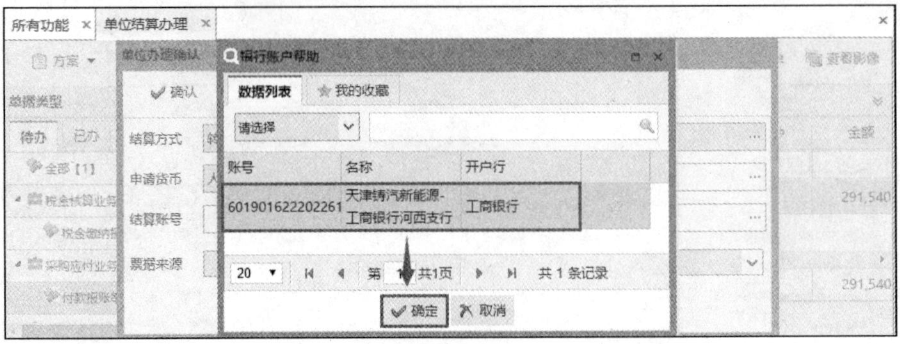

图 6-37

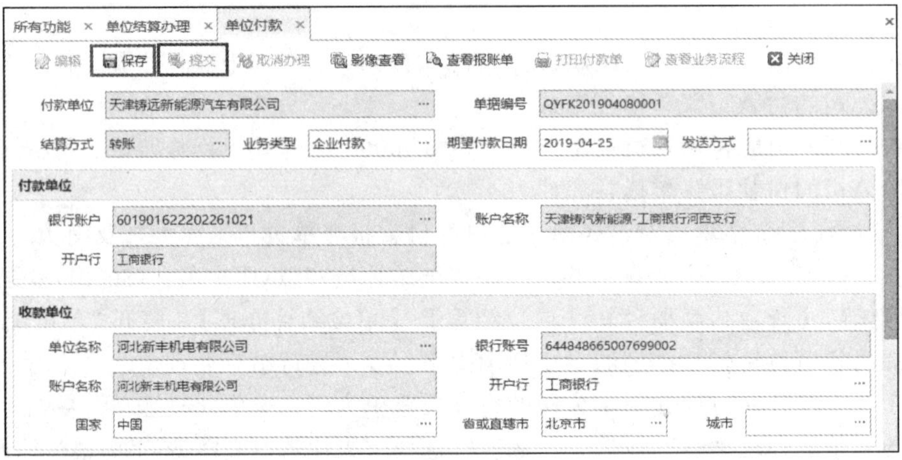

图 6-38

第三步：同样由资金结算员刘慧（用户名：JS0001）登录系统，执行【财务共享】-【资金结算平台】-【单位结算】-【单位结算办理】，为株洲赛尔公司对正明轮胎公司的付款报账单办理结算，在弹出的“单位办理确认”窗口，“账号”选择“株洲铸汽赛尔-工商银行黄河路支行”，在新弹出的“单位付款”界面单击“保存”→“提交”，即可办理成功。

第四步：2019 年 4 月 28 日，共享中心资金结算员刘慧（用户名：JS0001）登录系统，执行【财务共享】-【资金结算平台】-【单位结算】-【单位结算确认】，打开“单位结算确认”界面，将共享范围内各单位待付款的单据列示出来，逐个进行结算确认。

以天津新能源公司对河北新丰机电有限公司的付款报账单为例，选中此报账单，单击“无直联回单确认”，即可完成结算确认，如图 6-39 所示。

第五步：同样由共享中心资金结算员刘慧（用户名：JS0001）参考如上操作步骤，将株洲赛尔公司对宁波康铭公司的付款报账单结算确认完毕。

第六步：同样由共享中心资金结算员刘慧（用户名：JS0001）参考如上操作步骤，将株洲赛尔公司对正明轮胎公司的付款报账单结算确认完毕。

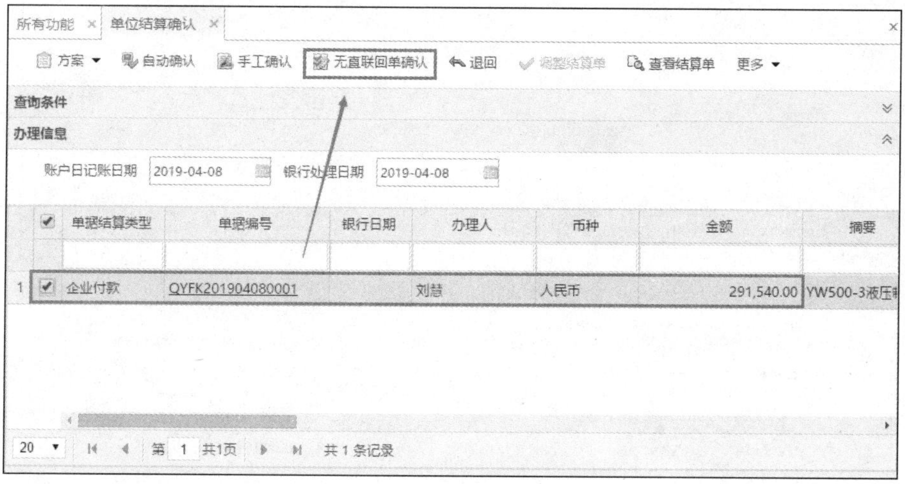

图 6-39

(6)共享中心稽核员对结算完成的付款报账单生成记账凭证。

第一步：2019 年 4 月 28 日，共享中心应付核算员焦磊(用户名：HS0006)登录系统，执行【财务共享】-【业务操作平台】-【制证】-【凭证生成】，打开“凭证生成”，将共享范围内各单位待生成记账凭证的单据列示出来，逐个生成记账凭证。

以天津新能源公司对河北新丰机电有限公司的付款报账单为例，打开“凭证生成”，“结束日期”选择“今天”，单击“查找”，单击“生成凭证”，如图 6-40 所示。

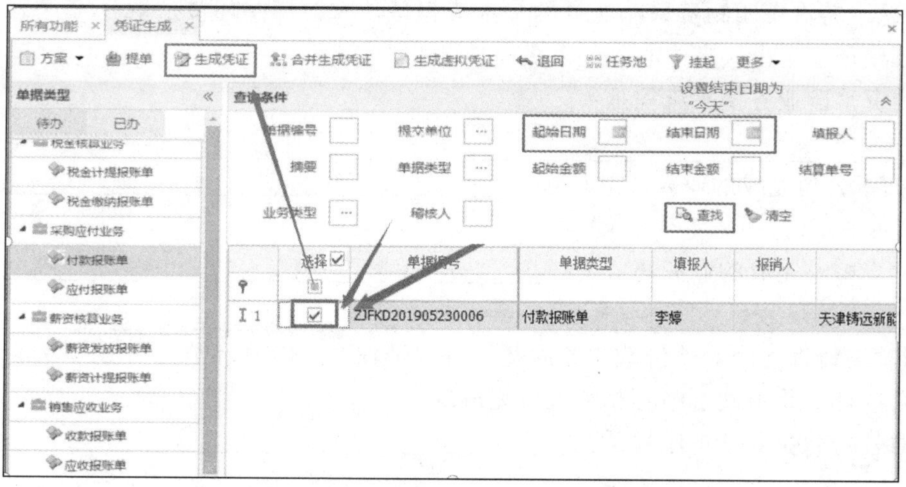

图 6-40

单击“生成凭证”，在打开的凭证生成预览窗口中，与表 6-10 中的凭证分录核对无误后，单击“保存”，保存成功后关闭界面即可，如图 6-41 所示。

第二步：同样由共享中心应付核算员焦磊(用户名：HS0006)参考如上操作步骤，将株洲赛尔公司对宁波康铭公司的付款报账单生成记账凭证，与表 6-10 中的凭证分录核对无误后，单击“保存”并关闭即可。

第三步：同样由共享中心应付核算员焦磊(用户名：HS0006)参考如上操作步骤，将株洲赛尔公司对正明轮胎公司的付款报账单生成记账凭证，与表 6-10 中的凭证分录核对无误后，单击“保存”并关闭即可。

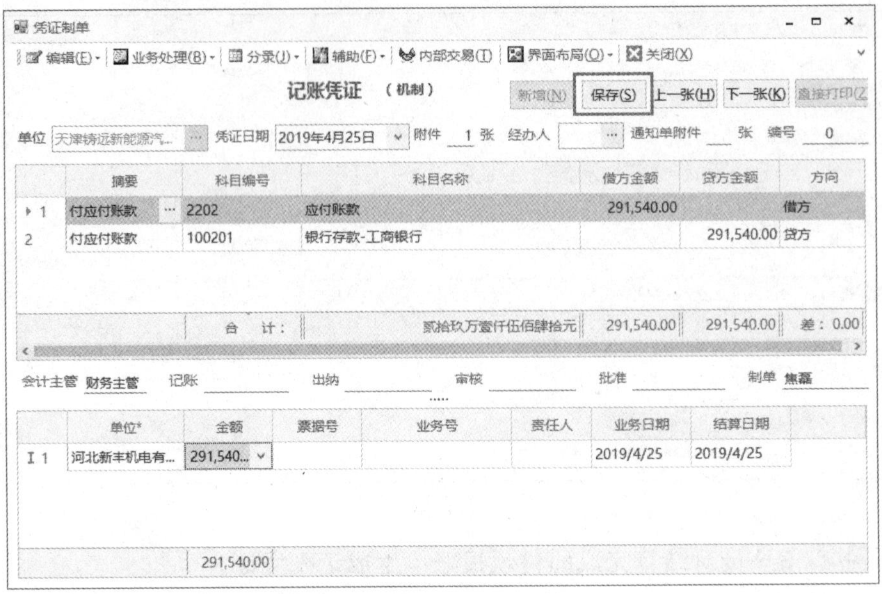

图 6-41

6.4 课后思考题

1．请总结铸汽集团物资采购业务的基本流程是什么，哪些环节是由分/子公司相关人员完成的，哪些环节是由共享中心相关人员完成的？

（1）物资采购业务基本流程是：________________________________

____

（2）分/子公司完成的业务环节是：________________________________

____

（3）共享中心完成的业务环节是：________________________________

____

2．请总结铸汽集团对外付款业务的基本流程是什么，哪些环节是由分/子公司相关人员完成的，哪些环节是由共享中心相关人员完成的？

（1）对外付款业务基本流程是：________________________________

____

（2）分/子公司完成的业务环节是：________________________________

____

（3）共享中心完成的业务环节是________________________________

____

3．在铸汽集团采购与付款生成凭证业务环节，通过财务共享平台自动生成凭证，其有利之处是（　　）。

A．减少手工录入，提高工作效率

B．降低错单率

C．提高企业收益率

D．有利于提高企业数据安全性

4．铸汽集团对外付款业务在进行付款结算时，你认为应该采用以下哪种结算模式？

A．共享中心集中结算　　　　B．子公司独立结算

请分析你所选择的结算模式的利弊：____

____

____

____

5．铸汽集团在处理物资采购业务时，需要采购部相关领导在采购系统中进行审批，在采购报账时还需要财务部相关领导进行审批，意义是什么？

____

____

____

____

6．铸汽集团在采购与付款共享业务处理过程中，实现了业财一体化共享模式，请总结是在哪个业务系统、哪类业务单据、在经过哪些操作后可自动推送相关数据至网上报账平台，生成采购应付报账单的？

（1）哪类业务系统（　　）

A．合同管理系统　　B．库存管理系统　　C．采购管理系统

（2）哪类业务单据（　　）

A．合同登记单　　B．采购订单　　C．收货单　　D．采购发票

（3）哪项操作（　　）

A．保存　　B．提交审批　　C．审核　　D．应付过账

第7章 教学任务四：薪资共享业务处理

7.1 任务背景介绍

职工薪酬内容主要包括：职工工资、奖金、津贴和补贴、职工福利费、医疗保险费、养老保险费、失业保险费、工伤保险费、生育保险费、住房公积金、工会经费、职工教育经费、非货币性福利、因解除与职工的劳动关系给予的补偿等内容。铸汽集团将薪资计提及发放业务纳入共享中心。

本章以工资、社保计提及工资发放为例，完成薪资共享业务实训流程。

考虑各单位薪资系统的应用情况、异构系统的集成情况等，确定各单位薪资管理员在业务系统中每月定时统计考勤、计算薪资后，在报账平台手工提交薪资计提与发放报账单，再进行共享业务的集中处理。

铸汽集团在对业务流程进行重新梳理后，薪资计提及发放业务在各子公司和共享中心的流程图如图7-1所示。

薪资管理员按要求每月定时统计考勤、计算薪资，在报账平台手工提交薪资计提及发放报账单，由初审人员进行相关审核后提交领导审批，经相关领导审批后，再由共享中心相关人员完成报账单的集中稽核、制证、薪资发放等工作。

共享中心相关人员对不合规的薪资报账单可退回至申请人，由申请人重新发起报账流程；对于正确的薪资报账单应及时生成正确会计核算凭证，并及时发放工资。

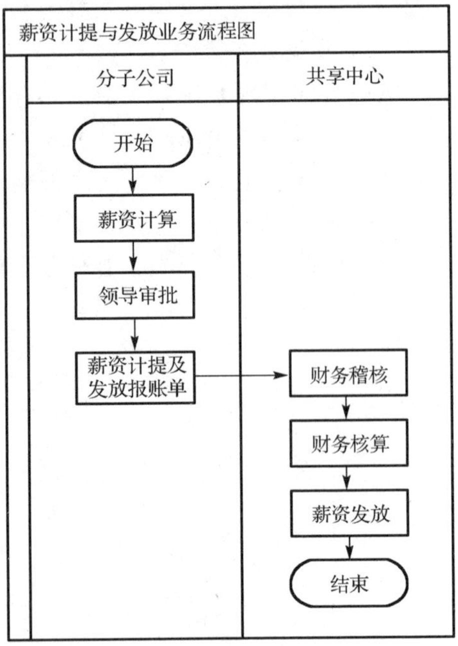

图7-1

7.2 实验一：薪资计提报账

铸汽集团要求各子公司于月末完成本月薪资计提报账。2019年4月1日，天津新能源公司薪资管理员李欣将本公司正式员工和临时用工的本月工资、奖金及社保进行计提报账，并提交审批，报账明细内容如表7-1所示。

表 7-1

单位名称					附件张数			报账事由			
天津铸远新能源汽车有限公司					1			正式员工和临时用工 4 月薪资计提			
HR 明细											
序号	计提类型	费用项目	人员类别	应发合计（元）	单位社保合计（元）	养老保险计提（元）	医疗保险计提（元）	失业保险计提（元）	生育保险计提（元）	工伤保险计提（元）	公积金计提（元）
1	工资	销售费用—职工薪酬—工资	正式员工	2 763 467							
2	工资	管理费用—职工薪酬—工资	正式员工	14 134 082							
3	奖金	销售费用—职工薪酬—奖金	正式员工	3 251 136							
4	社保	管理费用—职工薪酬—社保	正式员工			600 000	200 000	90 000	80 000	113 712	
5	公积金	管理费用—职工薪酬—住房公积金	正式员工								441 844
金额合计					21 674 241						

2019 年 4 月 1 日，上海销售公司薪资管理员纪洋将本公司本月正式员工和临时用工工资、奖金及社保进行计提报账，并提交审批，报账明细内容如表 7-2 所示。

表 7-2

单位名称					附件张数			报账事由			
上海铸远汽车销售有限公司					1			正式员工和临时用工 4 月薪资计提			
HR 明细											
序号	计提类型	费用项目	人员类别	应发合计（元）	单位社保合计（元）	养老保险计提（元）	医疗保险计提（元）	失业保险计提（元）	生育保险计提（元）	工伤保险计提（元）	公积金计提（元）
1	工资	销售费用—职工薪酬—工资	正式员工	2 348 805							
2	工资	管理费用—职工薪酬—工资	正式员工	11 901 847							
3	奖金	销售费用—职工薪酬—奖金	正式员工	2 763 350							

续表

HR 明细											
序号	计提类型	费用项目	人员类别	应发合计（元）	单位社保合计（元）	养老保险计提（元）	医疗保险计提（元）	失业保险计提（元）	生育保险计提（元）	工伤保险计提（元）	公积金计提（元）
4	社保	管理费用—职工薪酬—社保	正式员工			450 000	140 000	130 000	90 000	110 635	
5	公积金	管理费用—职工薪酬—住房公积金	正式员工								487 753
金额合计				18 422 390							

薪资管理员提交薪资计提报账单后，需按照集团薪资业务流程规定，由相关人员完成初审扫描、领导审批、财务稽核及生成记账凭证等工作，凭证分录如表 7-3 所示。

表 7-3

序号	凭证所属单位	摘　要	凭证分录			
			方向	科　目	借方金额	贷方金额
1	天津铸远新能源汽车有限公司	正式员工和临时用工4月薪资计提	借	管理费用—职工薪酬	15 659 638	
				销售费用—职工薪酬	6 014 603	
			贷	应付职工薪酬—工资		16 897 549
				应付职工薪酬—奖金		3 251 136
				应付职工薪酬—社保		1 083 712
				应付职工薪酬—住房公积金		441 844
2	上海铸远汽车销售有限公司	正式员工和临时用工4月薪资计提	借	管理费用—职工薪酬	13 310 235	
				销售费用—职工薪酬	5 112 155	
			贷	应付职工薪酬—工资		14 250 652
				应付职工薪酬—奖金		2 763 350
				应付职工薪酬—社保		920 635
				应付职工薪酬—住房公积金		487 753

实验步骤

按表 7-4 中的用户信息，登录浪潮 GS 管理软件。

表 7-4

登录日期	登录用户	登录密码	操作内容
2019.4.10	XZ0001	aaaaaa	薪资计提报账
2019.4.10	XZ0002	aaaaaa	
2019.4.10	CS0001	aaaaaa	薪资计提报账单初审及原始凭证扫描上传
2019.4.10	SP0005	aaaaaa	薪资计提报账单审批
2019.4.10	SP0006	aaaaaa	
2019.4.10	JH0002	aaaaaa	薪资计提报账单稽核
2019.4.10	HS0002	aaaaaa	薪资计提报账单生成记账凭证

(1)填写薪资计提报账单并提交初审。

第一步：2019 年 4 月 10 日，天津新能源公司财务部李欣(用户名：XZ0001)登录系统，执行【财务共享】-【网上报账平台】-【我的报账】-【我要报账】，单击“新建单据”，选择“薪资核算业务”类别下的“薪资计提报账单”，即可填报，如图 7-2 所示。

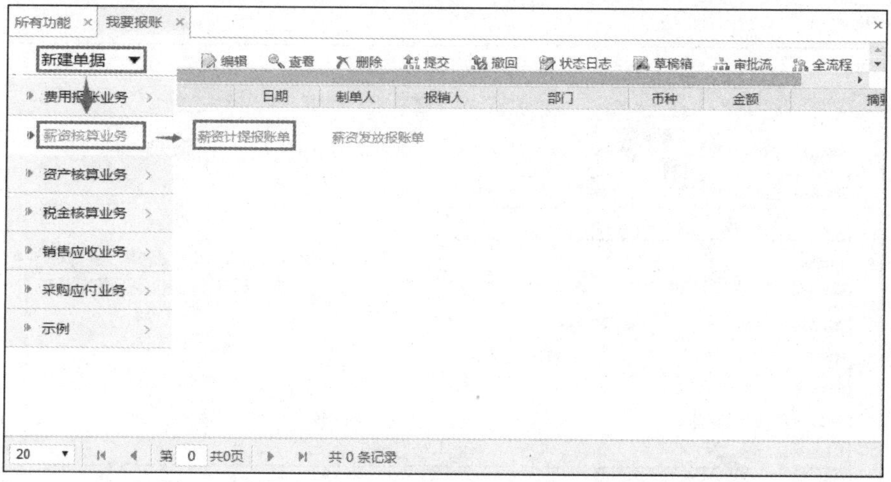

图 7-2

在打开的填报界面里，包括表头和表体两部分内容。按照表 7-1 中的内容将表头“附件张数”“报账事由”填写完毕，如图 7-3 所示。

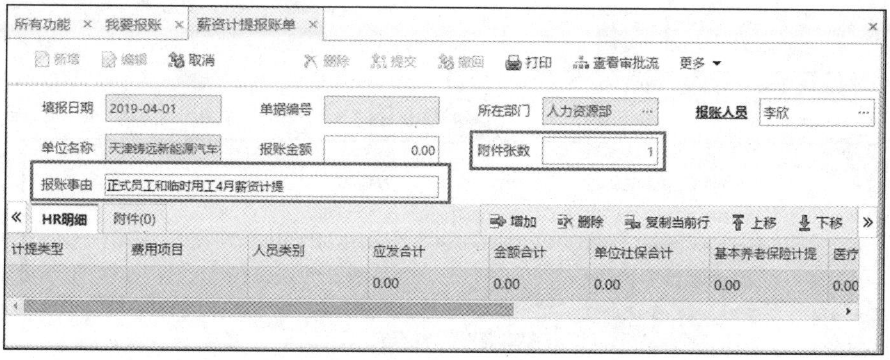

图 7-3

第二步：填写表体内容，表体必填项包括“HR 明细”项。按表 7-1 中的内容将明细项填写完毕，单击“提交”，如图 7-4 所示，提示提交成功即可。

第三步：2019 年 4 月 10 日，上海销售公司财务部纪洋(用户名：XZ0002)登录系统，执行【财务共享】-【网上报账平台】-【我的报账】-【我要报账】，单击“新建单据”，选择“薪资核算业务”类别下的“薪资计提报账单”。按照表 7-2 中的内容，参考天津新能源公司财务部李欣的薪资计提报账单填报方法，将表头表体必填项填写完毕，单击“提交”，如图 7-5 所示，提示提交成功即可。

(2)初审通过后提交领导审批。

第一步：2019 年 4 月 10 日，共享中心初审扫描员沈民(用户名：CS0001)登录系统，执行【财务共享】-【网上报账平台】-【单据初审】-【单据初审】，打开“单据初审”，在左侧“待办”选项下，选择“薪资核算业务”类别下的“薪资计提报账单”，将共享范围内各单位待初审的单据列示出来，包括天津新能源公司财务部李欣的薪资计提报账单和上海销售公司财务部纪洋的薪资计提报账单。

以天津新能源公司财务部李欣的薪资计提报账单为例，选中此报账单，单击“办理”，如图 7-6 所示。

图 7-4

图 7-5

检查报销单据信息无误后，单击“初审通过”，单据将自动提交到领导审批流程。

第二步：同样由共享中心初审扫描员沈民(用户名：CS0001)参考如上操作步骤，将上海销售公司财务部纪洋的薪资计提报账单初审通过。

(3)领导审批初审通过的薪资计提报账单。

第一步：2019 年 4 月 10 日，天津新能源公司财务部经理张宁(用户名：SP0005)登录系统，执行【系统公共】-【任务中心】-【任务中心】-【待办任务】，打开“待办任务”，选择左侧对应的业务流程，将待审批的单据列示出来。

以天津新能源公司财务部李欣的薪资计提报账单为例，选中此报账单，单击“审批单据”，如图 7-7 所示。

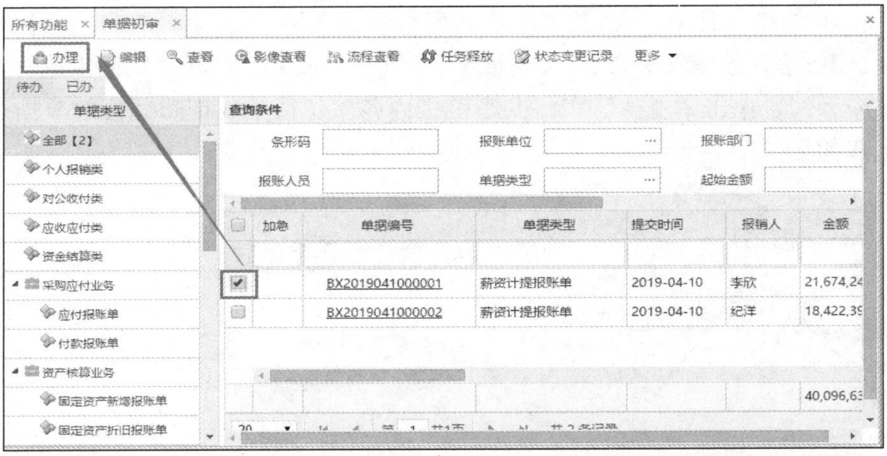

图 7-6

图 7-7

在打开的单据审批界面，检查申请单无误后，单击“审批通过”将自动提交财务稽核。

第二步：由上海销售公司财务部经理张芳(SP0006)登录系统，执行【系统公共】-【任务中心】-【任务中心】-【待办任务】，参考如上操作步骤，完成上海销售公司财务部纪洋的薪资计提报账单审批流程。

(4)将审批通过的薪资计提报账单进行财务稽核。

第一步：2019 年 4 月 10 日，共享中心薪资稽核员刘强(用户名：JH0002)登录系统，执行【财务共享】-【业务操作平台】-【稽核】-【财务稽核】，打开“财务稽核”，“结束日期”选择“今天”，单击“查找”，在左侧“待办”选项下，选择“薪资核算业务”类别下的“薪资计提报账单”，将共享范围内各单位待稽核的单据列示出来，逐个进行稽核。

以天津新能源公司财务部李欣的薪资计提报账单为例，选中此报账单，单击“办理”，如图 7-8 所示。

打开财务稽核报销单明细窗口，对报销单内容的准确性、完整性核对完毕后，单击“通过”，提示稽核成功即可。

第二步：同样由薪资稽核员刘强(用户名：JH0002)参考如上操作步骤，将上海销售公司财务部纪洋的薪资计提报账单稽核完毕。

(5)将财务稽核通过的薪资计提报账单生成记账凭证。

第一步：2019 年 4 月 10 日，共享中心薪资核算员黄婷(用户名：HS0002)登录系统，执行【财务共享】-【业务操作平台】-【制证】-【凭证生成】，打开“凭证生成”，“结束日期”选择“今天”，单击“查找”，将共享范围内各单位待生成记账凭证的单据列示出来，逐个生成记账凭证。

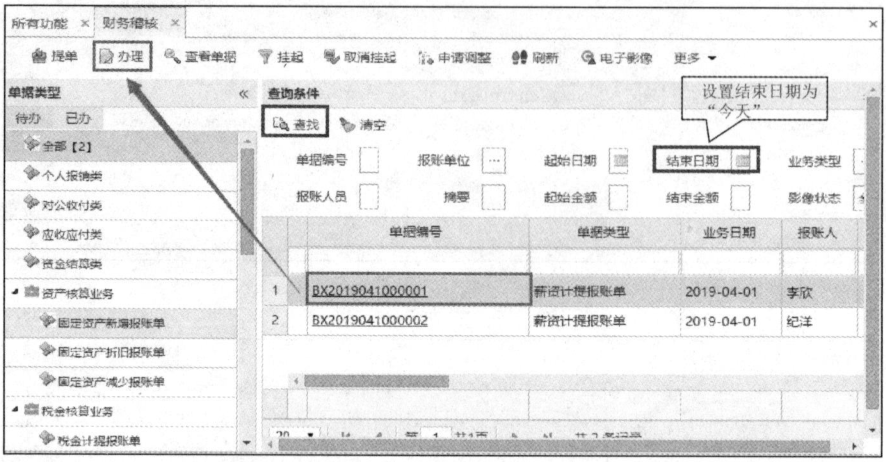

图 7-8

以天津新能源公司财务部李欣的薪资计提报账单为例，选中此报账单，单击“生成凭证”，如图 7-9 所示。

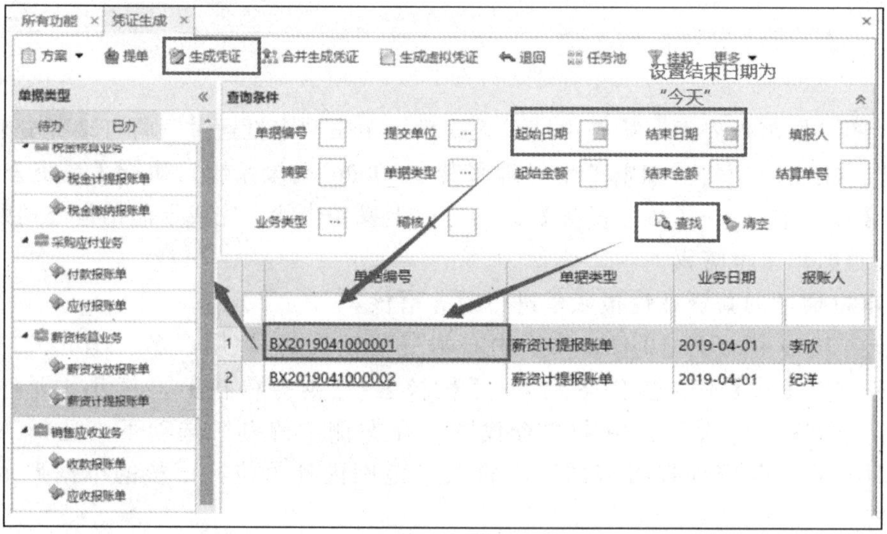

图 7-9

在打开的凭证生成预览窗口中，与表 7-3 中的凭证分录核对无误后，单击“保存”，保存成功后关闭界面即可，如图 7-10 所示。

第二步：同样由共享中心薪资核算员黄婷(用户名：HS0002)参考如上操作步骤，将上海销售公司财务部纪洋的薪资计提报账单生成记账凭证，与表 7-3 中的凭证分录核对无误后，单击“保存”并关闭界面即可。

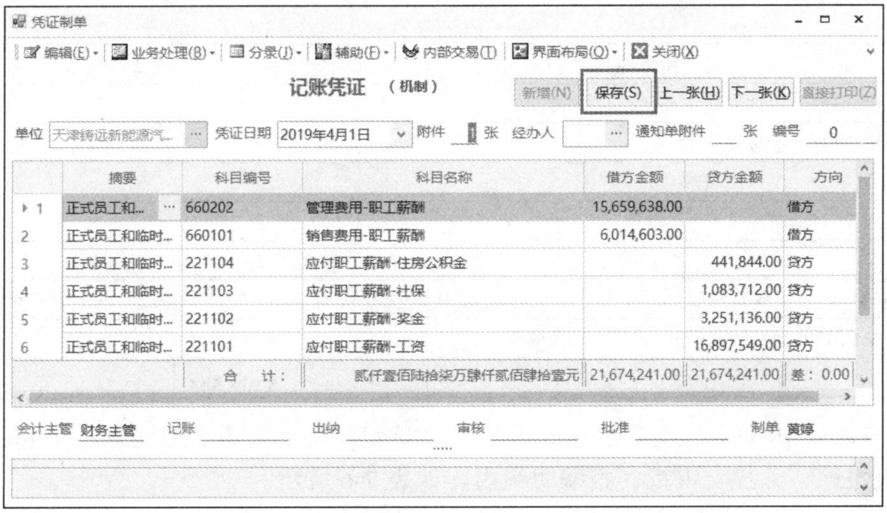

图 7-10

7.3 实验二：薪资发放报账

铸汽集团要求各子公司于每月 15 日前完成薪资发放报账。2019 年 4 月 10 日，天津新能源公司薪资管理员李欣将本公司 3 月正式员工和临时用工工资进行发放报账，并提交审批，报账明细内容如表 7-5 所示。

表 7-5

单位名称			
天津铸远新能源汽车有限公司			
发放类型			
代发工资			
付款账户			
天津铸汽新能源-工商银行河西支行			
附件张数			
1			
报账事由			
正式员工和临时用工工资银行代发			
应发工资			
序号	人员类别	薪酬项目	应发金额（元）
1	正式员工	工资	16 898 000
合计			16 898 000
扣减项目			
序号	扣减项目		扣减金额（元）
1	扣减项目—养老保险		630 000
扣减项目			

续表

序号	扣减项目	扣减金额（元）
2	扣减项目—医疗保险	453 712
3	扣减项目—住房公积金	441 844
4	扣减项目—个人所得税	6 453 900
合计		7 979 456

工资明细				
收款人	收款账号	支付方式	金额（元）	开户银行
天津其他	6217002340004567983	转账	8 918 544	工商银行河西支行
合计			8 918 544	

2019 年 4 月 10 日，上海销售公司薪资管理员纪洋将本公司 3 月正式员工和临时用工工资进行发放报账，并提交审批，报账明细内容如表 7-6 所示。

表 7-6

单位名称			
上海铸远汽车销售有限公司			
发放类型			
代发工资			
付款账户			
上海铸汽销售-工商银行天山路支行			
附件张数			
1			
摘要			
正式员工和临时用工工资银行代发			
应发工资			
序号	人员类别	薪酬项目	应发金额（元）
1	正式员工	工资	14 260 000
合计			14 260 000
扣减项目			
序号	扣减项目		扣减金额（元）
1	扣减项目—养老保险		500 000
2	扣减项目—医疗保险		420 635
3	扣减项目—住房公积金		487 753
4	扣减项目—个人所得税		5 286 332
合计			6 694 720

工资明细				
收款人	收款账号	支付方式	金额（元）	开户银行
上海其他	6217002340004567789	转账	7 565 280	工商银行天山路支行
合计			7 565 280	

薪资管理员提交薪资发放报账单后，需按照集团薪资业务流程规定，由相关人员完成初审扫描、领导审批、财务稽核、薪资发放及生成记账凭证等工作，凭证分录如表 7-7 所示。

表 7-7

序号	凭证所属单位	摘　要	凭证分录			
			方向	科　目	借方金额	贷方金额
1	天津铸远汽车新能源汽车有限公司	正式员工和临时用工工资银行代发	借	应付职工薪酬—工资	16 898 000	
			贷	银行存款—工商银行		8 918 544
				其他应付款—代扣个人款项—社保		1 083 712
				其他应付款—代扣个人款项—住房公积金		441 844
				应交税费—应交个人所得税		6 453 900
2	上海铸远汽车销售有限公司	正式员工和临时用工工资银行代发	借	应付职工薪酬—工资	14 260 000	
			贷	银行存款—工商银行		7 565 280
				其他应付款—代扣个人款项—社保		920 635
				其他应付款—代扣个人款项—住房公积金		487 753
				应交税费—应交个人所得税		5 286 332

实验步骤

按表 7-8 中的用户信息，登录浪潮 GS 管理软件。

表 7-8

登录日期	登录用户	登录密码	操作内容
2019.4.10	XZ0001	aaaaaa	薪资发放报账单
2019.4.10	XZ0002	aaaaaa	
2019.4.10	CS0001	aaaaaa	薪资发放报账单初审及原始凭证扫描上传
2019.4.10	SP0005	aaaaaa	薪资发放报账单审批
2019.4.10	SP0006	aaaaaa	
2019.4.10	JH0002	aaaaaa	薪资发放报账单稽核
2019.4.10	HS0002	aaaaaa	薪资发放报账单生成记账凭证
2019.4.10	JS0001	aaaaaa	薪资发放报账单结算办理与结算确认

(1)填写薪资发放报账单并提交初审。

第一步：2019 年 4 月 10 日，天津新能源公司财务部李欣(用户名：XZ0001)登录系统，执行【财务共享】-【网上报账平台】-【我的报账】-【我要报账】，单击“新建单据”，选择选择“薪资核算业务”类别下的“薪资发放报账单”，如图 7-11 所示，即可填报。

在打开的填报界面里，包括表头和表体两部分内容。按照表 7-5 中的内容将表头“发放类型”“付款账户”“附件张数”“报账事由”填写完毕，如图 7-12 所示。

第二步：填写表体内容，表体必填项包括“应发工资”“扣减项目”“工资明细”三项。按表 7-5 中的内容将明细项填写完毕，单击“提交”，如图 7-13 所示，提示提交成功即可。

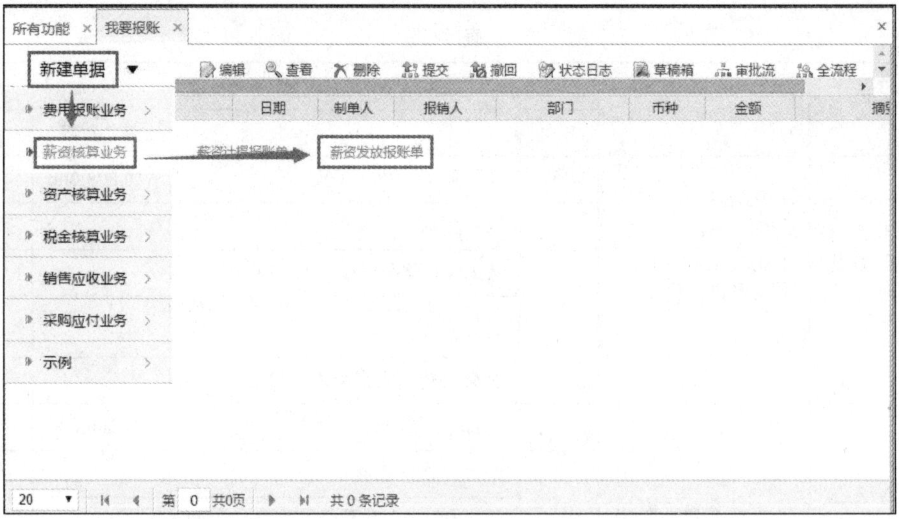

图 7-11

图 7-12

图 7-13

第三步：2019 年 4 月 10 日，上海销售公司财务部纪洋(用户名：XZ0002)登录系统，执行【财务共享】-【网上报账平台】-【我的报账】-【我要报账】，单击“新建单据”，选择“薪资核算业务”类别下的“薪资发放报账单”。按照表 7-6 中的内容，参考天津新能源公司财务部李欣的薪资发放报账单填报方法，将表头表体必填项填写完毕，单击“提交”，如图 7-14 所示，提示提交成功即可。

图 7-14

(2)初审通过后提交领导审批。

第一步：2019 年 4 月 10 日，共享中心初审扫描员沈民(用户名：CS0001)登录系统，执行【财务共享】-【网上报账平台】-【单据初审】-【单据初审】，打开“单据初审”，在左侧“待办”选项下，选择“薪资核算业务”类别下的“薪资发放报账单”，将共享范围内各单位待初审的单据列示出来，包括天津新能源公司财务部李欣的薪资发放报账单和上海销售公司财务部纪洋的薪资发放报账单。

以天津新能源公司财务部李欣的薪资发放报账单为例，选中此报账单，单击“办理”，如图 7-15 所示。

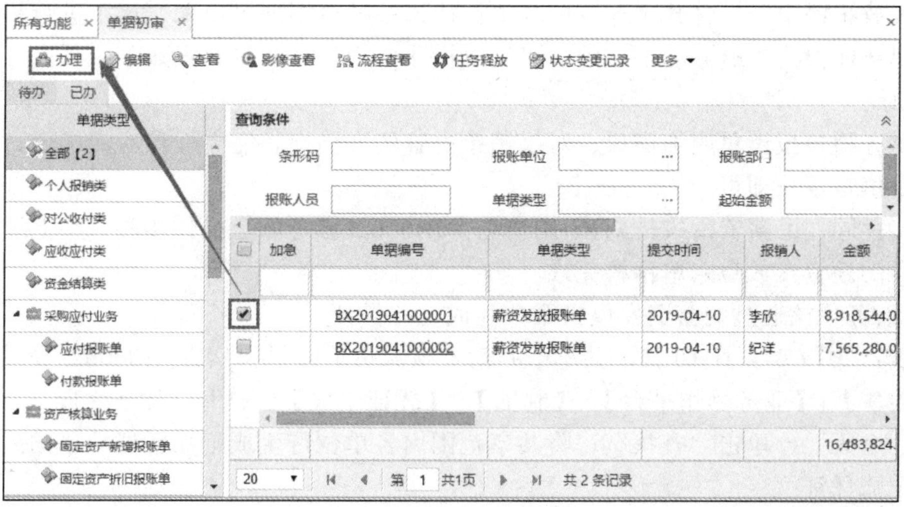

图 7-15

检查报销单据信息无误后，单击“初审通过”，单据将自动提交到领导审批流程。

第二步：同样由共享中心初审扫描员沈民(用户名：CS0001)参考如上操作步骤，将上海销售公司财务部纪洋的薪资发放报账单初审通过。

(3)领导审批初审通过的薪资发放报账单。

第一步：2019 年 4 月 10 日，天津新能源公司财务部经理张宁(用户名：SP0005)登录系统，执行【系统公共】-【任务中心】-【任务中心】-【待办任务】，打开“待办任务”，选择左侧对应的业务流程，将待审批的单据列示出来。以天津新能源公司财务部李欣的薪资发放报账单为例，选中此报账单，单击“审批单据”，如图 7-16 所示。

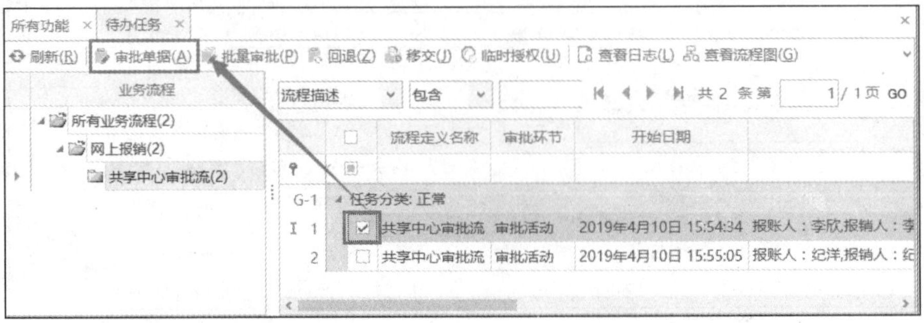

图 7-16

在打开的单据审批界面，检查申请单无误后，单击“审批通过”，将自动提交财务稽核。

第二步：由上海销售公司财务部经理张芳(SP0006)登录系统，执行【系统公共】-【任务中心】-【任务中心】-【待办任务】，参考如上操作步骤，完成上海销售公司财务部纪洋的薪资发放报账单审批流程。

(4)对审批通过的薪资发放报账单进行财务稽核。

第一步：2019 年 4 月 10 日，共享中心薪资稽核员刘强(用户名：JH0002)登录系统，执行【财务共享】-【业务操作平台】-【稽核】-【财务稽核】，打开“财务稽核”，“结束日期”选择“今天”，单击“查找”，在左侧“待办”选项下，选择“薪资核算业务”类别下的“薪资发放报账单”，将共享范围内各单位待稽核的单据列示出来，逐个进行稽核。

以天津新能源公司财务部李欣的薪资发放报账单为例，选择此报账单，单击“办理”，如图 7-17 所示。

打开财务稽核报销单明细窗口，对报销单内容的准确性、完整性核对完毕后，单击“通过”，提示稽核成功即可。

第二步：同样由薪资稽核员刘强(用户名：JH0002)参考如上操作步骤，将上海销售公司财务部纪洋的薪资发放报账单稽核完成。

(5)将财务稽核通过的薪资发放报账单生成记账凭证。

第一步：2019 年 4 月 10 日，共享中心薪资核算员黄婷(用户名：HS0002)登录系统，执行【财务共享】-【业务操作平台】-【制证】-【凭证生成】，打开“凭证生成”，“结束日期”选择“今天”，单击“查找”，将共享范围内各单位待生成记账凭证的单据列示出来，逐个生成记账凭证。

以天津新能源公司财务部李欣的薪资发放报账单为例，选中此报账单，单击“生成凭证”，如图 7-18 所示。

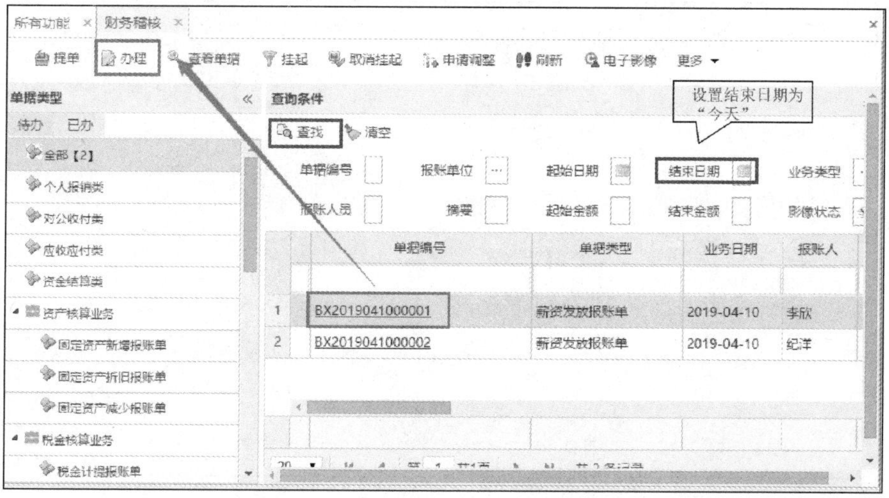

图 7-17

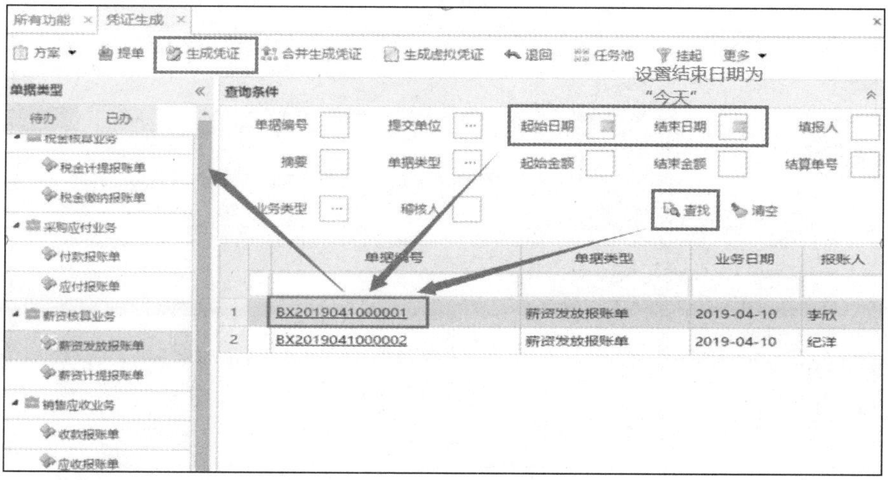

图 7-18

在打开的凭证生成预览窗口中，与表 7-7 中的凭证分录核对无误后，单击“保存”，保存成功后关闭界面即可，如图 7-19 所示。

第二步：同样由共享中心薪资核算员黄婷(用户名：HS0002)参考如上操作步骤，将上海销售公司财务部纪洋的薪资发放报账单生成记账凭证，与表 7-7 中的凭证分录核对无误后，单击“保存”并关闭即可。

(6)将已生成记账凭证的报账单进行结算办理及结算确认。

第一步：2019 年 4 月 10 日，共享中心资金结算员刘慧(用户名：JS0001)登录系统，执行【财务共享】-【资金结算平台】-【单位结算】-【单位结算办理】，打开“单位结算办理”，将共享范围内各单位待付款办理的单据列示出来。

以天津新能源公司财务部李欣的薪资发放报账单为例，逐条勾选待办理报账单，单击办理，在新弹出的“单位结算办理”窗口选择“账号”为“天津铸汽新能源-工商银行河西支行”，单击“确定”，如图 7-20、图 7-21 所示。

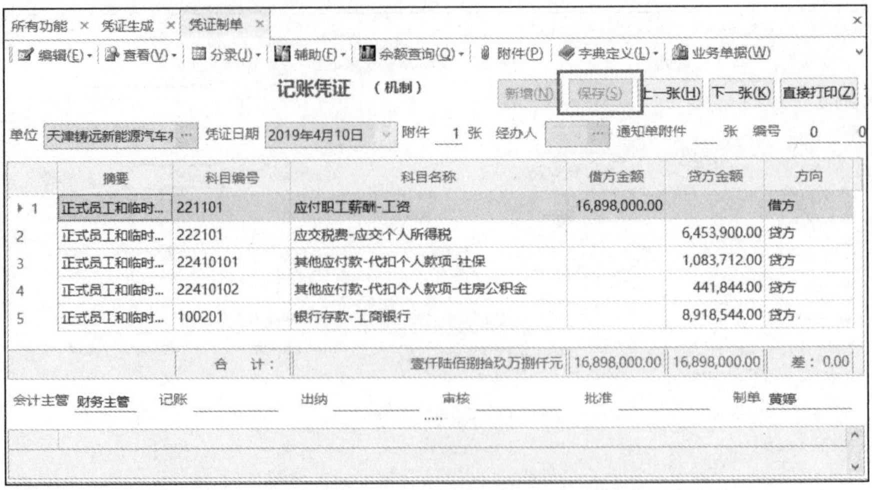

图 7-19

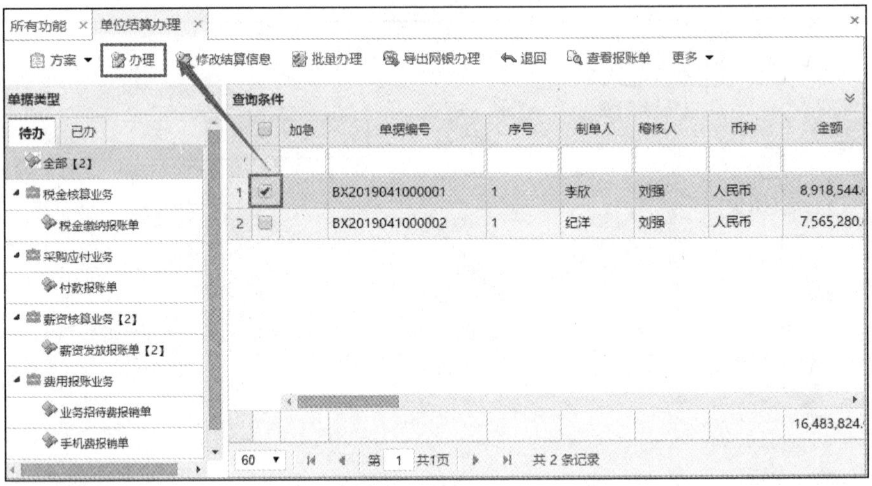

图 7-20

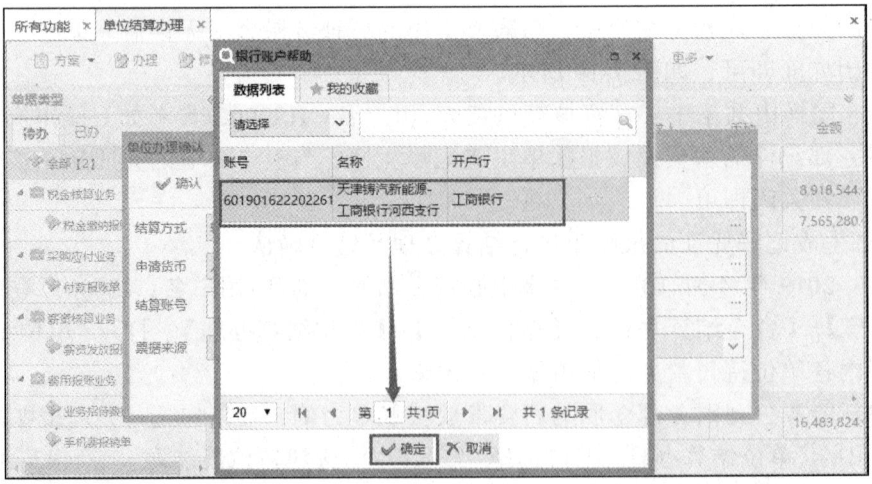

图 7-21

在新弹出的“单位付款”界面，“业务类型”选择“企业付款”，单击“保存”并“提交”，如图 7-22 所示，即可办理成功。

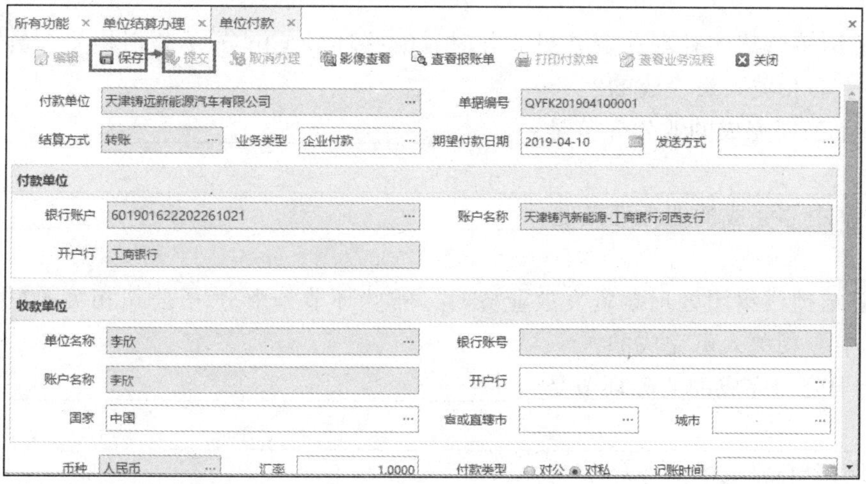

图 7-22

第二步：同样由共享中心资金结算员刘慧(用户名：JS0001)参考如上操作步骤，将上海销售公司财务部纪洋的薪资发放报账单办理结算，在弹出的“单位结算办理”窗口，“结算账号”选择“上海铸汽销售-工商银行天山路支行”。在新弹出的“单位付款”界面单击“保存”并提交，即可办理成功。

第三步：2019 年 4 月 10 日，共享中心资金结算员刘慧(用户名：JS0001)登录系统，执行【财务共享】-【资金结算平台】-【单位结算】-【单位结算确认】，打开“单位结算确认”，将共享范围内各单位待付款确认的单据列示出来，逐个进行结算确认。

以天津新能源公司财务部李欣的薪资发放报账单为例，选中此报账单，单击“无直联回单确认”，如图 7-23 所示，即可完成结算确认。

第四步：同样由共享中心资金结算员刘慧(用户名：JS0001)参考如上操作步骤，将上海销售公司财务部纪洋的薪资发放报账单结算确认完毕。

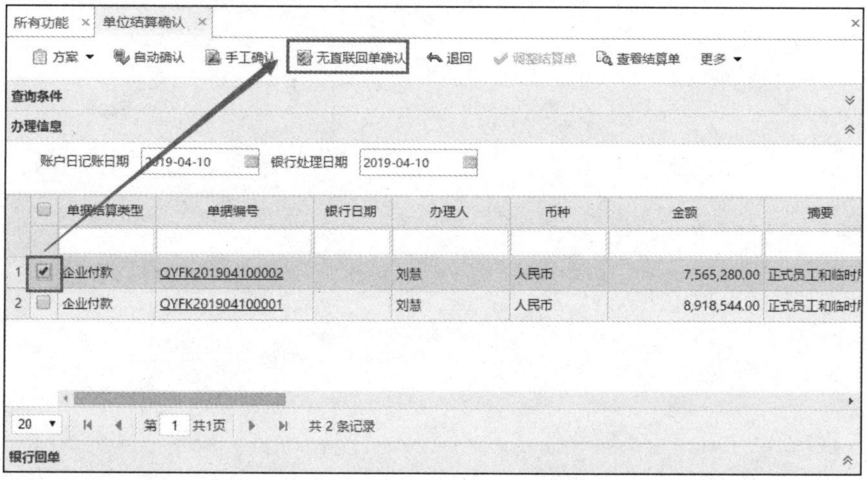

图 7-23

7.4 课后思考题

1．请总结铸汽集团处理薪资计提业务时，哪些环节是由分/子公司相关人员完成的，哪些是由共享中心相关人员完成的？

（1）分/子公司完成的业务环节是：____

____

（2）共享中心完成的业务环节是：____

____

2．请总结铸汽集团处理薪资发放业务时，哪些环节是由分/子公司相关人员完成的，哪些是由共享中心相关人员完成的？

（1）分/子公司完成的业务环节是：____

____

（2）共享中心完成的业务环节是：____

____

3．铸汽集团进行薪资计提业务处理时，具体核算内容包括（　　）。

A．工资　　B．奖金　　C．社保　　D．住房公积金

4．铸汽集团进行薪资发放业务处理时，发放类型包括（　　）。

A．社保支付　　B．自发工资　　C．代发工资

5．铸汽集团进行薪资发放业务处理时，其扣减项目包括（　　）。

A．社保　　B．住房公积金　　C．个人所得税

第 8 章 教学任务五：固定资产共享业务处理

8.1 任务背景介绍

铸汽集团固定资产管理内容主要包括：资产新增、资产计提折旧、资产变更、资产减值、资产减少等。

铸汽集团综合考虑各单位的资产业务量大小，以及各单位资产系统的应用情况、异构系统的集成情况等，最终确定将资产新增、资产折旧计提、资产减少纳入共享中心，并由资产管理员在报账平台手工提交资产新增、资产折旧计提、资产减少报账单，再进行共享业务的集中处理。

铸汽集团在对业务流程进行重新梳理后，资产相关业务在各子公司和共享中心的工作流转内容如图 8-1 所示。

资产管理员在业务系统录入审批通过的新增资产卡片信息，按月计算折旧，登记审批通过的资产减少卡片，在共享中心报账平台手工提交相关报账单，由共享中心人员完成报账单的初审、稽核、制证等工作。

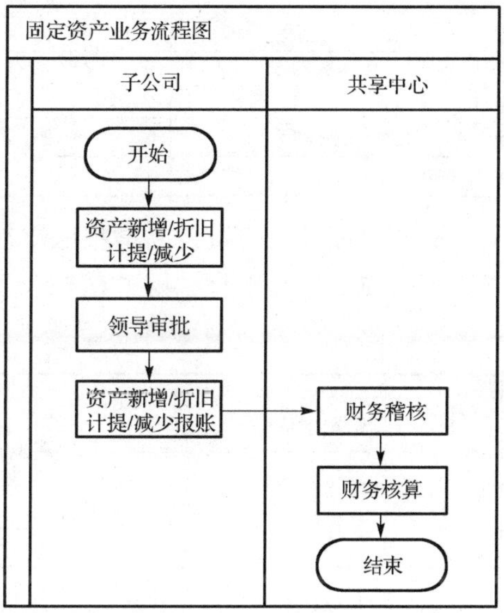

图 8-1

共享中心相关人员可将不合规资产报账单退给申请人，由申请人重新发起报账流程；对正确资产报账单应及时生成正确会计核算凭证。

8.2 实验一：资产新增报账

2019 年 4 月 5 日，天津新能源公司销售部因办公需要申请购入的五台台式计算机，已由物资管理部验收并移交给销售部，由物资管理部刘畅进行资产新增报账处理，资产明细内容如表 8-1 所示。

2019 年 4 月 5 日，上海销售公司财务部因办公需要申请购入的两台冷暖两用柜机式空调，已由物资管理部验收并移交给财务部，由物资管理部孙剑行资产新增报账处理，资产明细内容如表 8-2 所示。

表 8-1

单位名称		附件张数	报账事由	
天津铸远新能源汽车有限公司		3	购入台式计算机	
资产编号	资产名称	资产类别	资产来源方式	资产原值(元)
1001	计算机	电子设备	直接购入	43 000
合同名称	往来单位	发票类型	发票号码	数量
天津铸汽新能源台式计算机采购合同	卓信电脑销售有限公司	增值税专用发票	57831169	5
不含税金额(元)	税率(%)	税额(元)	含税金额(元)	
43 000	13	5 590	48 590	

表 8-2

单位名称		附件张数	报账事由	
上海铸远汽车销售有限公司		3	购入柜机式空调	
资产编号	资产名称	资产类别	资产来源方式	资产原值(元)
1002	空调	机器设备	直接购入	32 000
合同名称	往来单位	发票类型	发票号码	数量
上海铸汽销售有限公司空调采购合同	金来特空调有限公司	增值税专用发票	52861091	2
不含税金额(元)	税率(%)	税额(元)	含税金额(元)	
32 000	13	4 160	36 160	

资产管理员提交资产新增报账单后，需按照集团固定资产业务流程规定，由相关人员完成初审扫描、领导审批、财务稽核及生成记账凭证等工作，凭证分录如表 8-3 所示。

表 8-3

序号	凭证所属单位	摘要	凭证分录			
			方向	科目	借方金额	贷方金额
1	天津新能源公司	购入台式计算机	借	固定资产	43 000	
				应交税费—应交增值税—进项税额	5 590	
			贷	应付账款		48 590
2	上海销售公司	购入柜机式空调	借	固定资产	32 000	
				应交税费—应交增值税—进项税额	4 160	
			贷	应付账款		36 160

实验步骤

按表 8-4 中的用户信息，登录浪潮 GS 管理软件。

表 8-4

登录日期	登录用户	登录密码	操作内容
2019.4.10	ZC0001	aaaaaa	资产新增报账
2019.4.10	ZC0002	aaaaaa	
2019.4.10	CS0001	aaaaaa	资产新增报账初审及原始凭证扫描上传
2019.4.10	SP0007	aaaaaa	资产新增报账审批
2019.4.10	SP0008	aaaaaa	
2019.4.10	JH0003	aaaaaa	资产新增报账稽核
2019.4.10	HS0003	aaaaaa	资产新增报账生成记账凭证

(1)填写固定资产新增报账单并提交初审。

第一步：2019 年 4 月 10 日，天津新能源公司物资管理部刘畅(用户名：ZC0001)登录系统，执行【财务共享】-【网上报账平台】-【我的报账】-【我要报账】，单击“新建单据”，选择“资产核算业务”类别下的“固定资产新增报账单”，即可填报，如图 8-2 所示。

在打开的填报界面里，包括表头和表体两部分内容。按照表 8-1 中的内容将表头“附件张数”“报账事由”填写完毕，如图 8-3 所示。

第二步：填写表体内容，表体必填项包括“资产明细”和“发票明细”两项。按表 8-1 中的内容将明细项填写完毕，单击“提交”，提示提交成功即可，如图 8-4 所示。

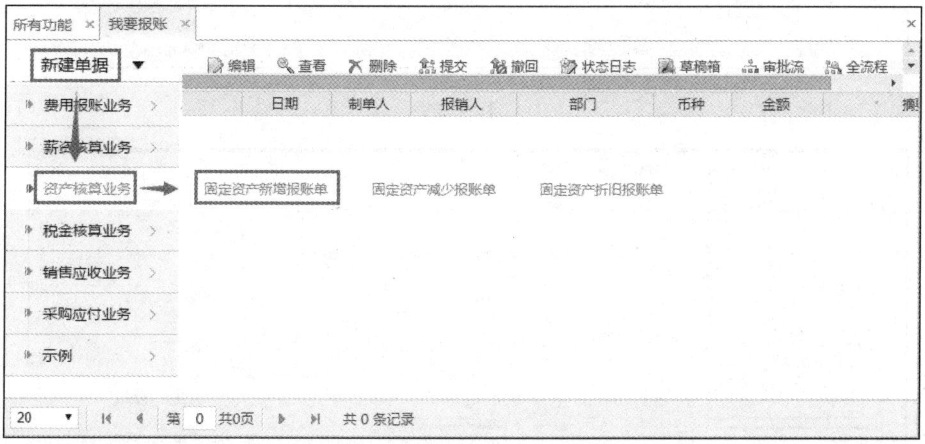

图 8-2

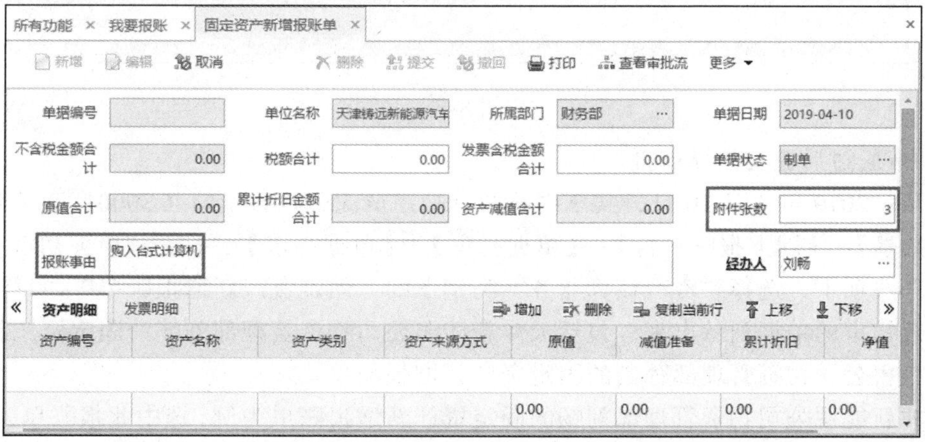

图 8-3

第三步：2019 年 4 月 10 日，上海销售公司物资管理部孙剑(用户名：ZC0002)登录系统，执行【财务共享】-【网上报账平台】-【我的报账】-【我要报账】，单击“新建单据”，选择“资产核算业务”类别下的“固定资产新增报账单”。按照表 8-2 中的内容，参考天津新能源公司物资管理部刘畅的固定资产新增报账单填报方法，将表头表体必填项填写完毕，单击“提交”，提示提交成功即可，如图 8-5 所示。

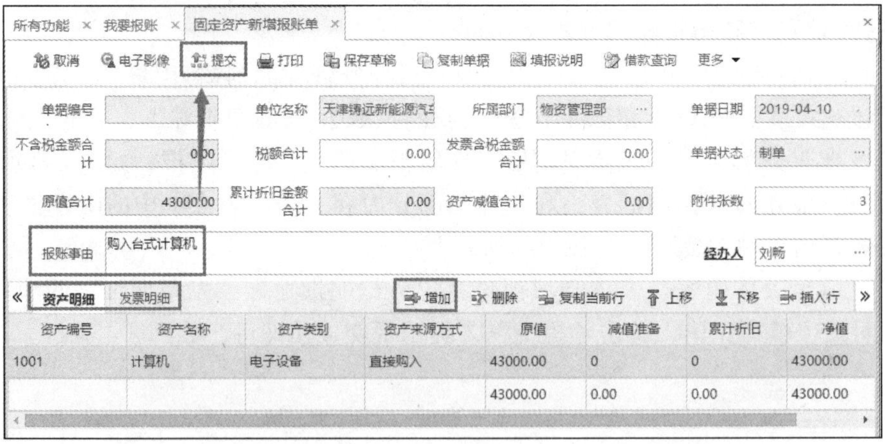

图 8-4

图 8-5

(2)初审通过后提交领导审批。

第一步：2019 年 4 月 10 日，共享中心初审扫描员沈民(用户名：CS0001)登录系统，执行【财务共享】-【网上报账平台】-【单据初审】-【单据初审】，打开“单据初审”，在左侧“待办”选项下，选择“资产核算业务”类别下的“固定资产新增报账单”，将共享范围内各单位待初审的单据列示出来，包括天津新能源公司物资管理部刘畅的固定资产新增报账单和上海销售公司物资管理部孙剑的固定资产新增报账单。

以天津新能源公司物资管理部刘畅的固定资产新增报账单为例，选中此报账单，单击“办理”，如图 8-6 所示。

检查报销单据信息无误后，单击“初审通过”，单据将自动提交到领导审批流程。

第二步：同样由共享中心初审扫描员沈民(用户名：CS0001)参考如上操作步骤，将上海销售公司物资管理部孙剑的固定资产新增报账单初审通过。

(3)领导审批初审通过的固定资产新增报账单。

第一步：2019 年 4 月 10 日，天津新能源公司物资管理部经理林峰(用户名：SP0007)登录系统，执行【系统公共】-【任务中心】-【任务中心】-【待办任务】，打开“待办任务”，选择左侧对应的业务流程，将待审批的单据列示出来。

图 8-6

以天津新能源公司物资管理部刘畅的固定资产新增报账单为例，选择此报账单，单击“审批单据”，如图 8-7 所示。

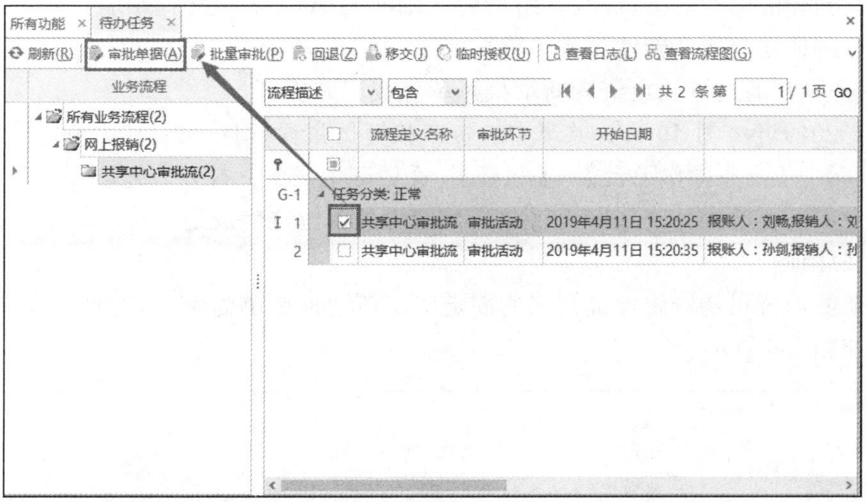

图 8-7

在打开的单据审批界面，检查申请单无误后，单击“审批通过”将自动提交财务稽核。

第二步：由上海销售公司物资管理部经理谢兰(SP0008)登录系统，执行【系统公共】-【任务中心】-【任务中心】-【待办任务】，参考如上操作步骤，完成上海销售公司物资管理部孙剑的固定资产新增报账单审批流程。

(4)将审批通过的固定资产新增报账单进行财务稽核。

第一步：2019 年 4 月 10 日，共享中心资产稽核员周彩(用户名：JH0003)登录系统，执行【财务共享】-【业务操作平台】-【稽核】-【财务稽核】，打开“财务稽核”，“结束日期”选择“今天”，单击“查找”，在左侧“待办”选项下，选择“资产核算业务”类别下的“固定资产新增报账单”，将共享范围内各单位待稽核的单据列示出来，逐个进行稽核。

以天津新能源公司物资管理部刘畅的固定资产新增报账单为例，选择此报账单，单击“办理”，如图 8-8 所示。

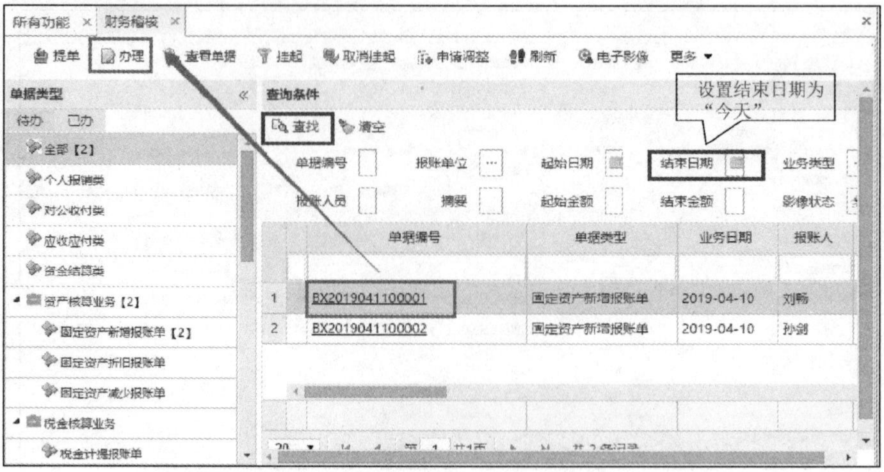

图 8-8

打开财务稽核报销单明细窗口，对报销单内容的准确性、完整性核对完毕后，单击“通过”，提示稽核成功即可。

第二步：同样由资产稽核员周彩(用户名：JH0003)参考如上操作步骤，将上海销售公司物资管理部孙剑的固定资产新增报账单稽核完成。

(5)将财务稽核通过的固定资产新增报账单生成记账凭证。

第一步：2019 年 4 月 10 日，共享中心资产核算员张青(用户名：HS0003)登录系统，执行【财务共享】-【业务操作平台】-【制证】-【凭证生成】，打开“凭证生成”，“结束日期”选择“今天”，单击“查找”，将共享范围内各单位待生成记账凭证的单据列示出来，逐个生成记账凭证。

以天津新能源公司物资管理部刘畅的固定资产新增报账单为例，选择此报账单，单击“生成凭证”，如图 8-9 所示。

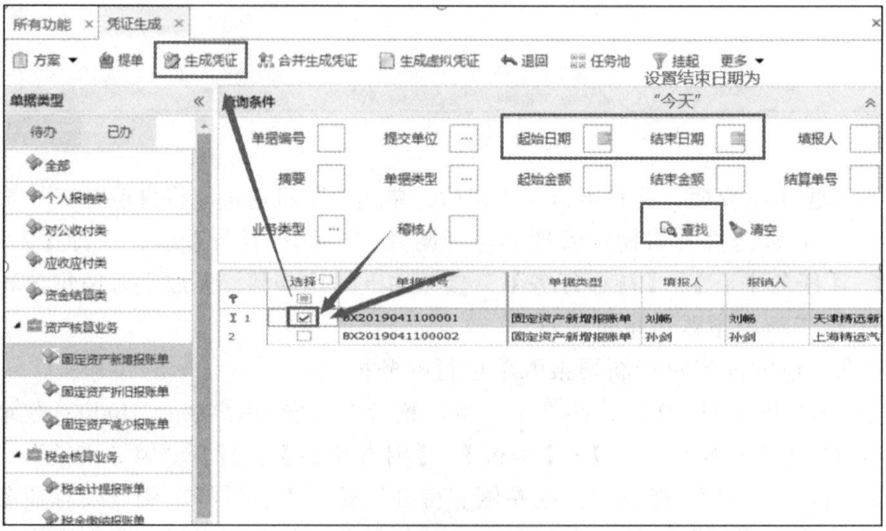

图 8-9

在打开的凭证制单窗口中，与表中凭证分录核对无误后，单击“保存”，保存成功后关闭界面即可，如图 8-10 所示。

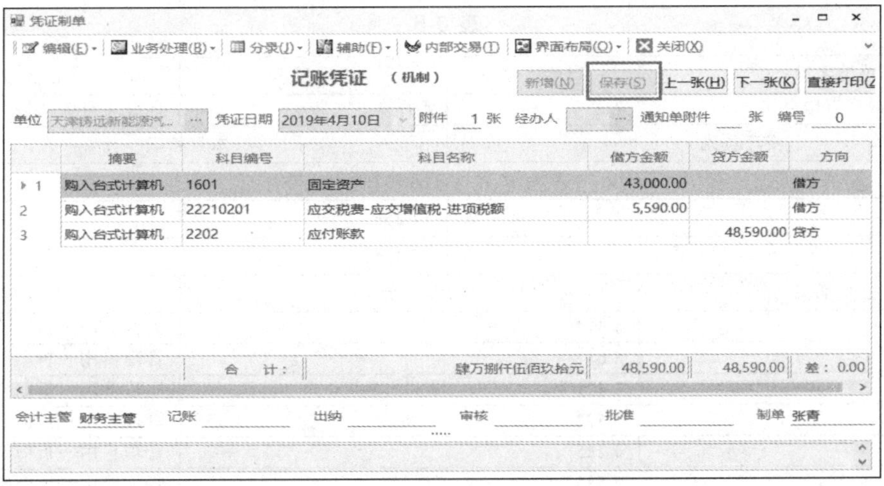

图 8-10

第二步：同样由共享中心资产核算员张青(用户名：HS0003)参考如上操作步骤，将上海销售公司物资管理部孙剑的固定资产新增报账单生成记账凭证，与表中凭证分录核对无误后，单击“保存”并关闭即可。

8.3 实验二：资产折旧报账

2019 年 4 月 30 日，天津新能源公司财务部孙悦按要求采用平均年限法计提 4 月固定资产折旧，按部门进行分摊，并进行资产折旧报账处理。资产折旧计提明细数据如表 8-5 所示。

表 8-5

单位名称	附件张数	计提月份	报账事由
天津铸远新能源汽车有限公司	2	4 月	计提 4 月资产折旧
资产类别		**本月折旧（元）**	
房屋及建筑物		19 481	
机器设备		22 688	
运输设备		18 361	
电子设备		17 315	
使用部门	**金额（元）**		**列支科目**
销售部	11 862		销售费用—折旧费
财务部	9 685		管理费用—折旧费
生产车间	21 166		制造费用—折旧费
办公室	8 485		管理费用—折旧费
人力资源部	7 860		管理费用—折旧费
物资管理部	9 620		管理费用—折旧费
采购部	9 167		管理费用—折旧费

2019 年 4 月 30 日，上海销售公司财务部王哲按要求采用平均年限法计提 4 月固定资产折旧，按部门进行分摊，并进行资产折旧报账处理。资产折旧计提明细数据如表 8-6 所示。

表 8-6

<table>
<tr><th>单位名称</th><th>附件张数</th><th>计提月份</th><th>报账事由</th></tr>
<tr><td>上海铸远汽车销售有限公司</td><td>2</td><td>4 月</td><td>计提 4 月资产折旧</td></tr>
<tr><th colspan="2">资产类别</th><th colspan="2">本月折旧（元）</th></tr>
<tr><td colspan="2">机器设备</td><td colspan="2">18 731</td></tr>
<tr><td colspan="2">运输设备</td><td colspan="2">14 256</td></tr>
<tr><td colspan="2">电子设备</td><td colspan="2">12 425</td></tr>
<tr><th>使用部门</th><th colspan="2">金额（元）</th><th>列支科目</th></tr>
<tr><td>销售部</td><td colspan="2">6 414</td><td>销售费用—折旧费</td></tr>
<tr><td>财务部</td><td colspan="2">5 611</td><td>管理费用—折旧费</td></tr>
<tr><td>市场部</td><td colspan="2">7 424</td><td>制造费用—折旧费</td></tr>
<tr><td>办公室</td><td colspan="2">7 522</td><td>管理费用—折旧费</td></tr>
<tr><td>人力资源部</td><td colspan="2">4 225</td><td>管理费用—折旧费</td></tr>
<tr><td>物资管理部</td><td colspan="2">6 583</td><td>管理费用—折旧费</td></tr>
<tr><td>采购部</td><td colspan="2">7 633</td><td>管理费用—折旧费</td></tr>
</table>

资产核算会计提交资产折旧报账单后，需按照集团固定资产业务流程规定，由相关人员完成初审扫描、领导审批、财务稽核及生成记账凭证等工作，凭证分录如表 8-7 所示。

表 8-7

<table>
<tr><th rowspan="2">序号</th><th rowspan="2">凭证
所属单位</th><th rowspan="2">摘　　要</th><th colspan="4">凭 证 分 录</th></tr>
<tr><th>方向</th><th>科　　目</th><th>借方金额</th><th>贷方金额</th></tr>
<tr><td rowspan="4">1</td><td rowspan="4">天津铸远新能源汽车有限公司</td><td rowspan="4">计提 4 月资产折旧</td><td rowspan="3">借</td><td>管理费用—折旧费</td><td>44 817</td><td></td></tr>
<tr><td>销售费用—折旧费</td><td>11 862</td><td></td></tr>
<tr><td>制造费用—折旧费</td><td>21 166</td><td></td></tr>
<tr><td>贷</td><td>累计折旧</td><td></td><td>77 845</td></tr>
<tr><td rowspan="3">2</td><td rowspan="3">上海铸远汽车销售有限公司</td><td rowspan="3">计提 4 月资产折旧</td><td rowspan="2">借</td><td>管理费用—折旧费</td><td>38 998</td><td></td></tr>
<tr><td>销售费用—折旧费</td><td>6 414</td><td></td></tr>
<tr><td>贷</td><td>累计折旧</td><td></td><td>45 412</td></tr>
</table>

实验步骤

按表 8-8 中的用户信息，登录浪潮 GS 管理软件。

表 8-8

<table>
<tr><th>登 录 日 期</th><th>登 录 用 户</th><th>登 录 密 码</th><th>操 作 内 容</th></tr>
<tr><td>2019.4.30</td><td>ZC0003</td><td>aaaaaa</td><td rowspan="2">资产折旧报账</td></tr>
<tr><td>2019.4.30</td><td>ZC0004</td><td>aaaaaa</td></tr>
<tr><td>2019.4.30</td><td>CS0001</td><td>aaaaaa</td><td>资产折旧报账初审及原始凭证扫描上传</td></tr>
<tr><td>2019.4.30</td><td>SP0005</td><td>aaaaaa</td><td rowspan="2">资产折旧报账审批</td></tr>
<tr><td>2019.4.30</td><td>SP0006</td><td>aaaaaa</td></tr>
<tr><td>2019.4.30</td><td>JH0003</td><td>aaaaaa</td><td>资产折旧报账稽核</td></tr>
<tr><td>2019.4.30</td><td>HS0003</td><td>aaaaaa</td><td>资产折旧报账生成记账凭证</td></tr>
</table>

(1)填写固定资产折旧报账单并提交初审。

第一步：2019年4月30日，天津新能源公司财务部孙悦(用户名：ZC0003)登录系统，执行【财务共享】-【网上报账平台】-【我的报账】-【我要报账】，单击“新建单据”，选择“资产核算业务”类别下的“固定资产折旧报账单”，即可填报，如图8-11所示。

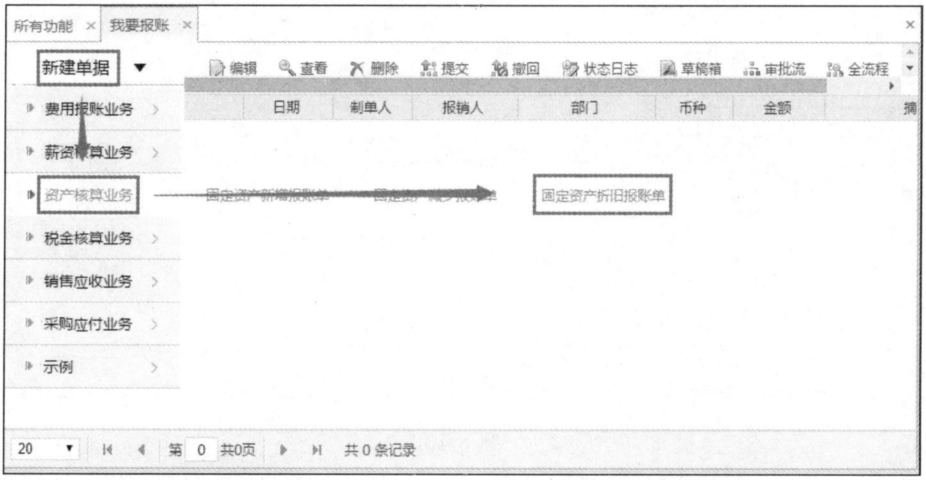

图 8-11

首先填报财务部孙悦固定资产折旧报账单，在打开的填报界面里，包括表头和表体两部分内容。按照表8-5中的内容将表头“计提月份”“附件张数”“报账事由”填写完毕，如图8-12所示。

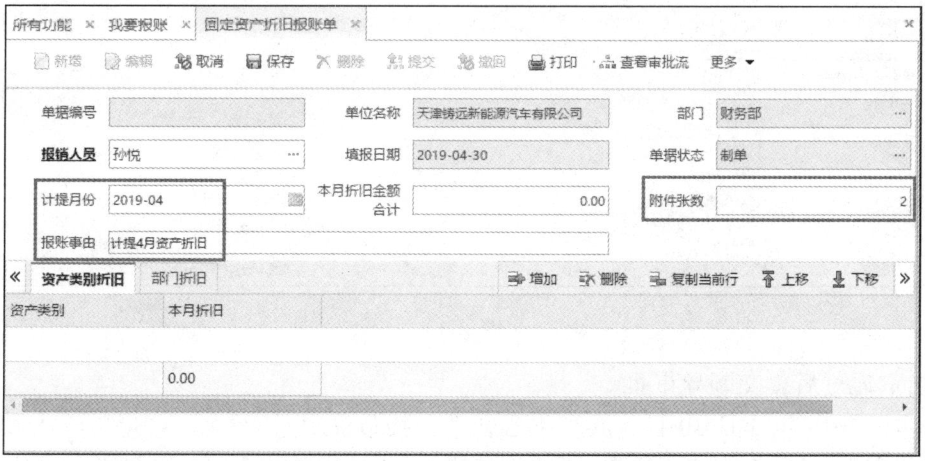

图 8-12

第二步：填写表体部分，表体必填项包括“报账明细”等。按表8-5中的内容将明细项填写完毕后，单击“提交”，提示提交成功即可，如图8-13所示。

第三步：2019年4月30日，上海销售公司财务部王哲(用户名：ZC0004)登录系统，执行【财务共享】-【网上报账平台】-【我要报账】-【我要报账】，单击“新建单据”，选择“资产核算业务”类别下的“固定资产折旧报账单”。按照表8-6中的内容，参考天津新能源公司财务部孙悦的固定资产折旧报账单填报方法，将表头表体必填项填写完毕，单击“提交”，提示提交成功即可，如图 8-14 所示。

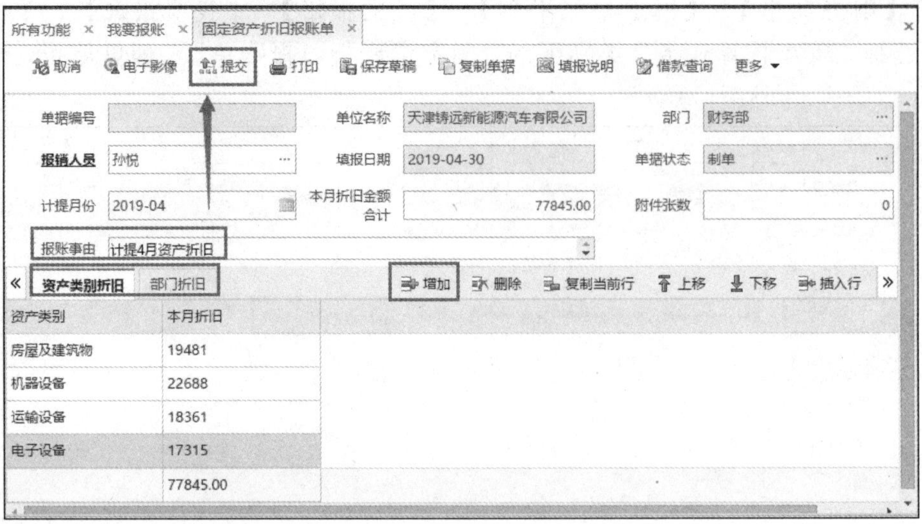

图 8-13

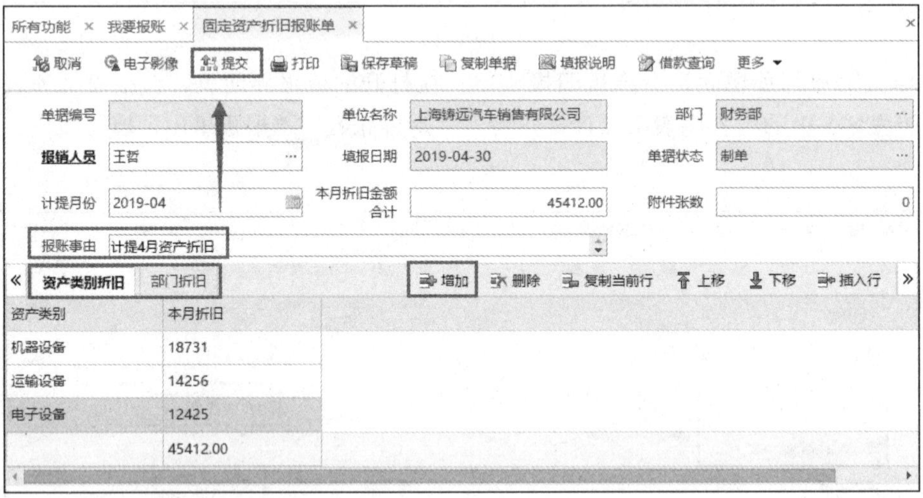

图 8-14

(2)初审通过后提交领导审批。

第一步：2019 年 4 月 30 日，共享中心初审扫描员沈民(用户名：CS0001)登录系统，执行【财务共享】-【网上报账平台】-【单据初审】-【单据初审】，打开“单据初审”，在左侧“待办”选项下，选择“资产核算业务”类别下的“固定资产折旧报账单”，将共享范围内各单位待初审的单据列示出来，包括天津新能源公司财务部孙悦的固定资产折旧报账单和上海销售公司财务部王哲的固定资产折旧报账单。

以天津新能源公司财务部孙悦的固定资产折旧报账单为例，选择此报账单，单击“办理”，如图 8-15 所示。

图 8-15

检查报销单据信息无误后，单击“初审通过”，单据将自动提交到领导审批流程。

第二步：同样由共享中心初审扫描员沈民(用户名：CS0001)参考如上操作步骤，将上海销售公司财务部王哲的固定资产折旧报账单初审通过。

(3)领导审批初审通过的固定资产折旧报账单。

第一步：2019 年 4 月 30 日，天津新能源公司财务部经理张宁(用户名：SP0005)登录系统，执行【系统公共】-【任务中心】-【任务中心】-【待办任务】，打开“待办任务”，选择左侧对应的业务流程，将待审批的单据列示出来。

以天津新能源公司财务部孙悦的固定资产折旧报账单为例，选择此报账单，单击“审批单据”，如图 8-16 所示。

图 8-16

在打开的单据审批界面，检查申请单无误后，单击“审批通过”将自动提交财务稽核。

第二步：由上海销售公司财务部经理张芳(SP0006)登录系统，执行【系统公共】-【任务中心】-【任务中心】-【待办任务】，参考如上操作步骤，完成上海销售公司财务部王哲的固定资产折旧报账单审批流程。

(4)将审批通过的固定资产折旧报账单进行财务稽核。

第一步：2019 年 4 月 30 日，共享中心资产稽核员周彩(用户名：JH0003)登录系统，执行【财务共享】-【业务操作平台】-【稽核】-【财务稽核】，打开“财务稽核”，“结束日期”选择“今天”，单击“查找”，在左侧“待办”选项下，选择“资产核算业务”类别下的“固定资产折旧报账单”，将共享范围内各单位待稽核的单据列示出来，逐个进行稽核。

以天津新能源公司财务部孙悦的固定资产折旧报账单为例，选择此报账单，单击“办理”，如图 8-17 所示。

打开财务稽核报销单明细窗口，对报销单内容的准确性、完整性核对完毕后，单击“通过”，提示稽核成功即可。

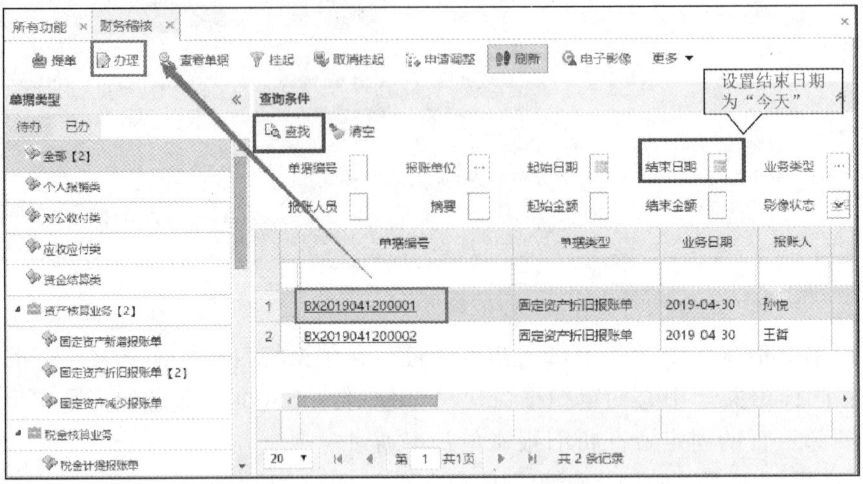

图 8-17

第二步：同样由资产稽核员周彩(用户名：JH0003)参考如上操作步骤，将上海销售公司财务部王哲的固定资产折旧报账单稽核完成。

(5)将财务稽核通过的固定资产折旧报账单生成记账凭证。

第一步：2019 年 4 月 30 日，共享中心资产核算员张青(用户名：HS0003)登录系统，执行【财务共享】-【业务操作平台】-【制证】-【凭证生成】，打开“凭证生成”，“结束日期”选择“今天”，单击“查找”，将共享范围内各单位待生成记账凭证的单据列示出来，逐个生成记账凭证。

以天津新能源公司财务部孙悦的固定资产折旧报账单为例，选择此报账单，单击“生成凭证”，如图 8-18 所示。

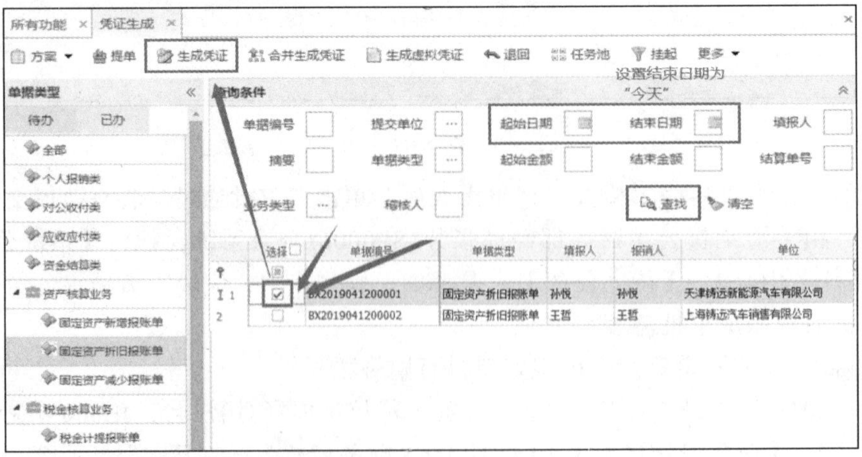

图 8-18

在打开的凭证制单窗口中，与表中凭证分录核对无误后，单击“保存”，保存成功后“关闭”界面即可，如图 8-19 所示。

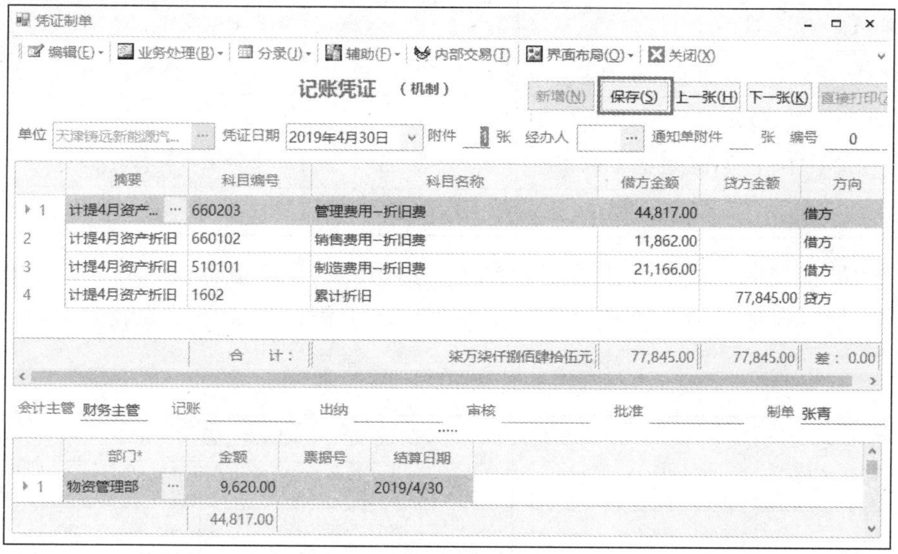

图 8-19

第二步：同样由共享中心资产核算员张青(用户名：HS0003)参考如上操作步骤，将上海销售公司财务部王哲的固定资产折旧报账单生成记账凭证，与表中凭证分录核对无误后，单击“保存”并“关闭”即可。

8.4 实验三：资产减少报账

2019 年 4 月 30 日，天津新能源公司办公室有一台旧的数码复印机，原值 6 000 元，已提折旧 5 700 元，因使用期满经批准报废，由物资管理部刘畅进行资产减少报账处理，资产明细内容如表 8-9 所示。

表 8-9

单 位 名 称		附 件 张 数	报 账 事 由	
天津铸远新能源汽车有限公司		1	数码复印机报废处理	
资 产 编 号	资 产 名 称	资 产 类 别	数　　量	原值(元)
1003	复印机	电子设备	1	6 000
累计折旧(元)	已经计提减值准备(元)	净值(元)	资产减少类型	
5 700		300	报废	

2019 年 4 月 30 日，上海销售公司经批转将原值 170 000 元的一台配电设备做内部调拨，调给北京制造公司使用，由物资管理部孙剑进行资产减少报账处理，资产明细内容如表 8-10 所示。

表 8-10

单 位 名 称		附 件 张 数	报 账 事 由	
上海铸远汽车销售有限公司		1	调出配电设备	
资 产 编 号	资 产 名 称	资 产 类 别	数 量	原值(元)
1004	专用发电机组 CIMC-1	机器设备	1	170 000
累计折旧(元)	已经计提减值准备(元)	净值(元)	资产减少类型	
16 150		153 850	调出	

资产管理员提交资产减少报账单后，需按照集团固定资产业务流程规定，由相关人员完成初审扫描、领导审批、财务稽核及生成记账凭证等工作，凭证分录如表 8-11 所示。

表 8-11

序号	凭证所属单位	摘 要	凭 证 分 录			
			方向	科 目	借方金额	贷方金额
1	天津铸远新能源汽车有限公司	数码复印机报废处理	借	累计折旧	5 700	
				固定资产清理	300	
			贷	固定资产		6 000
2	上海铸远汽车销售有限公司	调出配电设备	借	累计折旧	16 150	
				固定资产清理	153 850	
			贷	固定资产		170 000

实验步骤

按表 8-12 中的用户信息，登录浪潮 GS 管理软件。

表 8-12

登 录 日 期	登 录 用 户	登 录 密 码	操 作 内 容
2019.4.30	ZC0001	aaaaaa	资产减少报账
2019.4.30	ZC0002	aaaaaa	
2019.4.30	CS0001	aaaaaa	资产减少报账初审及原始凭证扫描上传
2019.4.30	SP0007	aaaaaa	资产减少报账审批
2019.4.30	SP0008	aaaaaa	
2019.4.30	JH0003	aaaaaa	资产减少报账稽核
2019.4.30	HS0003	aaaaaa	资产减少报账生成记账凭证

(1)填写固定资产减少报账单并提交初审。

第一步：2019 年 4 月 30 日，天津新能源公司物资管理部刘畅(用户名：ZC0001)登录系统，执行【财务共享】-【网上报账平台】-【我的报账】-【我要报账】，单击“新建单据”，选择“资产核算业务”类别下的“固定资产减少报账单”，即可填报，如图 8-20 所示。

在打开的填报界面里，包括表头和表体两部分内容。按照表 8-8 中的内容将表头“附件张数”“报账事由”填写完毕，如图 8-21 所示。

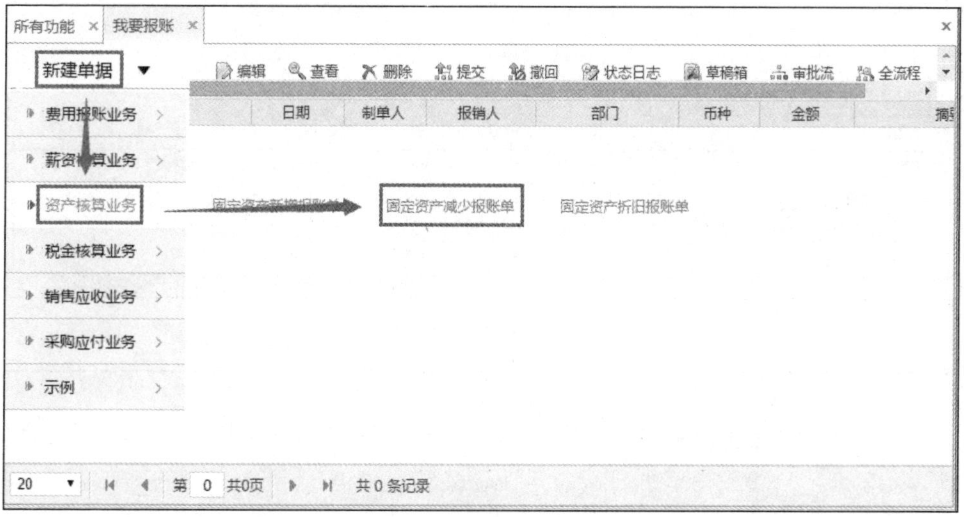

图 8-20

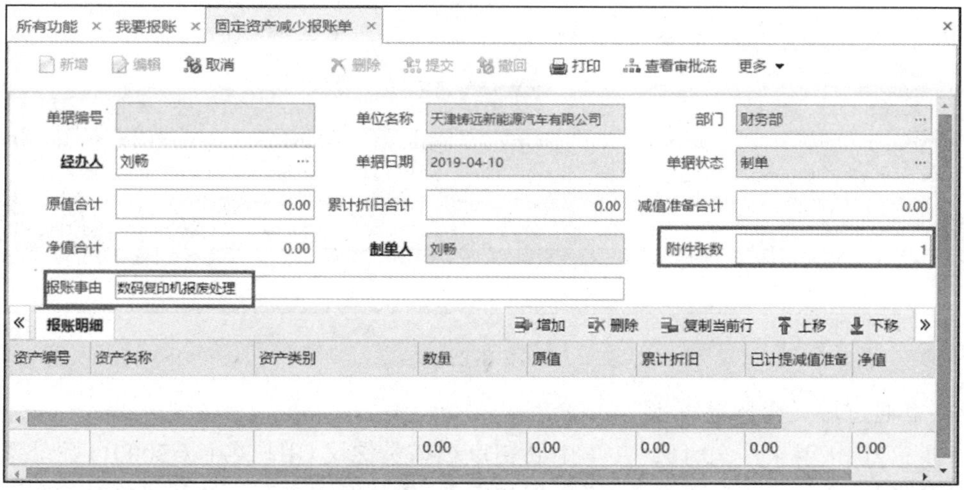

图 8-21

第二步：填写表体内容，表体必填项包括“报账明细”等。按表 8-8 中的内容将明细项填写完毕后，单击“提交”，提示提交成功即可，如图 8-22 所示。

第三步：2019 年 4 月 30 日，上海销售公司物资管理部孙剑(用户名：ZC0002)登录系统，执行【财务共享】-【网上报账平台】-【我的报账】-【我要报账】，单击“新建单据”，选择“资产核算业务”类别下的“固定资产减少报账单”。按照表 8-9 中的内容，参考天津新能源公司物资管理部刘畅的固定资产减少报账单填报方法，将表头表体必填项填写完毕，单击“提交”，提示提交成功即可，如图 8-23 所示。

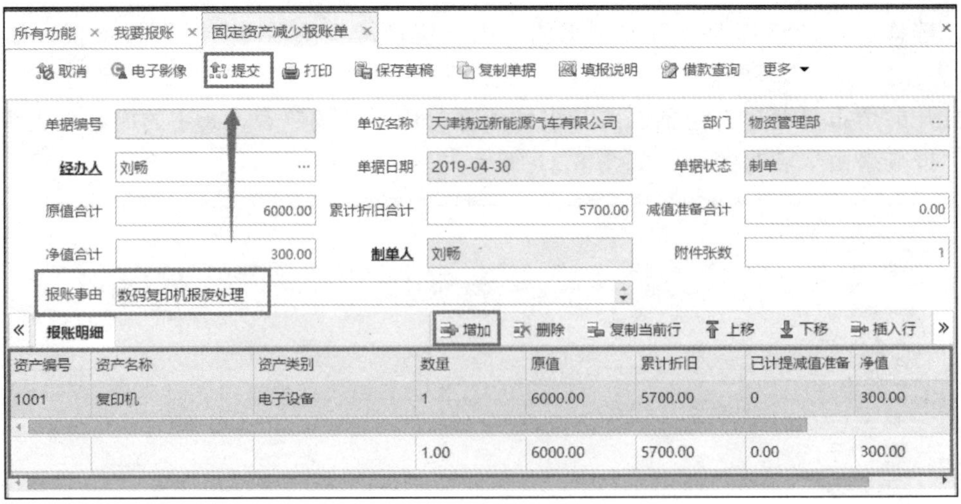

图 8-22

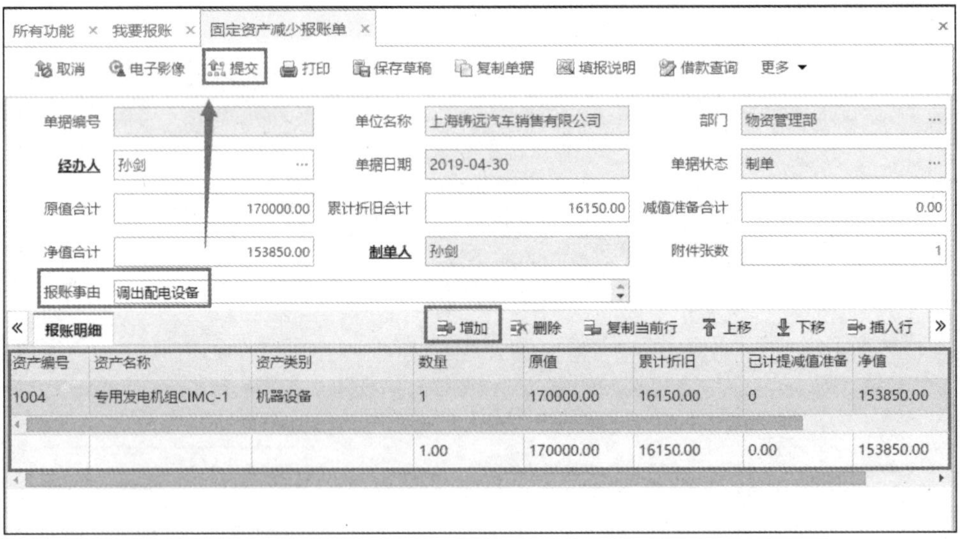

图 8-23

(2)初审通过后提交领导审批。

第一步：2019 年 4 月 30 日，共享中心初审扫描员沈民(用户名：CS0001)登录系统，执行【财务共享】-【网上报账平台】-【单据初审】-【单据初审】，打开“单据初审”，在左侧“待办”选项下，选择“资产核算业务”类别下的“固定资产减少报账单”，将共享范围内各单位待初审的单据列示出来，包括天津新能源公司物资管理部刘畅的固定资产减少报账单和上海销售公司物资管理部孙剑的固定资产减少报账单。

以天津新能源公司物资管理部刘畅的固定资产减少报账单为例，选择此报账单，单击“办理”，如图 8-24 所示。

检查报销单据信息无误后，单击“初审通过”，单据将自动提交到领导审批流程。

第二步：同样由共享中心初审扫描员沈民(用户名：CS0001)参考如上操作步骤，将上海销售公司物资管理部孙剑的固定资产减少报账单初审通过。

图 8-24

(3)领导审批初审通过的固定资产减少报账单。

第一步：2019 年 4 月 30 日，天津新能源公司物资管理部经理林峰(用户名：SP0007)登录系统，执行【系统公共】-【任务中心】-【任务中心】-【待办任务】，打开“待办任务”，选择左侧对应的业务流程，将待审批的单据列示出来。

以天津新能源公司物资管理部刘畅的固定资产减少报账单为例，选择此报账单，单击“审批单据”，如图 8-25 所示。

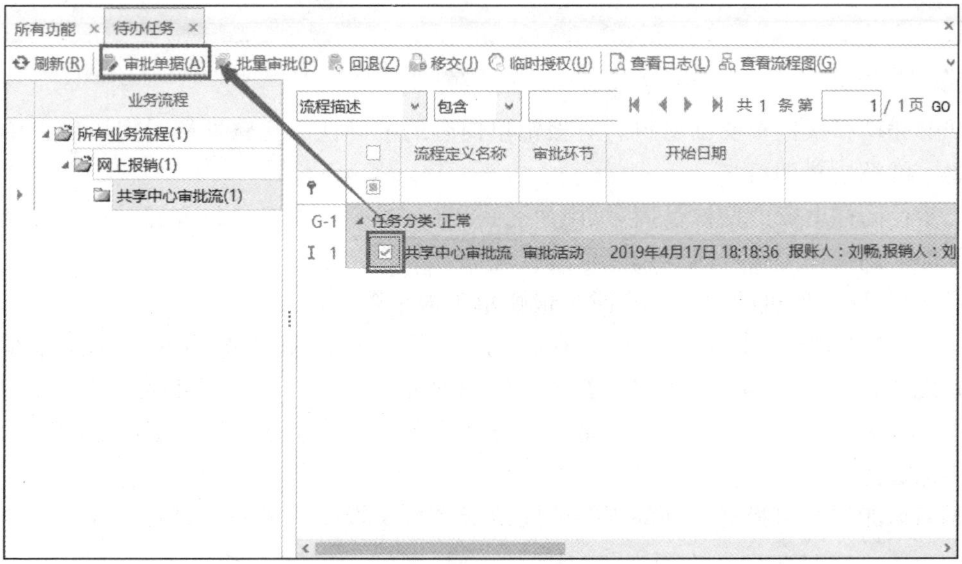

图 8-25

在打开的单据审批界面，检查申请单无误后，单击“审批通过”，将自动提交财务稽核。

第二步：由上海销售公司物资管理部经理谢兰(SP0008)登录系统，执行【系统公共】-【任务中心】-【任务中心】-【待办任务】，参考如上操作步骤，完成上海销售公司物资管理部孙剑的固定资产减少报账单审批流程。

(4)对审批通过的固定资产减少报账单进行财务稽核。

第一步：2019 年 4 月 30 日，共享中心资产稽核员周彩(用户名：JH0003)登录系统，执行【财务共享】-【业务操作平台】-【稽核】-【财务稽核】，打开“财务稽核”，“结束日期”选择“今天”，单击“查找”，在左侧“待办”选项下，选择“资产核算业务”类别下的“固定资产减少报账单”，将共享范围内各单位待稽核的单据列示出来，逐个进行稽核。

以天津新能源公司物资管理部刘畅的固定资产减少报账单为例，选择此报账单，单击“办理”，如图 8-26 所示。

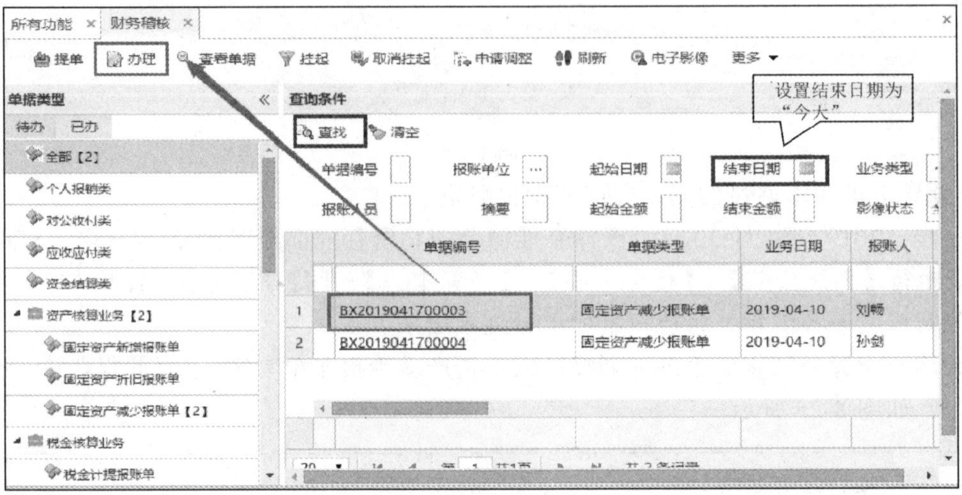

图 8-26

打开财务稽核报销单明细窗口，对报销单内容的准确性、完整性核对完毕后，单击“通过”，提示稽核成功即可。

第二步：同样由资产稽核员周彩(用户名：JH0003)参考如上操作步骤，将上海销售公司物资管理部孙剑的固定资产减少报账单稽核完成。

(5)将财务稽核通过的固定资产减少报账单生成记账凭证。

第一步：2019 年 4 月 30 日，共享中心资产核算员张青(用户名：HS0003)登录系统，执行【财务共享】-【业务操作平台】-【制证】-【凭证生成】，打开“凭证生成”，“结束日期”选择“今天”，单击“查找”，将共享范围内各单位待生成记账凭证的单据列示出来，逐个生成记账凭证。

以天津新能源公司物资管理部刘畅的固定资产减少报账单为例，选择此报账单，如图 8-27 所示。

单击“生成凭证”，在打开的凭证制单窗口中，与表 8-10 中的凭证分录核对无误后，单击“保存”，保存成功后关闭界面即可，如图 8-28 所示。

第二步：同样由共享中心资产核算员张青(用户名：HS0003)参考如上操作步骤，将上海销售公司物资管理部孙剑的固定资产减少报账单生成记账凭证，与表 8-10 中的凭证分录核对无误后，单击“保存”并“关闭”即可。

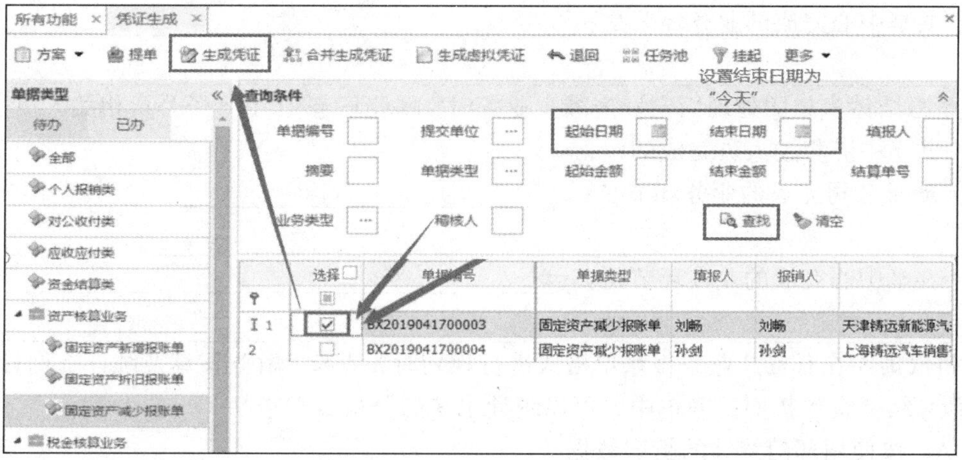

图 8-27

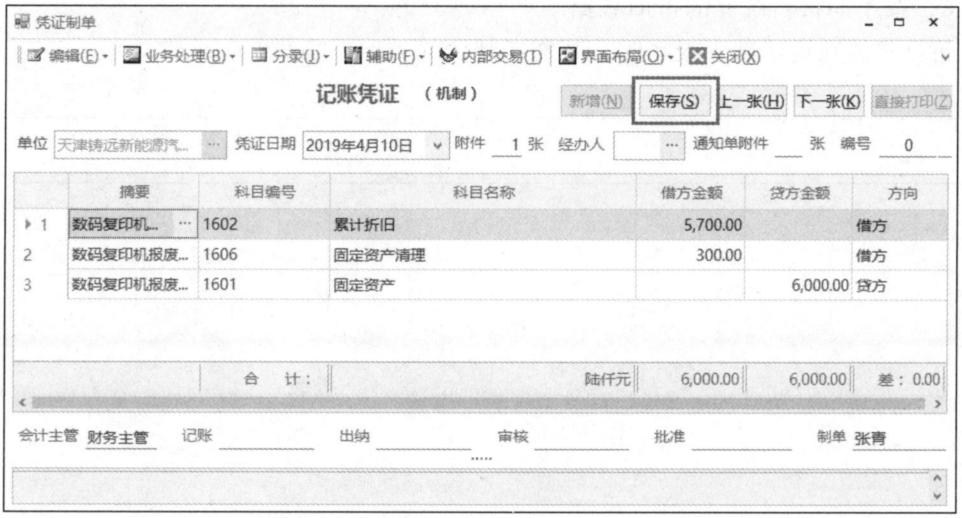

图 8-28

8.5 课后思考题

1．请总结铸汽集团处理固定资产新增业务时，哪些环节是由分/子公司相关人员完成的，哪些是由共享中心相关人员完成的？

（1）分/子公司完成的业务环节是：________________________________

____

（2）共享中心完成的业务环节是：________________________________

____

2．请总结铸汽集团处理固定资产折旧业务时，哪些环节是由分/子公司相关人员完成的，哪些是由共享中心相关人员完成的？

（1）分/子公司完成的业务环节是：________________________________

____

（2）共享中心完成的业务环节是：______________________________

____

3. 请总结铸汽集团处理固定资产减少业务时，哪些环节是由分/子公司相关人员完成的，哪些是由共享中心相关人员完成的？

（1）分/子公司完成的业务环节是：______________________________

____

（2）共享中心完成的业务环节是：______________________________

____

4. 铸汽集团在对资产业务报账单格式进行规划时，是基于财务核算及统计查询目的而规划的。请总结从资产折旧报账单中，可以统计出来的分析数据包括（　　）。

A. 按使用部门统计的折旧数据

B. 按资产类别统计的折旧数据

C. 按不同科目统计的折旧数据

5. 铸汽集团在资产减少报账时，其资产减少的类型有哪些？

____

____

第 9 章 教学任务六：税务共享业务处理

9.1 任务背景介绍

铸汽集团各单位税务专员需在规定的期限内，及时、足额计提并缴纳各项税款，包括增值税、教育费附加、土地使用税、个人所得税、企业所得税等。

铸汽集团要求各单位税务专员依据制作的税金计提表和税金缴纳相关资料，在报账平台手工提交税金计提及税金缴纳报账单，再进行共享业务的集中处理。

铸汽集团在对业务流程进行重新梳理后，税金计提及缴纳业务在各子公司和共享中心的工作流转内容如图 9-1 所示：

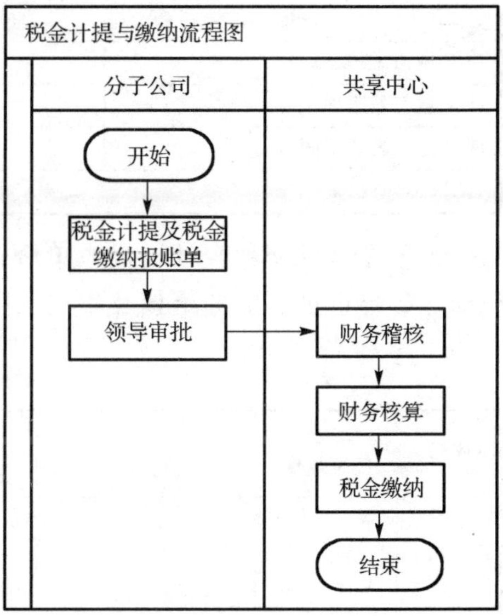

图 9-1

税务专员每月按时制作税金计提表，并在税金缴纳后，于报账平台手工提交税金计提及税金缴纳报账单，由初审人员进行相关审核后提交领导审批，经相关领导审批后，再由共享中心相关人员完成报账单的集中稽核、制证等工作。

共享中心相关人员对不合规税金计提及税金报账单可退回至申请人，由申请人重新发起报账流程。

9.2 实验一：税金计提报账

天津新能源公司税务专员林萧按规定依据一定的计提规则，及时制作 4 月各类税金计提表，并进行报账，税金计提表的明细数据如表 9-1 中所示。

上海销售公司税务专员吴亮按规定依据一定的计提规则，及时制作 4 月各类税金计提表，并进行报账，税金计提表的明细数据如表 9-2 中所示。

表 9-1

单 位 名 称		报 账 事 由	
天津铸远新能源汽车有限公司		4 月税金计提	
申 报 方 式		税款所属期	
按月申报		4 月	
税 金 项 目	应税金额（元）	税率（%）	计提金额（元）
应交城市维护建设税	6 835 900	5	341 795
应交教育费附加	6 835 900	3	205 077
应交地方教育费附加	6 835 900	2	136 718
应交土地使用税	3 733 821	100	3 733 821
合计			4 417 411

表 9-2

单 位 名 称		报 账 事 由	
上海铸远汽车销售有限公司		4 月税金计提	
申 报 方 式		税款所属期	
按月申报		4 月	
税 金 项 目	应税金额（元）	税率（%）	计提金额（元）
应交城市维护建设税	5 810 500	7	406 735
应交教育费附加	5 810 500	3	174 315
应交地方教育费附加	5 810 500	2	116 210
合计			697 260

税务专员提交税金计提报账单后，需按照集团税金核算流程规定，由相关人员完成初审扫描、领导审批、财务稽核及生成记账凭证等工作，凭证分录如表 9-3 所示。

表 9-3

序号	凭证所属单位	摘　　要	凭 证 分 录			
			方向	科　　目	借方金额	贷方金额
1	天津新能源公司	4 月税金计提	借	税金及附加	4 417 411	
			贷	应交税费—应交城市维护建设税		341 795
				应交税费—应交教育费附加		205 077
				应交税费—应交地方教育费附加		136 718
				应交税费—应交土地使用税		3 733 821
2	上海销售公司	4 月税金计提	借	税金及附加	697 260	
			贷	应交税费—应交城市维护建设税		406 735
				应交税费—应交教育费附加		174 315
				应交税费—应交地方教育费附加		116 210

实验步骤

按表 9-4 中的用户信息，登录浪潮 GS 管理软件。

表 9-4

登 录 日 期	登 录 用 户	登 录 密 码	操 作 内 容
2019.4.10	SW0001	aaaaaa	税金计提报账单制单
2019.4.10	SW0002	aaaaaa	
2019.4.10	CS0001	aaaaaa	税金计提报账单初审及原始凭证扫描上传
2019.4.10	SP0005	aaaaaa	税金计提报账单审批
2019.4.10	SP0006	aaaaaa	
2019.4.10	JH0004	aaaaaa	税金计提报账单稽核
2019.4.10	HS0004	aaaaaa	税金计提报账单生成记账凭证

(1)填写税金计提报账单并提交初审。

第一步：2019 年 4 月 10 日，天津新能源公司财务部林萧(用户名：SW0001)登录系统，执行【财务共享】-【网上报账平台】-【我的报账】-【我要报账】，单击“新建单据”，选择“税金核算业务”类别下的“税金计提报账单”，如图 9-2 所示，即可填报。

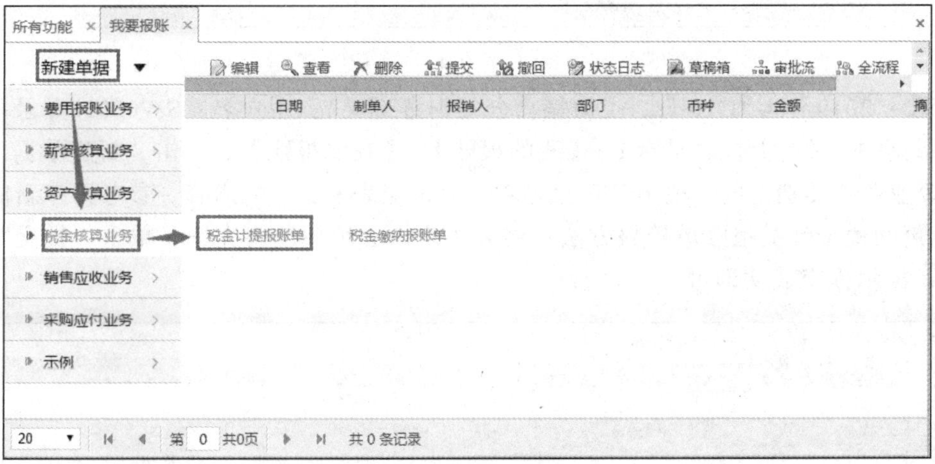

图 9-2

在打开的填报界面里，包括表头和表体两部分内容。按照表 9-1 中的内容将表头“申报方式”“税款所属期”“报账事由”填写完毕，如图 9-3 所示。

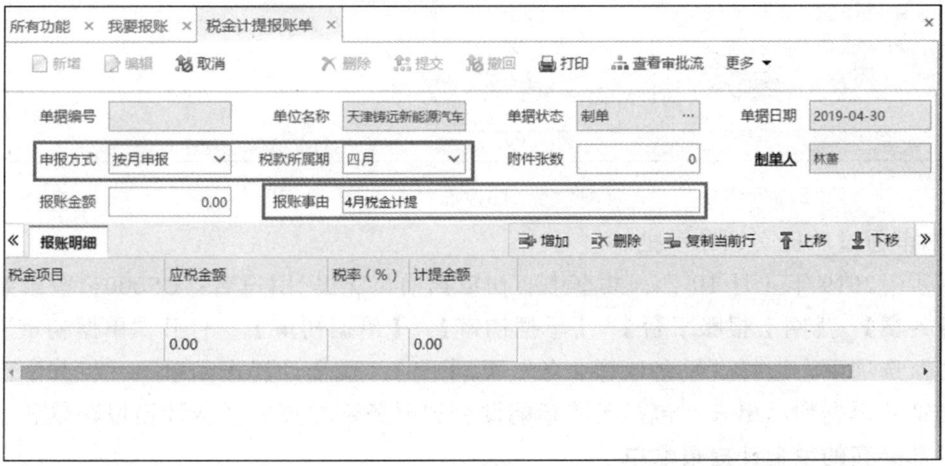

图 9-3

第二步：填写表体内容，表体必填项包括“报账明细”项。按表 9-1 中的内容将明细项填写完毕，单击“提交”，如图 9-4 所示，提示提交成功即可。

图 9-4

第三步：2019 年 4 月 10 日，上海销售公司财务部吴亮（用户名：SW0002）登录系统，执行【财务共享】-【网上报账平台】-【我的报账】-【我要报账】，单击“新建单据”，选择“税金核算业务”类别下的“税金计提报账单”。按照表 9-2 中的内容，参考天津新能源公司财务部林萧的税金计提报账单填报方法，将表头表体必填项填写完毕，单击“提交”，如图 9-5 所示，提示提交成功即可。

图 9-5

（2）初审通过后提交领导审批。

第一步：2019 年 4 月 10 日，共享中心初审扫描员沈民（用户名：CS0001）登录系统，执行【财务共享】-【网上报账平台】-【单据初审】-【单据初审】，打开“单据初审”，在左侧“待办”选项下，选择“税金核算业务”类别下的“税金计提报账单”，将共享范围内各单位待初审的单据列示出来，包括天津新能源公司财务部林萧的税金计提报账单和上海销售公司财务部吴亮的税金计提报账单。

以天津新能源公司财务部林萧的税金计提报账单为例，选中此报账单，单击“办理”，如图 9-6 所示。

图 9-6

单击“办理”即可查看报账单，检查报账单据信息无误后，单击“初审通过”，如图 9-7 所示，单据将自动提交到领导审批流程。

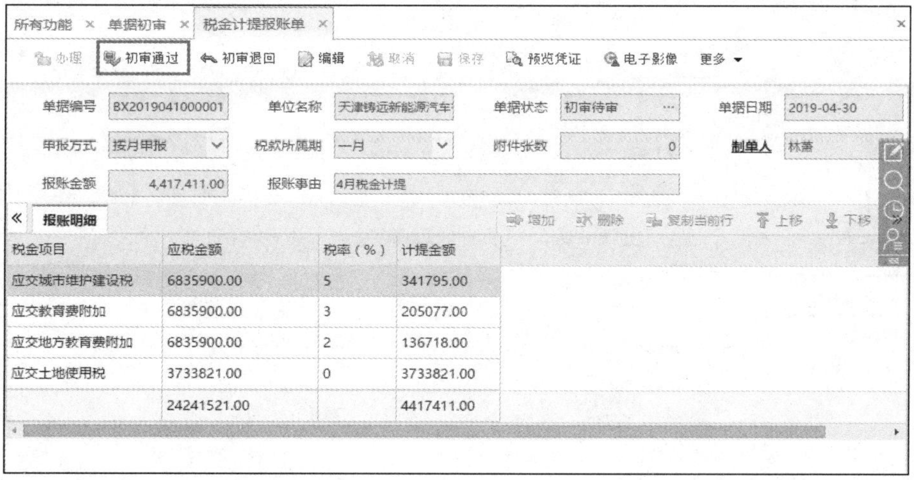

图 9-7

第二步：同样由共享中心初审扫描员沈民（用户名：CS0001）参考如上操作步骤，将上海销售公司财务部吴亮的税金计提报账单初审通过。

(3) 领导审批初审通过的税金计提报账单。

第一步：2019 年 4 月 10 日，天津新能源公司财务部经理张宁（用户名：SP0005）登录系统，执行【系统公共】-【任务中心】-【任务中心】-【待办任务】，打开“待办任务”，选择左侧对应的业务流程，将待审批的单据列示出来。

以天津新能源公司财务部林萧的税金计提报账单为例，选中此报账单，单击“审批单据”，如图 9-8 所示。

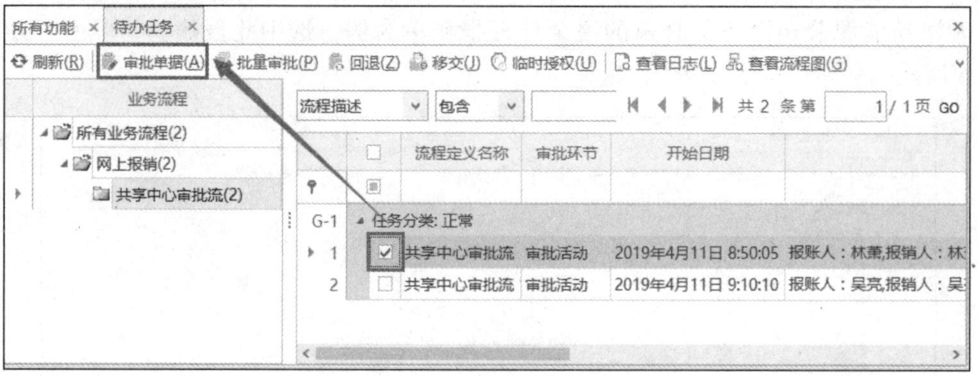

图 9-8

在打开的单据审批界面，检查申请单无误后，选择“通过”，单击“通过”，如图 9-9 所示，将自动提交财务稽核。

第二步：由上海销售公司财务部经理张芳(SP0006)登录系统，执行【系统公共】-【任务中心】-【任务中心】-【待办任务】，参考如上操作步骤，完成上海销售公司财务部吴亮的税金计提报账单审批流程。

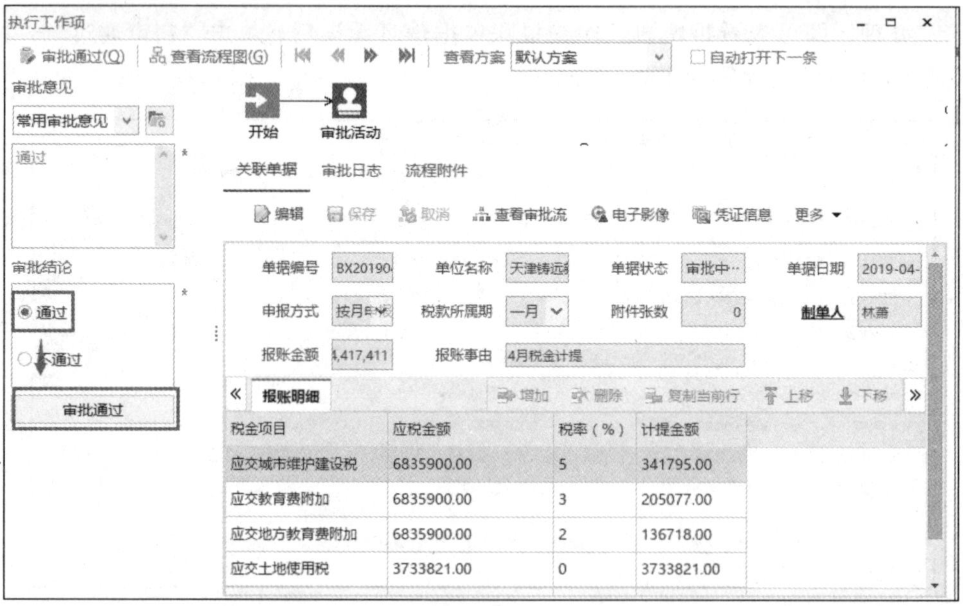

图 9-9

(4)将审批通过的税金计提报账单进行财务稽核。

第一步：2019 年 4 月 10 日，共享中心税务稽核员隋浩(用户名：JH0004)登录系统，执行【财务共享】-【业务操作平台】-【稽核】-【财务稽核】，打开“财务稽核”，“结束日期”选择“今天”，点击“查找”，在左侧“待办”选项下，选择“税金核算业务”类别下的“税金计提报账单”，将共享范围内各单位待稽核的单据列示出来，逐个进行稽核。

以天津新能源公司财务部林萧的税金计提报账单为例，选中此报账单，单击“办理”，如图 9-10 所示。

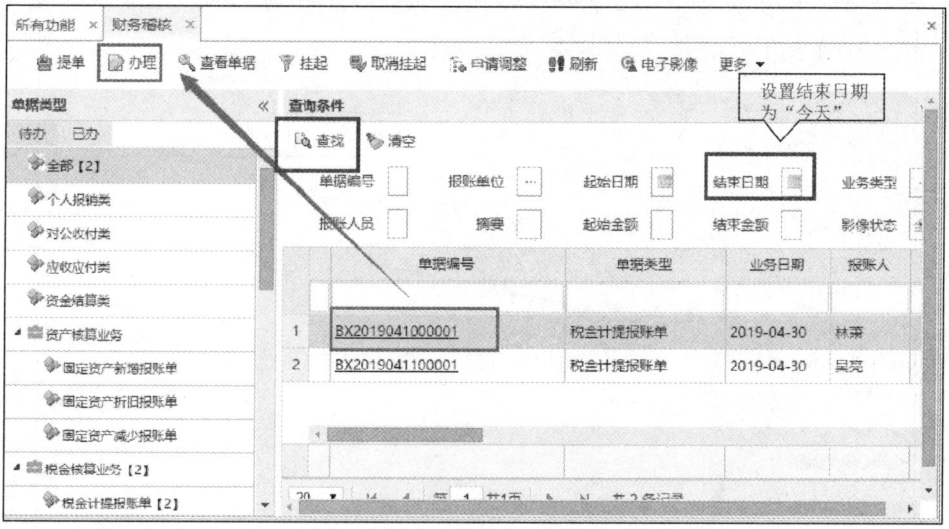

图 9-10

在打开的“税金计提报账单”界面，检查无误后单击“通过”，如图 9-11 所示，将提示稽核成功并自动返回当前界面。

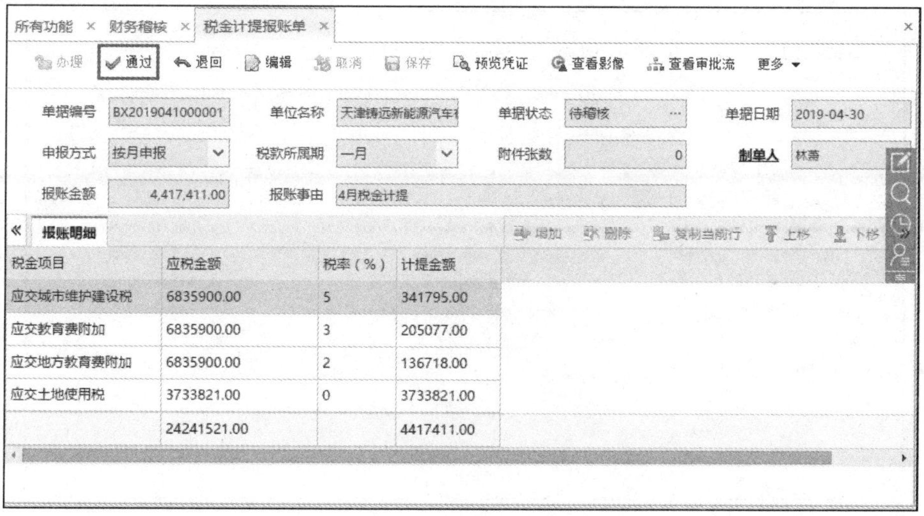

图 9-11

第二步：同样由税务稽核员隋浩(用户名：JH0004)参考如上操作步骤，将上海销售公司财务部吴亮的税金计提报账单稽核完成。

(5)将财务稽核通过的税金计提报账单生成记账凭证。

第一步：2019 年 4 月 10 日，共享中心税务核算员王红(用户名：HS0004)登录系统，执行【财务共享】-【业务操作平台】-【制证】-【凭证生成】，打开“凭证生成”，“结束日期”选择“今天”，单击“查找”，将共享范围内各单位待生成记账凭证的单据列示出来，逐个生成记账凭证。

以天津新能源公司财务部林萧的税金计提报账单为例，选中此报账单，单击“生成凭证”，如图 9-12 所示。

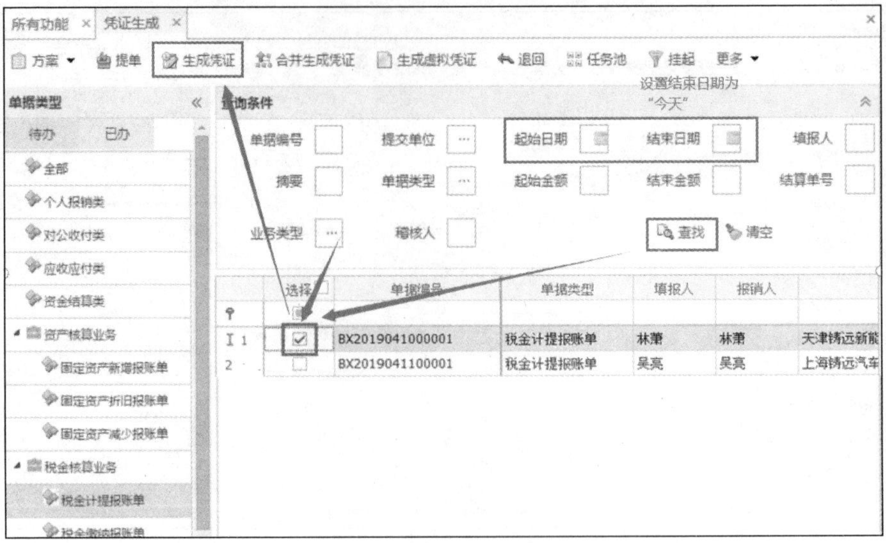

图 9-12

在打开的“凭证制单”窗口中，与表 9-3 中的凭证分录核对无误后，单击“保存”，如图 9-13 所示，保存成功后关闭界面即可。

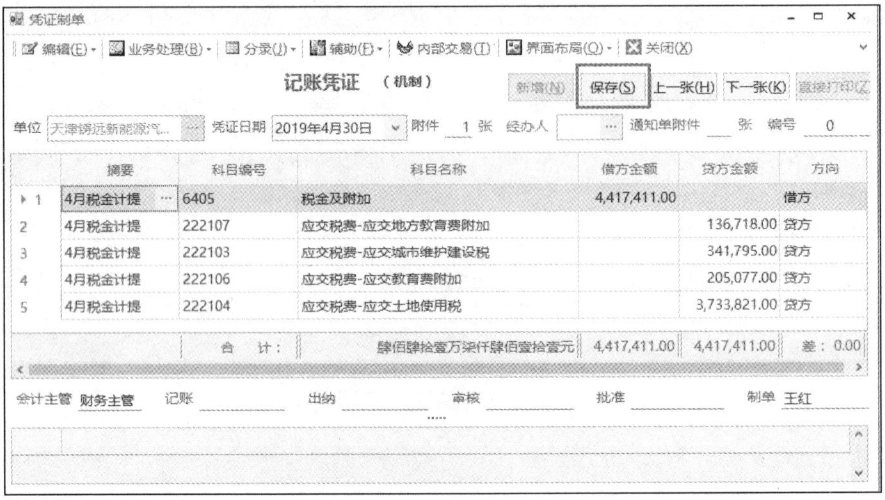

图 9-13

第二步：同样由共享中心税务核算员王红(用户名：HS0004)参考如上操作步骤，将上海销售公司财务部吴亮的税金计提报账单生成记账凭证，与表 9-3 中的凭证分录核对无误后，单击“保存”并关闭即可。

9.3　实验二：税金缴纳报账

天津新能源公司税务专员林萧按各类税种的缴纳时间进行上月税金申报和缴纳，并进行报账处理，明细数据如表 9-5 所示。

表 9-5

单位名称		报账事由
天津铸远新能源汽车有限公司		3 月税金缴纳
缴纳方式	付款账号	付款币种
刷卡缴纳	601901622202111121	人民币
税金缴纳项目		缴纳金额（元）
应交增值税		2 470 736
应交城市维护建设税		123 537
应交教育费附加		74 122
应交地方教育费附加		49 415
应交土地使用税		1 558 738
应交个人所得税		2 167 424
合计		6 443 972

上海销售公司税务专员吴亮按各类税种的缴纳时间进行上月税金申报和缴纳，税金缴纳完毕进行报账，明细数据如表 9-6 所示。

表 9-6

单位名称		报账事由
上海铸远汽车销售有限公司		3 月税金缴纳
缴纳方式	付款账号	付款币种
委托划转	601901622202111122	人民币
税金缴纳项目		缴纳金额（元）
应交增值税		2 100 126
应交城市维护建设税		147 009
应交教育费附加		63 004
应交地方教育费附加		42 003
应交个人所得税		1 842 311
合计		4 194 453

税务专员提交税金缴纳报账单后，需按照集团税金核算流程规定，由相关人员完成初审扫描、领导审批、财务稽核及生成记账凭证等工作，凭证分录如表 9-7 所示。

表 9-7

序号	凭证所属单位	摘　要	凭证分录			
			方向	科　目	借方金额	贷方金额
1	天津新能源公司	3 月税金缴纳	借	应交税费—未交增值税	2 470 736	
				应交税费—应交城市维护建设税	123 537	
				应交税费—应交教育费附加	74 122	
				应交税费—应交地方教育费附加	49 415	
				应交税费—应交土地使用税	1 558 738	
				应交税费—应交个人所得税	2 167 424	
			贷	银行存款—工商银行		6 443 972
2	上海销售公司	3 月税金缴纳	借	应交税费—未交增值税	2 100 126	
				应交税费—应交城市维护建设税	147 009	
				应交税费—应交教育费附加	63 004	
				应交税费—应交地方教育费附加	42 003	
				应交税费—应交个人所得税	1 842 311	
			贷	银行存款—工商银行		4 194 453

实验步骤

按表 9-8 中的用户信息，登录浪潮 GS 管理软件。

表 9-8

登录日期	登录用户	登录密码	操作内容
2019.4.10	SW0001	aaaaaa	税金缴纳报账单制单
2019.4.10	SW0002	aaaaaa	
2019.4.10	CS0001	aaaaaa	税金缴纳报账单初审及原始凭证扫描上传
2019.4.10	SP0005	aaaaaa	税金缴纳报账单审批
2019.4.10	SP0006	aaaaaa	
2019.4.10	JH0001	aaaaaa	税金缴纳报账单稽核
2019.4.10	HS0004	aaaaaa	税金缴纳报账单生成记账凭证
2019.4.10	JS0001	aaaaaa	税金缴纳报账单结算办理与结算确认

(1)填写税金缴纳报账单并提交初审。

第一步：2019 年 4 月 10 日，天津新能源公司财务部林萧(用户名：SW0001)登录系统，执行【财务共享】-【网上报账平台】-【我的报账】-【我要报账】，单击“新建单据”，选择“税金核算业务”类别下的“税金缴纳报账单”，如图 9-14 所示，即可填报。

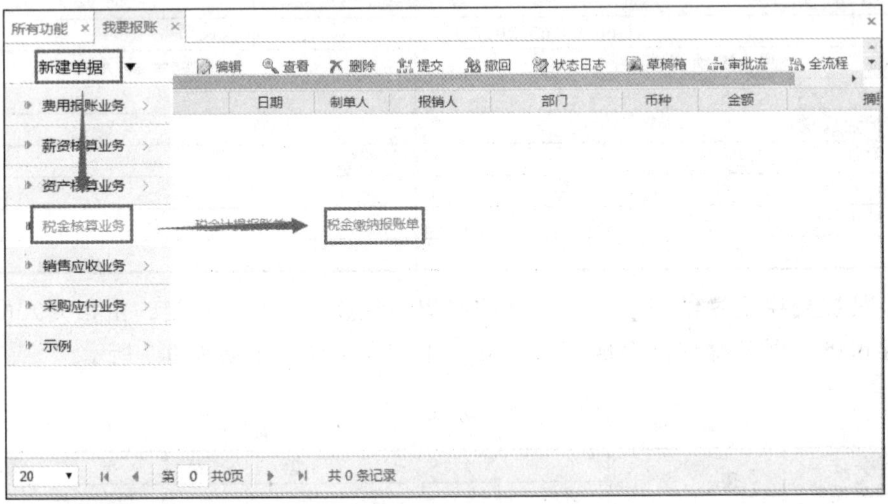

图 9-14

在打开的填报界面里，包括表头和表体两部分内容。按照表 9-5 中的内容将表头“缴纳方式”“付款账号”“付款币种”“报账事由”填写完毕，如图 9-15 所示。

第二步：填写表体内容，表体必填项包括“报账明细”项。按表 9-5 中的内容将明细项填写完毕，单击“提交”，如图 9-16 所示，提示提交成功即可。

第三步：2019 年 4 月 10 日，上海销售公司财务部吴亮(用户名：SW0002)登录系统，执行【财务共享】-【网上报账平台】-【我的报账】-【我要报账】，单击“新建单据”，选择“税金核算业务”类别下的“税金缴纳报账单”。按照表 9-6 中的内容，参考天津新能源公司财务部林萧的税金缴纳报账单填报方法，将表头表体必填项填写完毕，单击“提交”，如图 9-17 所示，提示提交成功即可。

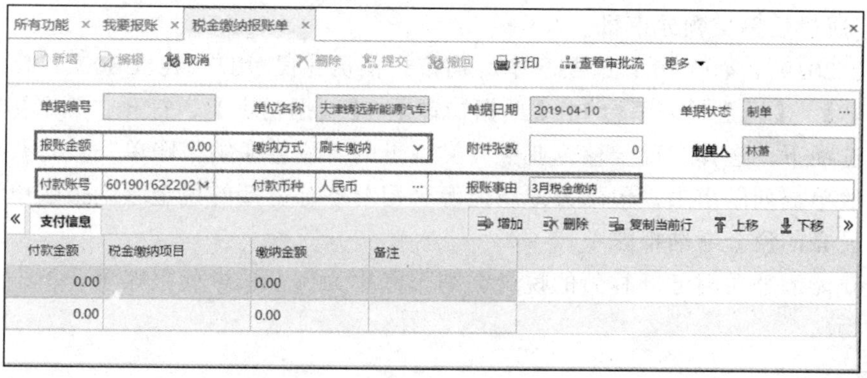

图 9-15

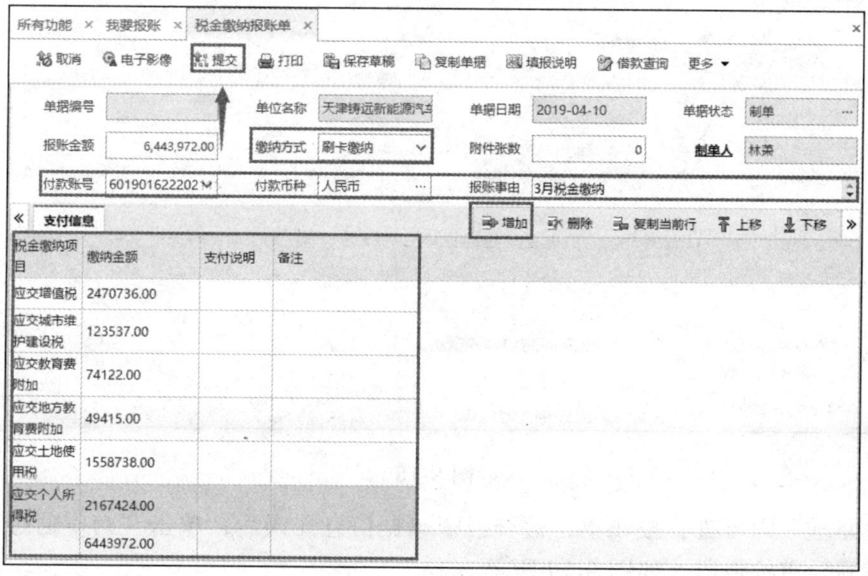

图 9-16

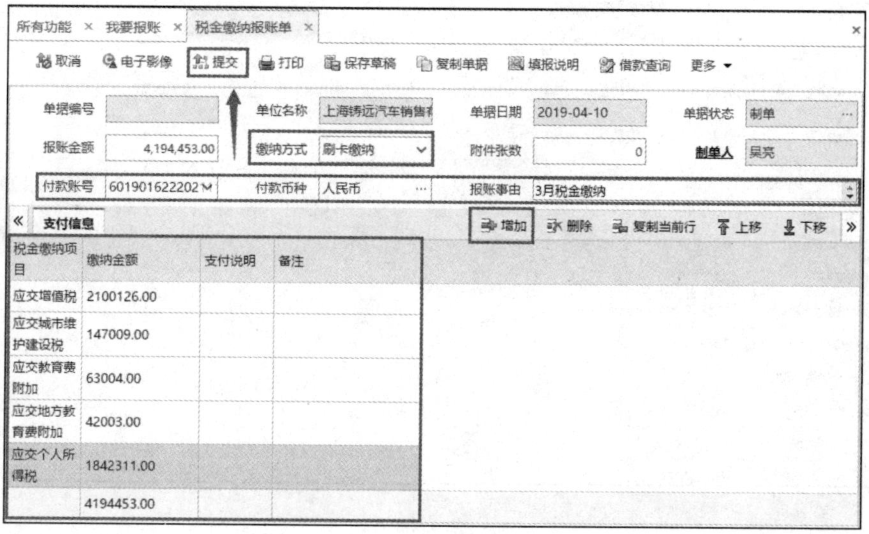

图 9-17

(2)初审通过后提交领导审批。

第一步：2019 年 4 月 10 日，共享中心初审扫描员沈民(用户名：CS0001)登录系统，执行【财务共享】-【网上报账平台】-【单据初审】-【单据初审】，打开“单据初审”，在左侧“待办”选项下，选择“税金核算业务”类别下的“税金缴纳报账单”，将共享范围内各单位待初审的单据列示出来，包括天津新能源公司财务部林萧的税金缴纳报账单和上海销售公司财务部吴亮的税金缴纳报账单。

以天津新能源公司财务部林萧的税金缴纳报账单为例，选中此报账单，单击“办理”，如图 9-18 所示。

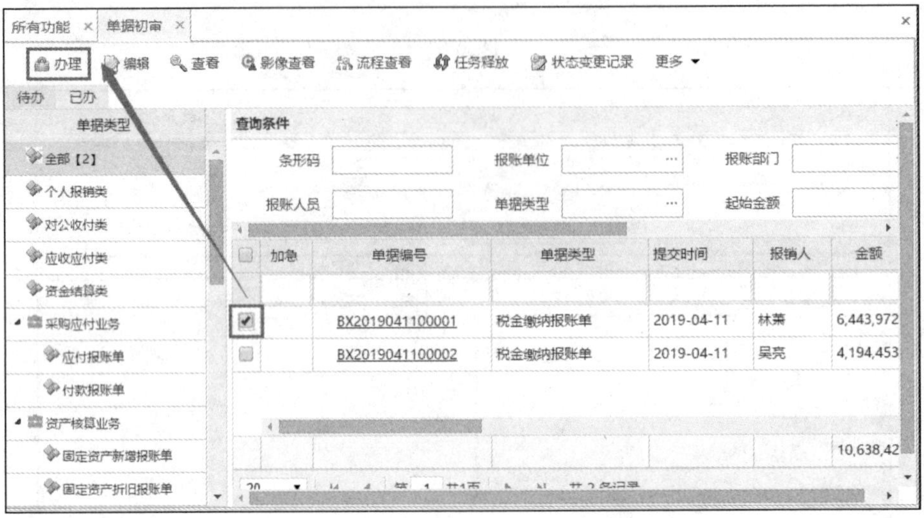

图 9-18

单击“办理”即可查看报账单，检查报账单据信息无误后，单击“初审通过”，单据将自动提交到领导审批流程，如图 9-19 所示。

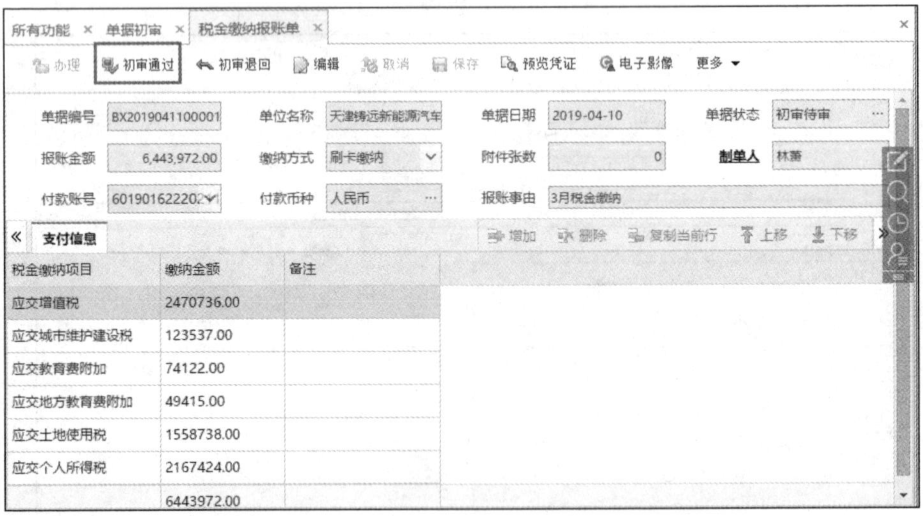

图 9-19

第二步：同样由共享中心初审扫描员沈民(用户名：CS0001)参考如上操作步骤，将上海销售公司财务部吴亮的税金缴纳报账单初审通过。

(3)领导审批初审通过的税金缴纳报账单。

第一步：2019 年 4 月 10 日，天津新能源公司财务部经理张宁(用户名：SP0005)登录系统，执行【系统公共】-【任务中心】-【任务中心】-【待办任务】，打开“待办任务”，选择左侧对应的业务流程，将待审批的单据列示出来。

以天津新能源公司财务部林萧的税金缴纳报账单为例，选中此报账单，单击“审批单据”，如图 9-20 所示。

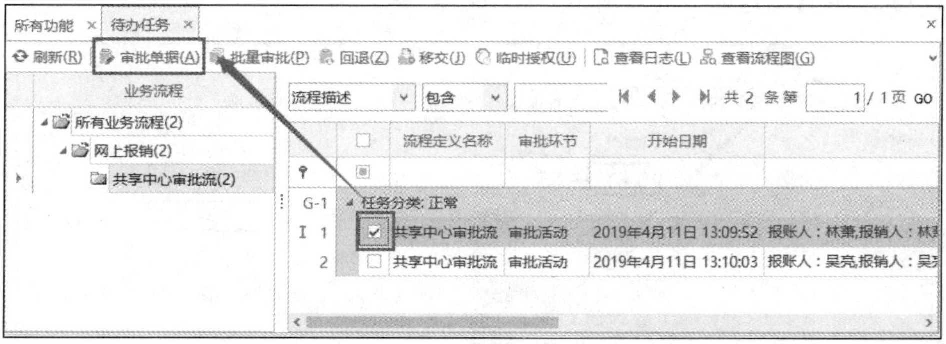

图 9-20

在打开的单据审批界面，检查申请单无误后，选择“通过”，单击“审批通过”将自动提交财务稽核，如图 9-21 所示。

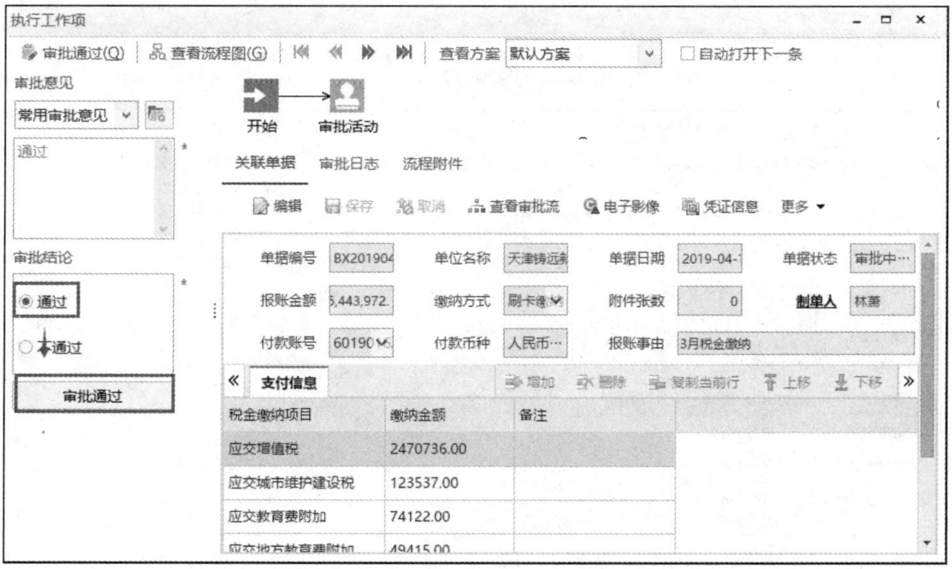

图 9-21

第二步：由上海销售公司财务部经理张芳(SP0006)登录系统，执行【系统公共】-【任务中心】-【任务中心】-【待办任务】，参考如上操作步骤，完成上海销售公司财务部吴亮的税金缴纳报账单审批流程。

(4)将审批通过的税金缴纳报账单进行财务稽核。

第一步：2019 年 4 月 10 日，共享中心税务稽核员隋浩(用户名：JH0004)登录系统，执行【财务共享】-【业务操作平台】-【稽核】-【财务稽核】，打开“财务稽核”，“结束日期”选择“今天”，单击“查找”，在左侧“待办”选项下，选择“税金核算业务”类别下的“税金缴纳报账单”，将共享范围内各单位待稽核的单据列示出来，逐个进行稽核。

以天津新能源公司财务部林萧的税金缴纳报账单为例，选中此报账单，单击“办理”，如图 9-22 所示。

在打开的“税金缴纳报账单”界面，检查申请单无误后，单击“通过”，如图 9-23 所示，将提示稽核成功并自动返回当前界面。

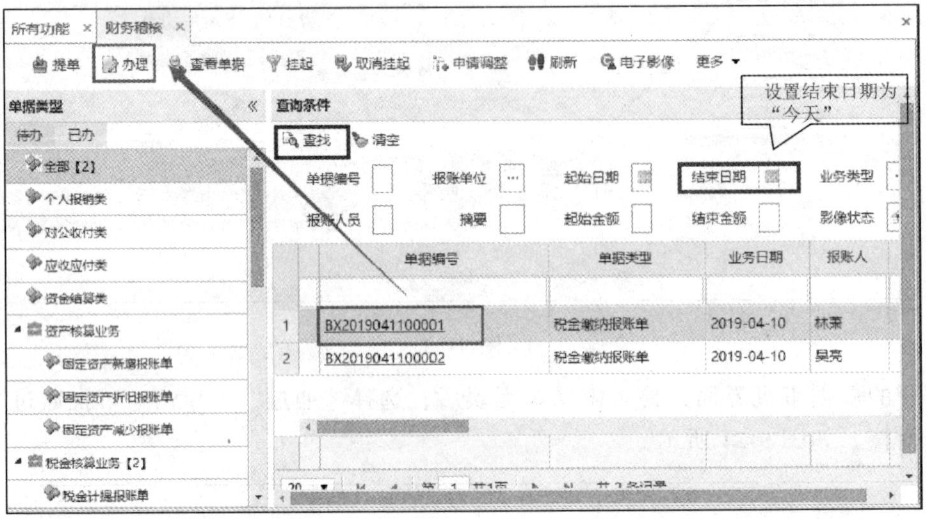

图 9-22

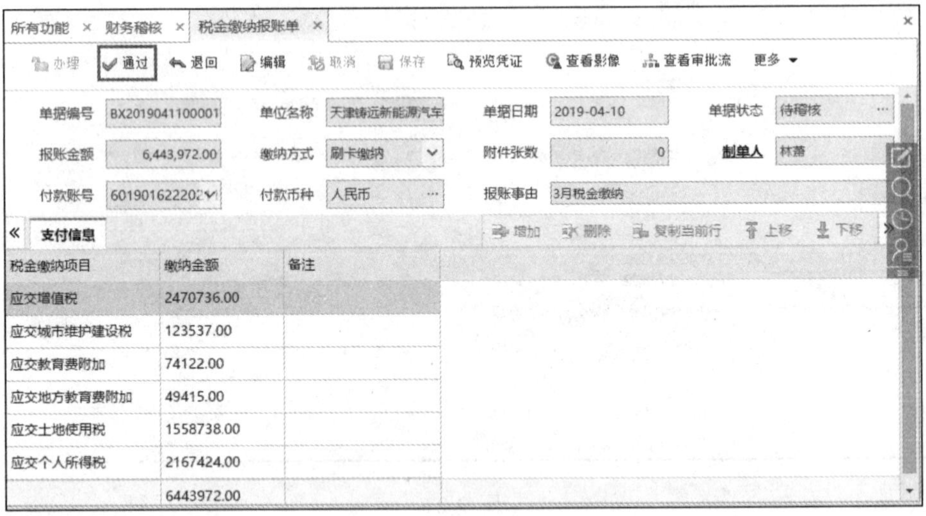

图 9-23

第二步：同样由税务稽核员隋浩(用户名：JH0004)参考如上操作步骤，将上海销售公司财务部吴亮的税金缴纳报账单稽核完成。

(5)将财务稽核通过的税金缴纳报账单生成记账凭证。

第一步：2019 年 4 月 10 日，共享中心税务核算员王红(用户名：HS0004)登录系统，执行【财务共享】-【业务操作平台】-【制证】-【凭证生成】，打开“凭证生成”，“结束日期”选择“今天”，单击“查找”，将共享范围内各单位待生成记账凭证的单据列示出来，逐个生成记账凭证。

以天津新能源公司财务部林萧的税金缴纳报账单为例，选中此报账单，单击“生成凭证”，如图 9-24 所示。

在打开的“凭证制单”窗口中，与表 9-7 中的凭证分录核对无误后，单击“保存”，如图 9-25 所示，保存成功后关闭界面即可。

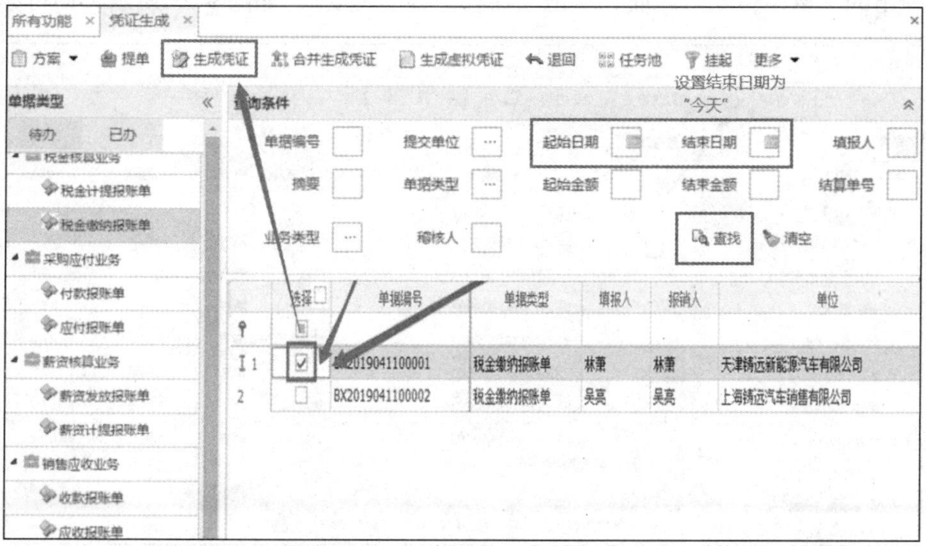

图 9-24

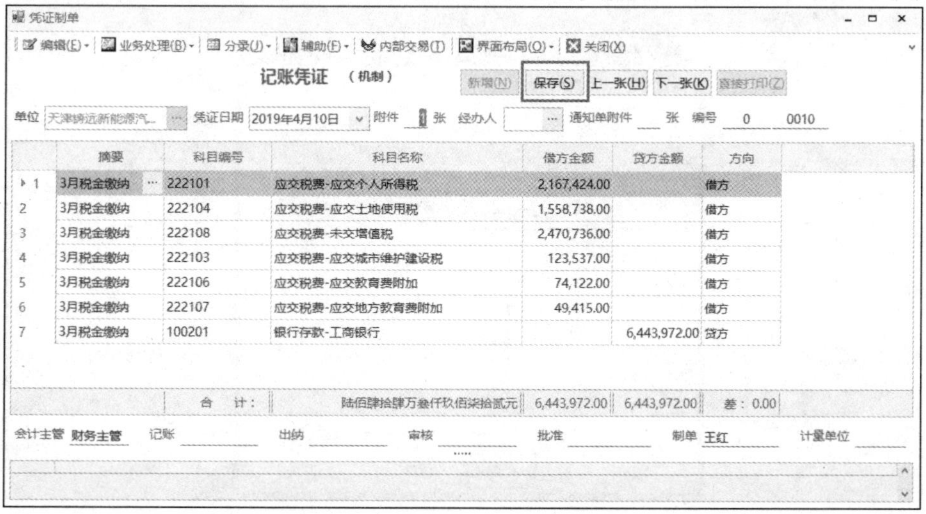

图 9-25

第二步：同样由共享中心税务核算员王红(用户名：HS0004)参考如上操作步骤，将上海销售公司财务部吴亮的税金缴纳报账单生成记账凭证，与表 9-7 中的凭证分录核对无误后，单击“保存”并关闭即可。

(6)将已生成记账凭证的报账单进行结算办理及结算确认。

第一步：2019 年 4 月 10 日，共享中心资金结算员刘慧(用户名：JS0001)登录系统，执行【财务共享】-【资金结算平台】-【单位结算】-【单位结算办理】，打开“付款办理”，将共享范围内各单位待付款办理的单据列示出来。

以天津新能源公司财务部林萧的税金缴纳报账单为例，逐条选中待办理报账单，单击办理，在新弹出的“单位结算办理”窗口选择“结算账号”为“天津铸汽新能源-工商银行河西支行”，单击“确定”，如图 9-26、图 9-27 所示。

在新弹出的“单位付款”界面，单击“保存”并“提交”，如图 9-28 所示，即可办理成功。

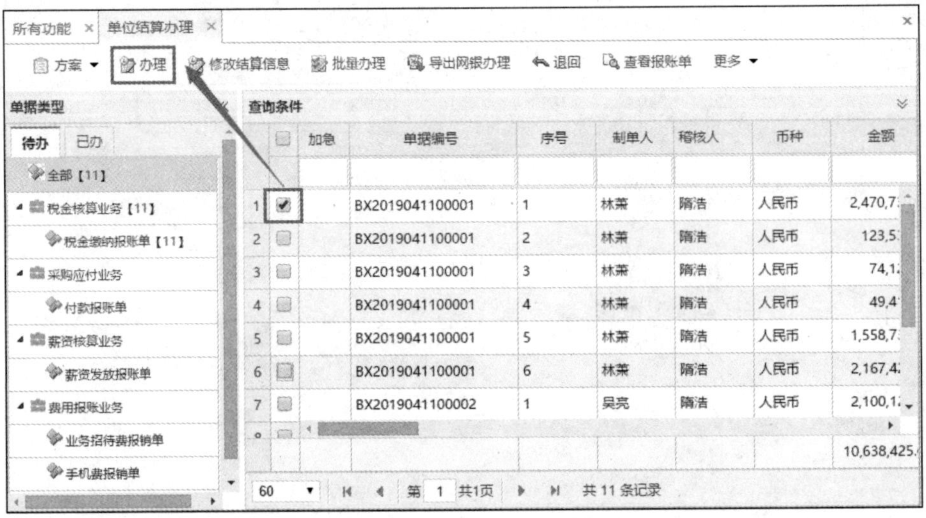

图 9-26

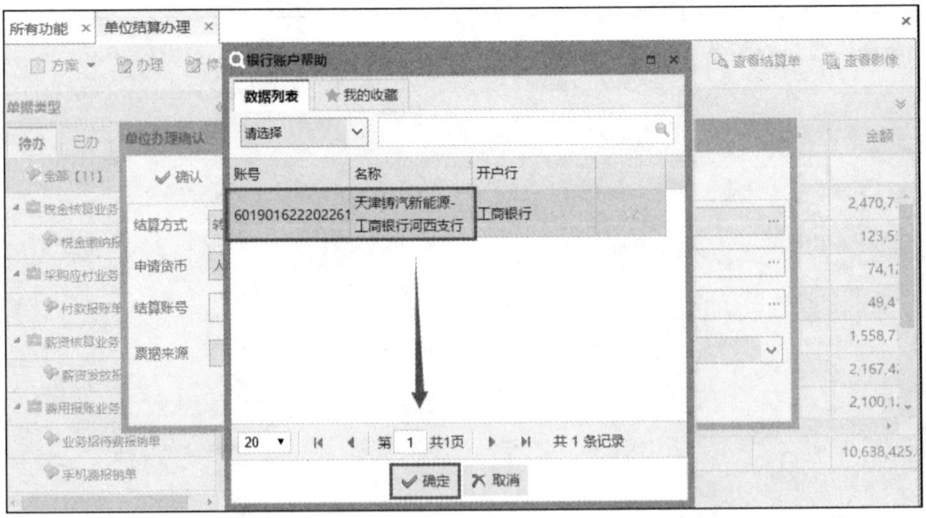

图 9-27

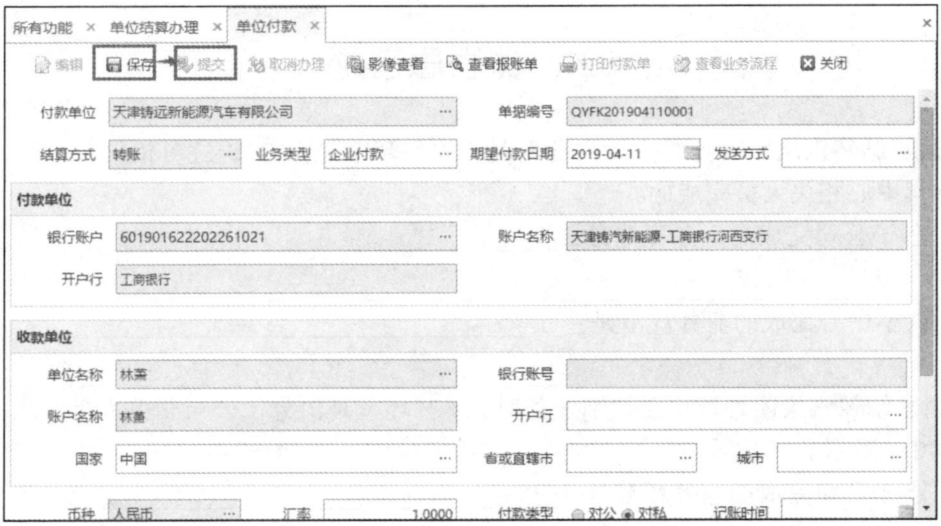

图 9-28

第二步：同样由共享中心资金结算员刘慧(用户名：JS0001)参考如上操作步骤，将上海销售公司财务部吴亮的税金缴纳报账单办理结算。在弹出的“单位办理确认”窗口，“结算账号”选择“上海铸汽销售-工商银行天山路支行”，在新弹出的“单位付款”界面单击“保存”并“提交”，即可办理成功。

第三步：2019 年 4 月 10 日，共享中心资金结算员刘慧(用户名：JS0001)登录系统，执行【财务共享】-【资金结算平台】-【单位结算】-【单位结算确认】，打开“单位结算确认”，将共享范围内各单位待付款确认的单据列示出来，逐个进行结算确认。

以天津新能源公司财务部林萧的税金缴纳报账单为例，逐条选中待结算确认报账单，单击“无直联回单确认”，如图 9-29 所示，即可完成结算确认。

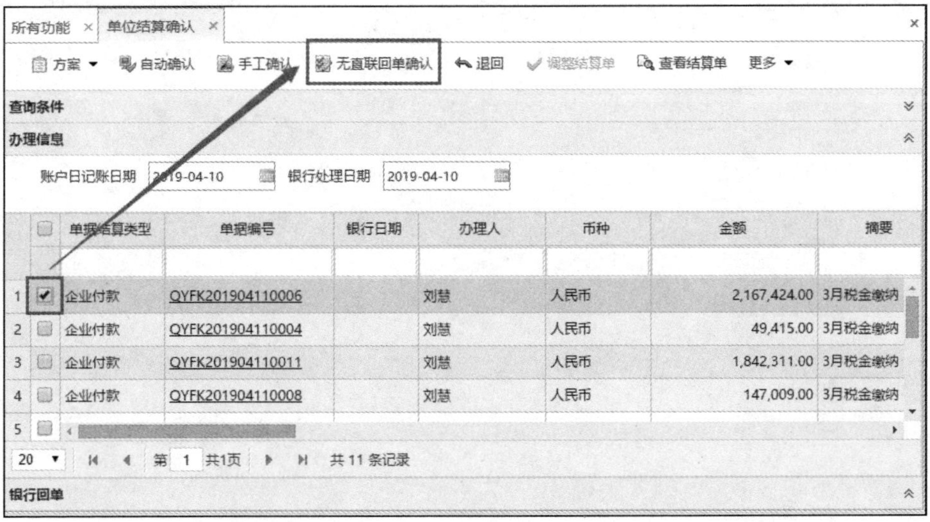

图 9-29

第四步：同样由共享中心资金结算员刘慧(用户名：JS0001)参考如上操作步骤，将上海销售公司财务部吴亮的税金缴纳报账单结算确认完毕。

9.4 课后思考题

1．请总结铸汽集团处理税金计提业务时，哪些环节是由分/子公司相关人员完成的，哪些是由共享中心相关人员完成的？

（1）分/子公司完成的业务环节是：____________________________________

____

（2）共享中心完成的业务环节是：____________________________________

____

2．请总结铸汽集团处理税金缴纳业务时，哪些环节是由分子公司相关人员完成的，哪些是由共享中心相关人员完成的？

（1）分/子公司完成的业务环节是：____________________________________

____

（2）共享中心完成的业务环节是：____________________________________

____

3．请总结企业在进行纳税申报时，针对不同的税种，申报方式包括（　　）。

A．按月申报　　B．按申报季　　C．按年申报　　D．按次申报

4．请总结铸汽集团处理税金缴纳业务时，缴纳方式包括（　　）。

A．网银缴纳　　B．申报扣款　　C．现金付款　　D．支票缴纳

5．请总结铸汽集团处理税金缴纳业务时，缴纳的税种包括哪些？

____

____

第 10 章 教学任务七：共享中心运营分析

10.1 任务背景介绍

铸汽集团期望将共享中心打造成集团的“数据中心”，使共享中心成为全集团唯一的财务信息入口，实现全集团数据共享，以更及时、准确地为管理部门决策提供数据支撑。在共享中心运营时，可以实时获取相关运营数据，更好地进行资源调配及管理。

铸汽集团要求共享中心以大屏运营看板方式实时展现共享中心的运营数据，并支持各种维度的数据查询分析，以便对共享中心进行人员绩效考核及任务统筹分析等。

10.2 实验一：运营看板分析

共享中心大屏运营看板需要实时展示的内容包括：

- 共享中心任务情况：总体任务完成及剩余情况、一定期间内任务量趋势图、实时任务动态图等。
- 员工当月任务排行榜：为了激励员工工作积极性，并作为一项考核依据对员工进行绩效考核，需要将共享中心当月员工工作排名情况进行实时展现。
- 单位当月业务量排行榜：各单位当月提交的单据数量、退单数量、办结数量和办结比率等。

实验步骤

按表 10-1 中的用户信息，登录浪潮 GS 管理软件。

表 10-1

登录日期	登录用户	登录密码	操作内容
2019.4.30	YG0006	aaaaaa	运营看板分析

第一步：2019 年 4 月 30 日，共享中心运营管理部陆诚（用户名：YG0006）登录系统，执行【财务共享】-【运营管理平台】-【绩效分析】-【运营看板】，打开“运营看板”窗口，即可对共享中心任务情况、员工当月任务排行榜和单位当月业务量排行榜等内容进行查看分析，如图 10-1 所示。

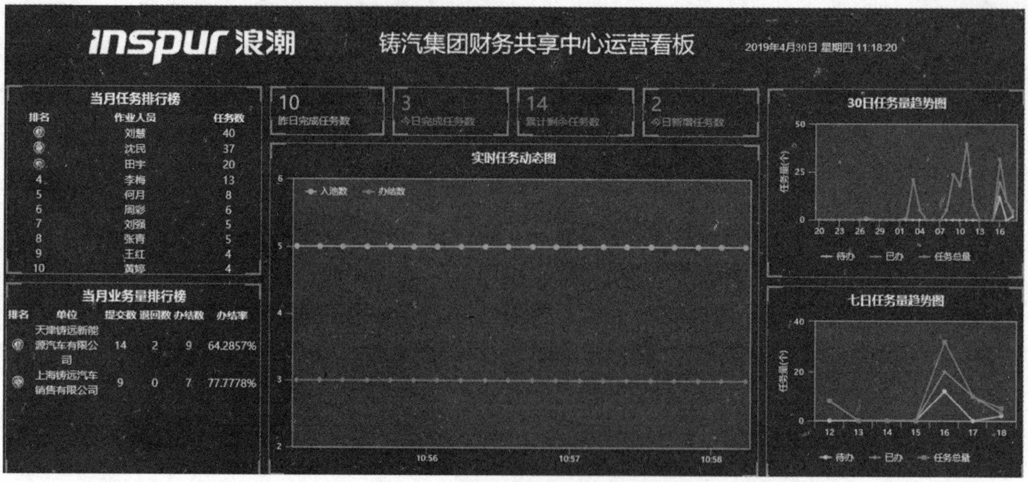

图 10-1

10.3 实验二：多维数据分析

共享中心从绩效分析和时效分析两方面提供多维数据查询，为集团相关决策提供数据支撑。

绩效分析查询内容主要包含：

- 单据处理日报。可按共享中心的人员、业务组或单位作为统计依据，按日查询在初审环节、稽核环节、复核环节、制证环节的处理单据数量、附件量和金额合计数。
- 单据处理时长分析。可按共享中心的人员、业务组或单位作为统计依据，按日查询在初审环节、稽核环节、复核环节、制证环节的处理平均时长、最大时长和最小时长数据。
- 个人工作量汇总统计。可查询共享中心人员在一定日期范围内的工作量汇总情况，包括在财务稽核环节、财务复核环节、制证环节的处理单据数量、通过单据数量、退回单据数量和金额汇总数。
- 每日个人工作排名。可按单据数量、金额或附件量作为排序依据，按日查询共享中心每个业务组内所有操作人员处理的单据数量、金额或附件量的排名情况。
- 每日工作情况汇总。可在初审环节、稽核环节、复核环节、制证环节中，按日查询共享中心每个业务组新增的、库存的、完成的单据数量、金额和附件量数据。
- 每日业务处理排名。可按单据数量、金额或附件量作为排序依据，按日查询共享中心不同业务类型处理的单据数量、金额或附件量的排名情况。

时效分析查询内容主要包含：

- 单据处理完成趋势分析。可按单据数量、金额或附件量作为排序依据，查询一定日期范围内按日展示的，在初审环节、稽核环节、复核环节和制证环节单据处理完成的整体趋势情况。
- 单据分类汇总统计。可查询共享中心每个业务组人员在一定日期范围内的不同单据类型的数据汇总情况，包括在稽核环节、复核环节、制证环节的处理单据数量、通过单据数量、退回单据数量和金额汇总数。

- 单据流转时间查询。可查询一定日期范围内每个单据类型下所有单据的流转时间情况，包括单据对应的单位、报账人、单据状态，以及每个单据在审批环节、稽核环节和制证环节的开始日期、截止日期和对应的流转天数。
- 单据入池趋势分析。可按单据数量、金额或附件量作为排序依据，查询一定日期范围内按日展示的，在初审环节、稽核环节、复核环节和制证环节单据入池的整体趋势情况。

本节分别以绩效分析中“单据处理时长分析”与“个人工作量汇总统计”，时效分析中“单据处理完成趋势分析”与“单据入池趋势分析”为例，完成共享中心运营分析实训流程。

实验步骤

按表 10-2 中的用户信息，登录浪潮 GS 管理软件。

表 10-2

登 录 日 期	登 录 用 户	登 录 密 码	操 作 内 容
当前日期	YG0006	aaaaaa	多维数据分析

(1) 单据处理时长分析。

第一步：登录日期为当前实际日期，共享中心任务管理员陆诚(用户名：YG0006)登录系统，执行【财务共享】-【运营管理平台】-【绩效分析】-【单据处理时长分析】。打开“单据处理时长分析”窗口，“共享中心”选择“铸远汽车集团有限公司共享中心”，任务日期中的起始日期为“2019-04-01”，截止日期为“今天”，清空“业务组”内容，单击“查询”，如图 10-2 所示，可将每个操作人员在初审环节、稽核环节、复核环节和制证环节处理不同单据类型的平均时长、最大时长和最小时长的数据进行统计。

图 10-2

(2) 个人工作量汇总统计。

第一步：登录日期为当前实际日期，共享中心任务管理员陆诚(用户名：YG0006)登录系统，执行【财务共享】-【运营管理平台】-【绩效分析】-【个人工作量汇总统计】。打开“个人工作量汇总统计”窗口，“共享中心”选择“铸远汽车集团有限公司共享中心”，任务日期中的起始日期为“2019-04-01”，截止日期为“今天”，单击“查询”，如图 10-3 所示，可将每个操作人员在财务稽核、复核等环节，对处理单据数量、通过单据数量、退回单据数量、挂起单据数量和金额汇总数据进行统计。

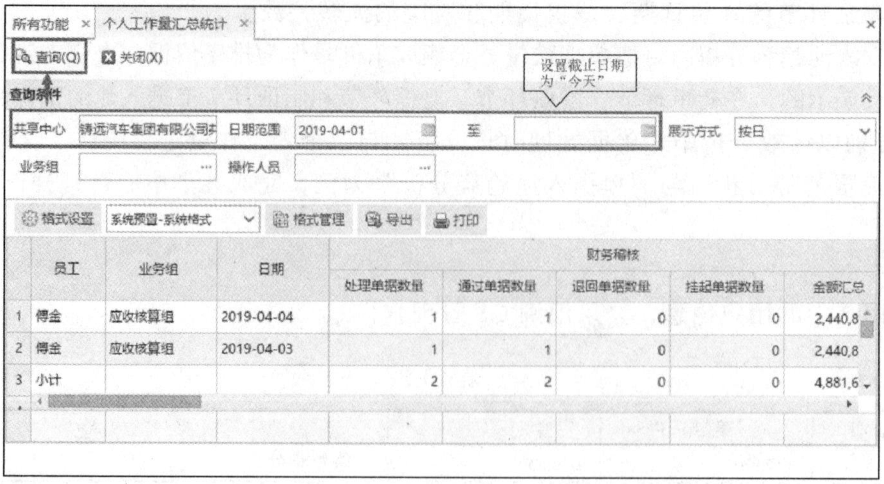

图 10-3

(3)单据处理完成趋势分析。

第一步：登录日期为当前实际日期，共享中心任务管理员陆诚(用户名：YG0006)登录系统，执行【财务共享】-【运营管理平台】-【时效分析】-【单据处理完成趋势分析】。打开“单据处理完成趋势分析”窗口，“共享中心”选择“铸远汽车集团有限公司共享中心”，任务日期中的“起始日期”为“2019-04-01”，“终止日期”为“今天”，“排序依据”设置为“数量”，然后单击“查询”，可将4月1日至4月30日期间每日初审、稽核、制证和结算确认单据处理完成的数量趋势进行分析，如图10-4所示。注意：分析结果以不同颜色展示，其中绿色实线代表“初审”操作、蓝色实线代表“稽核”操作、粉色实线代表“制证”操作。

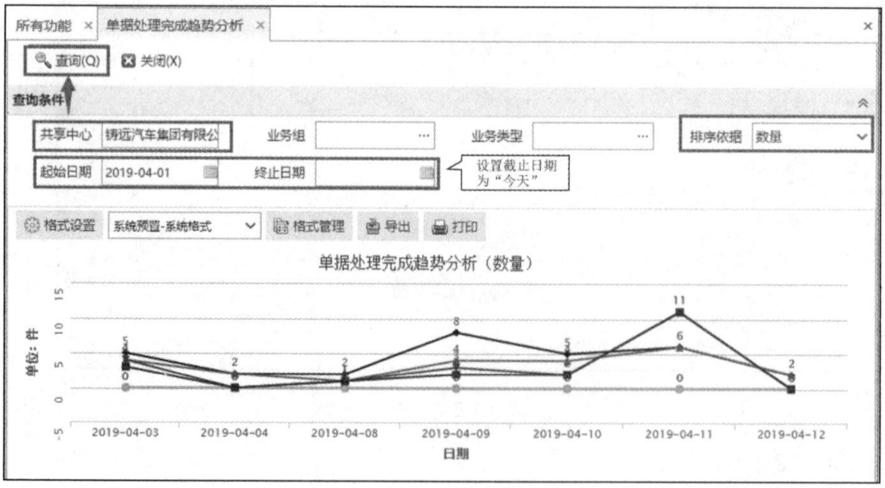

图 10-4

(4)单据入池趋势分析。

第一步：登录日期为当前实际日期，共享中心任务管理员陆诚(用户名：YG0006)登录系统，执行【财务共享】-【运营管理平台】-【时效分析】-【单据入池趋势分析】，打开“单据入池趋势分析”窗口，“共享中心”选择“铸远汽车集团有限公司共享中心”，任务日期中的“起始日期”为“2019-04-01”，“终止日期”为“今天”，“排序依据”设置为“数量”，然后单击“查询”，可将 4 月 1 日至 4 月 30 日期间每日初审、稽核、制证和结算确认单据入池的数量趋势进行分析，如图 10-5 所示。注意：分析结果以不同颜色展示，其中绿色实线代表“初审”操作、蓝色实线代表“稽核”操作、粉色实线代表“制证”操作。

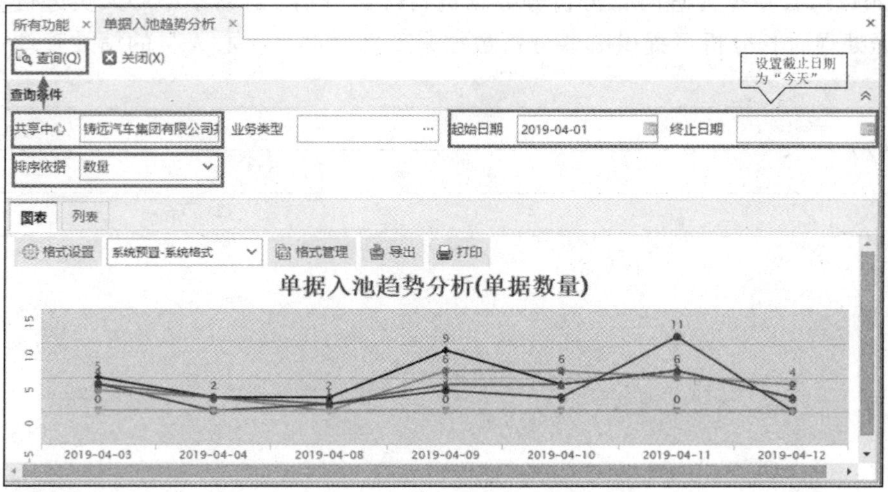

图 10-5

10.4　课后思考题

1．铸汽集团共享中心运营管理人员可以从运营看板中得到哪些数据？（　　）

A．当月任务排行榜

B．当月业务量排行榜

C．30 日任务量趋势图

D．7 日任务量趋势图

2．以下属于铸汽集团财务共享中心多维数据分析内容的是（　　）。

A．个人工作量汇总统计

B．单据处理市场分析

C．单据处理完成趋势分析

D．单据入池趋势分析

3．铸汽集团财务共享中心运营分析是在哪个平台实现的？（　　）

A．业务操作平台

B．网上报账平台

C．运营管理平台

D．运营支撑平台

4. 请总结运营看板、各类绩效分析及时效分析的应用，对财务共享中心运营管理起到的作用和意义。

____

____

____

____

5. 铸汽集团可结合单据处理时长分析等数据进行综合分析，对共享中心人员进行绩效考评。请总结单据处理时长分析可提供哪些分析数据来支撑对共享中心人员的绩效管理?

____

____

____

____

第 11 章 教学任务八：总账与报表共享业务处理

11.1 任务背景介绍

铸汽集团要求各单位按规定时间完成每月总账业务处理，并由共享中心总账报表组相关人员按要求完成各单位的凭证审核与记账、报表集中出具，由各单位对报表数据进行核对，实现对企业财务的集中核算处理，保证下月业务的正常开展。

11.2 实验一：凭证集中管理

2019 年 4 月 30 日，铸汽集团财务共享中心总账报表组相关人员按要求对纳入共享中心的所有单位总账凭证进行审核与记账，并基于此出具各单位的财务报表及生成会计电子档案。

实验步骤

按表 11-1 中的用户信息，登录浪潮 GS 管理软件。

表 11-1

登录日期	登录用户	登录密码	操作内容
2019.4.30	ZZ0001	aaaaaa	对纳入共享中心的所有单位进行凭证审核、记账

第一步：2019 年 4 月 30 日，共享中心财务主管田宇(用户名：ZZ0001)登录系统，首先双击右侧核算组织下的“铸远汽车集团有限公司（合并）”，“核算组织”切换为“铸远汽车集团有限公司（合并）”，如图 11-1 所示。

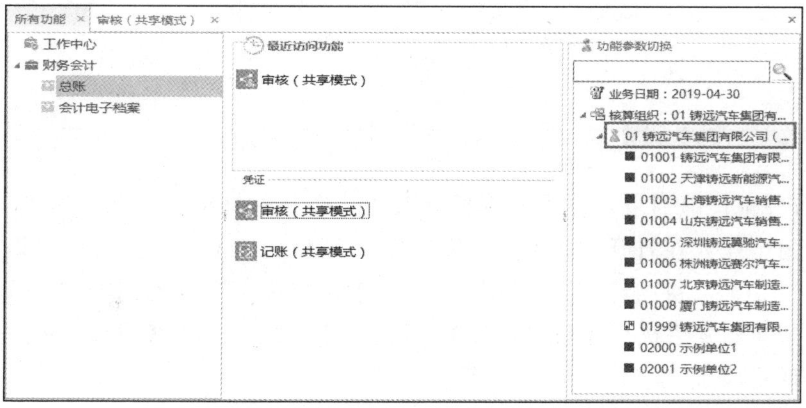

图 11-1

执行【财务会计】-【总账】-【凭证】-【审核(共享模式)】。打开“审核(共享模式)”界面，单击“过滤”，将当前会计期间的所有可由当前用户审核的未审核凭证记录列示出来，单击“全选”，选择所有未审核凭证，然后单击“批量审核”，如图 11-2 所示，提示“凭证审核后就不能对所审核的凭证进行修改，是否确认审核选择的凭证”，单击“是”，提示审核成功即可。

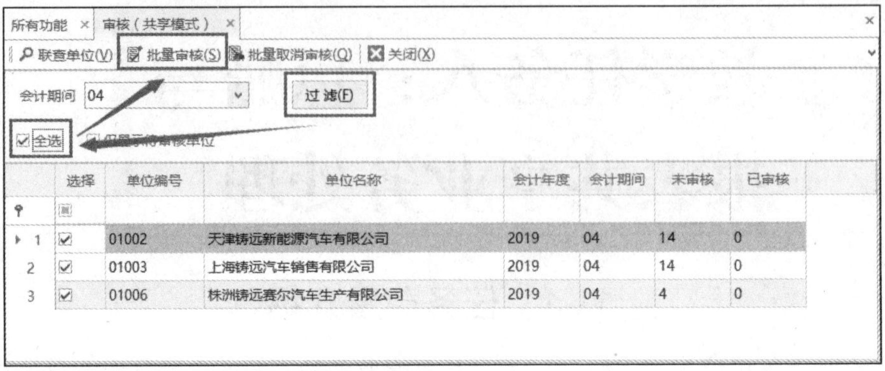

图 11-2

【注意】若凭证审核后发现错误，需要修改时，则需将凭证取消审核才能修改。操作方法是：由审核人在打开“审核(共享模式)”窗口，单击“过滤”后，取消勾选“仅显示待审核单位”，则会将已经审核的凭证列示出来，然后将需要取消审核的凭证勾选上，单击“批量取消审核”即可。取消审核后，可执行【财务会计】-【总账】-【凭证】-【制单】，找到需要修改的凭证，单击“制单”界面的“编辑”-“修改凭证”，将其修改为正确的凭证数据即可。

第二步：2019 年 4 月 30 日，共享中心财务主管田宇(用户名：ZZ0001)登录系统，执行【财务会计】-【总账】-【凭证】-【记账(共享模式)】。打开“记账(共享模式)”界面，单击“过滤”，将当前会计期间所有未记账的凭证记录列示出来，可单击“全选”，然后单击“批量记账”，如图 11-3 所示。

图 11-3

【注意】若凭证记账后发现错误，需要修改时，需将凭证取消记账和取消审核才能修改。操作方法是：由记账人在打开“记账(共享模式)”窗口，单击“过滤”后，取消勾选“仅显示待记账单位”，则会将已经记账的凭证列示出来，勾选需要取消记账的凭证，单击“取消记账”；然后，同样方法执行【财务会计】-【总账】-【凭证】-【审核(共享模式)】，将凭证取消审核后即可修改。

11.3　实验二：报表批量计算

2019 年 4 月 30 日，共享中心总账报表组相关人员按要求完成各单位的报表集中出具。报表出具后，需由各单位对各自的报表数据进行核对。

本节以资产负债表为例，完成报表集中出具的实训流程。

天津新能源公司与上海销售公司 4 月的资产负债表具体如表 11-2、表 11-3 所示。

表 11-2

资产负债表					
编制单位：天津新能源公司					金额单位：元
项　目	期 初 数	期 末 数	项　目	期 初 数	期 末 数
流动资产：			流动负债：		
货币资金	694 265 083	706 353 512	短期借款	6 250 000	8 854 167
结算备付金			向中央银行借款		
拆出资金			吸收存款及同业存放		
交易性金融资产			拆入资产		
应收票据	29 542 510	29 230 668	交易性金融负债		
应收账款	10 292 411	10 743 093	应付票据		
预付款项	3 923 970	4 009 468	应付账款	198 190 936	204 835 542
应收利息	5 534 139	5 648 602	预收款项	17 351 667	17 304 791
其他应收款	16 364 478	17 649 453	卖出回购金融资产款		
应收股利	14 898 627	15 301 763	应付职工薪酬	31 577 391	30 912 589
存货	24 537 884	26 213 448	应交税费	6 650 243	6 940 362
其中：产成品	24 537 884	26 213 448	应付利息		
原材料			其他应付款	23 187 632	22 789 924
一年内到期的非流动资产		1 706 656	应付股利		
其他流动资产	34 375 362	34 910 311	保险合同准备金		
流动资产合计	833 734 464	851 766 974	代理承销证券款		
非流动资产：			一年内到期的非流动负债	7 122 470	8 044 188
发放贷款及垫款			其他流动负债		
可供出售金融资产	133 077 697	135 050 695	流动负债合计	290 330 339	299 681 563
持有至到期投资			非流动负债：		
长期应收款			长期借款		
长期股权投资	1 217 941 704	1 236 208 430	应付债券		
投资性房地产	3 755 473	3 744 494	长期应付款	46 617 298	46 028 717
固定资产	57 689 962	61 039 200	专项应付款	10 287 001	10 262 244
减：累计折旧			保险责任准备金		
减值准备			预计负债	16 779 094	17 034 714
固定资产净值			递延收益	6 591 272	7 755 532
在建工程	6 394 282	6 995 803	递延所得税负债	5 028 975	5 793 674
工程物资			其他非流动负债		

续表

资产负债表					
编制单位：天津新能源公司					金额单位：元
项　　目	期　初　数	期　末　数	项　　目	期　初　数	期　末　数
固定资产清理			非流动负债合计	85 303 640	86 874 881
生产性生物资产			负债合计	375 633 979	386 556 444
无形资产	16 968 641	17 458 527	所有者权益(或股东权益)		
减：无形资产摊销			实收资本(或股本)	137 819 583	138 504 890
无形资产净值			资本公积	636 556 156	651 352 865
开发支出			减：库存股		
商誉			其他综合收益	35 343 660	40 305 772
长期待摊费用			盈余公积	403 182 245	408 902 980
递延所得税资产			一般风险准备		
其他非流动资产	152 085 202	149 272 623	未分配利润	833 111 802	835 913 795
非流动资产合计	1 587 912 961	1 609 769 772	所有者权益合计	2 046 013 446	2 074 980 302
资产总计	2 421 647 425	2 461 536 746	负债和所有者权益总计	2 421 647 425	2 461 536 746

表 11-3

资产负债表					
编制单位：上海销售公司					金额单位：元
项　　目	期　初　数	期　末　数	项　　目	期　初　数	期　末　数
流动资产：			流动负债：		
货币资金	590 125 321	600 400 485	短期借款	5 312 500	7 526 042
结算备付金			向中央银行借款		
拆出资金			吸收存款及同业存放		
交易性金融资产			拆入资产		
应收票据	25 111 134	24 846 068	交易性金融负债		
应收账款	8 748 549	9 131 629	应付票据		
预付款项	3 335 375	3 408 048	应付账款	168 462 296	174 110 211
应收利息	4 704 018	4 801 312	预收款项	14 748 917	14 709 072
其他应收款	13 909 806	15 002 035	卖出回购金融资产款		
应收股利	12 663 834	13 006 496	应付职工薪酬	26 840 782	26 275 701
存货	20 857 201	22 281 431	应交税费	5 652 707	5 899 308
其中：产成品	20 857 201	22 281 431	应付利息		
原材料			其他应付款	19 709 487	19 371 435
一年内到期的非流动资产		1 450 658	应付股利		
其他流动资产	29 219 058	29 673 764	保险合同准备金		
流动资产合计	708 674 296	724 001 926	代理承销证券款		
非流动资产：			一年内到期的非流动负债	6 054 100	6 837 560
发放贷款及垫款			其他流动负债		
可供出售金融资产	113 116 042	114 793 091	流动负债合计	246 780 789	254 729 329

续表

资产负债表					
编制单位：上海销售公司			金额单位：元		
项　目	期 初 数	期 末 数	项　目	期 初 数	期 末 数
持有至到期投资			非流动负债：		
长期应收款			长期借款		
长期股权投资	1 035 250 448	1 050 777 166	应付债券		
投资性房地产	3 192 152	3 182 820	长期应付款	39 624 703	39 124 409
固定资产	49 036 468	51 883 320	专项应付款	8 743 951	8 722 907
减：累计折旧			保险责任准备金		
减值准备			预计负债	14 262 230	14 479 507
固定资产净值			递延收益	5 602 581	6 592 202
在建工程	5 435 140	5 946 433	递延所得税负债	4 274 629	4 924 623
工程物资			其他非流动负债		
固定资产清理			非流动负债合计	72 508 094	73 843 648
生产性生物资产			负债合计	319 288 883	328 572 977
无形资产	14 423 345	14 839 748	所有者权益(或股东权益)		
减：无形资产摊销			实收资本(或股本)	117 146 646	117 729 157
无形资产净值			资本公积	541 072 733	553 649 935
开发支出			减：库存股		
商誉			其他综合收益	30 042 111	34 259 906
长期待摊费用			盈余公积	342 704 908	347 567 533
递延所得税资产			一般风险准备		
其他非流动资产	129 272 422	126 881 730	未分配利润	708 145 032	710 526 726
非流动资产合计	1 349 726 017	1 368 304 308	所有者权益合计	1 739 111 430	1 763 733 257
资产总计	2 058 400 313	2 092 306 234	负债和所有者权益总计	2 058 400 313	2 092 306 234

实验步骤

按表 11-4 中的用户信息，登录浪潮 GS 管理软件。

表 11-4

登 录 日 期	登 录 用 户	登 录 密 码	操 作 内 容
2019.4.30	ZZ0002	aaaaaa	报表批量计算

第一步：2019 年 4 月 30 日，共享中心总账报表员腾乐(用户名：ZZ0002)登录系统，首先双击右侧核算组织下的“铸远汽车集团有限公司(合并)”，“核算组织”切换为“铸远汽车集团有限公司(合并)”，如图 11-4 所示。

图 11-4

执行【财务会计】-【财务报表】-【报表填制】-【报表批量计算】。在打开的“报表批量计算”界面，首先勾选右上角的“选择下级”，在左侧“单元名称”中选择“铸远汽车集团有限公司(合并)”及下级公司，则左侧单元名称全部选中，右侧选择“资产负债表”，单击“确定”进行报表批量计算，如图 11-5 所示。

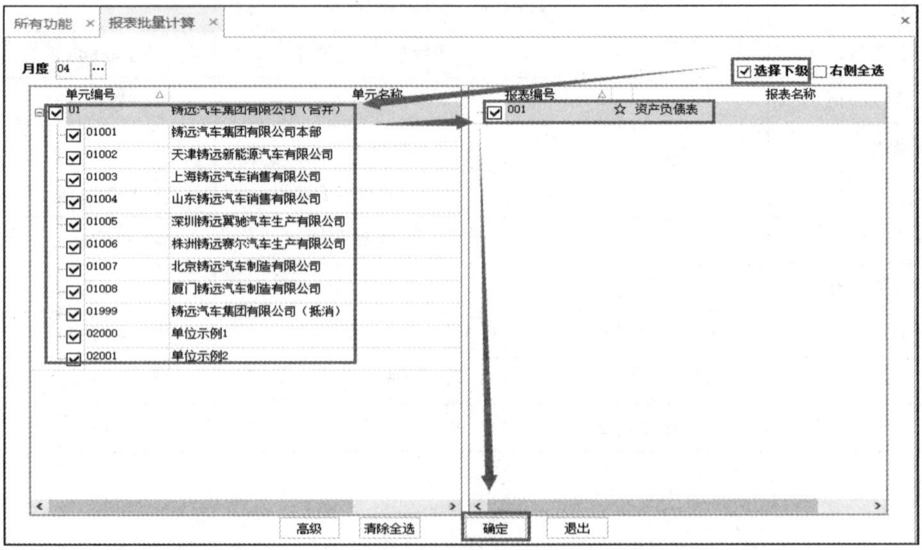

图 11-5

【注意】若凭证数据修改，则按照本步骤重新计算报表即可。

第二步：报表数据计算完成后，2019 年 4 月 30 日，共享中心总账报表员腾乐(用户名：ZZ0002)登录系统，执行【财务会计】-【财务报表】-【报表填制】-【打开报表】的计算完成后报表前显示红色星号，分别打开“天津铸远新能源汽车有限公司”及“上海铸远汽车销售有限公司”下的“资产负债表”，检查数据是否计算出来，以及资产合计数是否等于负债和所有者权益合计数，如图 11-6 所示。

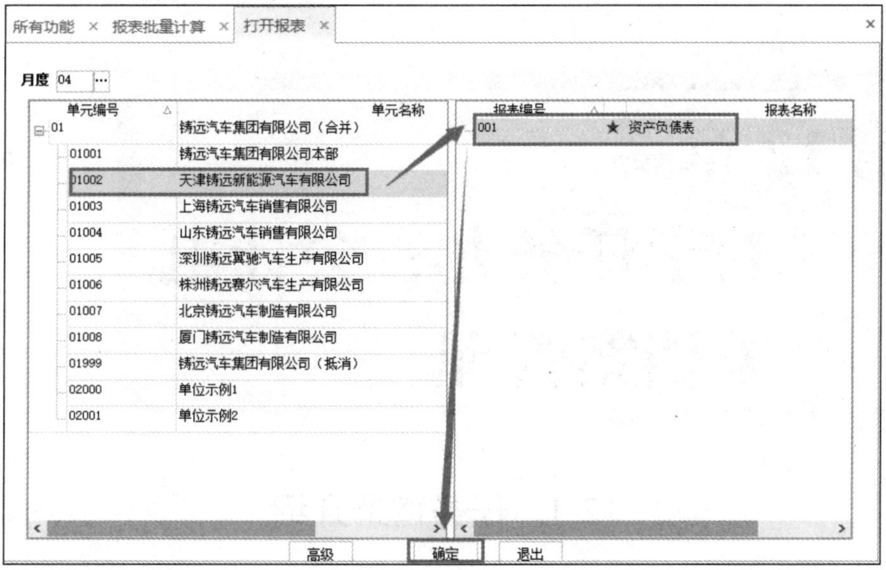

图 11-6

11.4 课后思考题

1．请总结凭证集中处理与传统处理的差异及优点。

（1）凭证集中处理与传统处理的差异：____________________

____

（2）凭证集中处理的优点：____________________

____

2．请总结报表集中处理与传统处理的差异及优点。

（1）报表集中处理与传统处理的差异：____________________

____

（2）报表集中处理的优点：____________________

____

3．请分析资产负债表中“货币资金”报表项目“期末余额”的数据来源科目及具体金额是什么？

（1）来源科目：____________________

（2）来源金额是（ ）

A．期初借方余额　　B．期末借方余额

C．本期借方发生额　　D．本期贷方发生额

第 12 章 教学任务九：会计电子档案管理

12.1 任务背景介绍

根据财政部《会计档案管理办法》要求，各单位应当加强会计档案管理工作，建立和完善会计档案的收集、整理、保管、利用和鉴定销毁等管理制度，采取可靠的安全防护技术和措施，保证会计档案的真实、完整、可用、安全。

铸汽集团要求加强对会计电子档案的管理，由共享中心按月对会计电子档案进行采集归档，发生会计电子档案变更时，要求对档案版本号进行管理记录，并对会计电子档案的借阅进行严格审批。

12.2 实验一：采集归档

按铸汽集团规定，由共享中心总账报表员对已封账月份的凭证、报表等电子档案信息进行采集并归档管理。

为保障会计电子档案的准确性，铸汽集团要求各单位在采集电子档案时需先对相关月份的账务进行月结处理(即封账)，月结后不允许修改任何账务数据。

本节以天津新能源公司和上海销售公司为例，按规定，天津新能源公司直接生成会计电子档案、上海销售公司分册生成会计电子档案，完成 4 月份会计凭证电子档案采集归档的实训流程。

实验步骤

按表 12-1 中的用户信息，登录浪潮 GS 管理软件。

表 12-1

登录日期	登录用户	登录密码	操作内容
2019.4.30	ZZ0002	aaaaaa	月结处理
2019.4.30	ZZ0002	aaaaaa	会计电子档案生成
2019.4.30	ZZ0001	aaaaaa	会计电子档案审批
2019.4.30	DA0001	aaaaaa	会计电子档案建档及归档管理

第一步：2019 年 4 月 30 日，共享中心总账报表员腾乐（用户名：ZZ0002）登录系统，首先双击右侧核算组织下的“天津铸远新能源汽车有限公司”，“核算组织”切换为“天津铸远新能源汽车有限公司”，如图 12-1 所示。

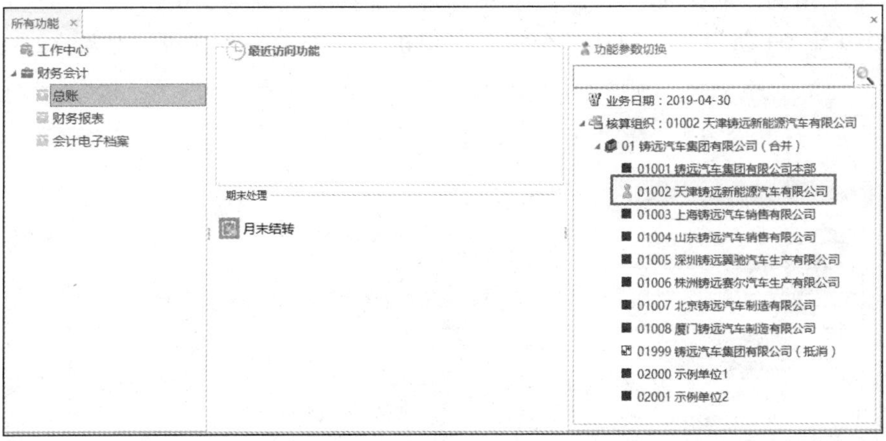

图 12-1

执行【财务会计】-【总账】-【期末处理】-【月末结转】。打开“月末结转”窗口，按照系统提示依次执行“开始结转”“平衡检查”“检查报告”及“完成结转”四大步骤，最终提示“月结完成”即可。

具体操作为“单位”选择“天津铸远新能源汽车有限公司”，单击“下一步”，如图 12-2 所示。如果提示“还未到本会计期间的最后一天，是否进行月末结转”“当前会计期间尚有结转凭证、自定义或调汇凭证没有生成，是否月结”时，选择“是”跳转到“平衡检查”，单击“检查”跳转到“检查报告”，单击“下一步”跳转到“完成结转”，单击“确定”后提示“月结完成”。

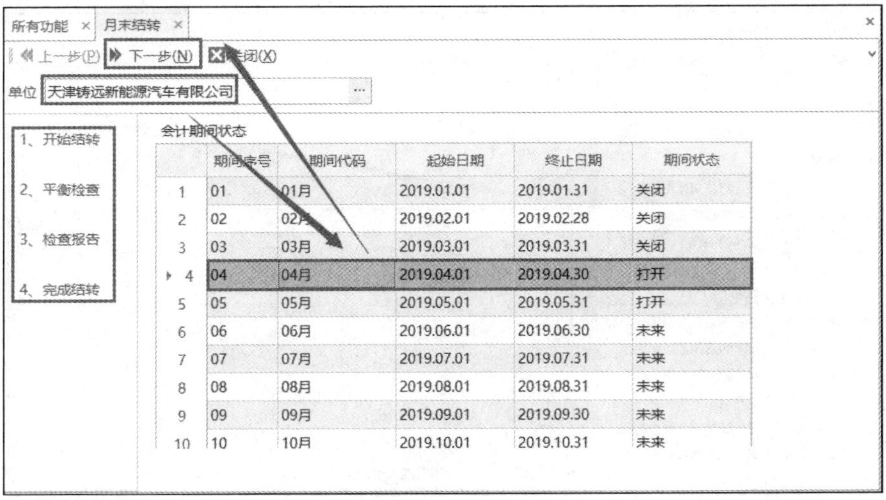

图 12-2

2019 年 4 月 30 日，共享中心总账报表员腾乐（用户名：ZZ0002）登录系统，同样执行【财务会计】-【总账】-【期末处理】-【月末结转】，按照“天津铸远新能源汽车有限公司”的月结方法，将“单位”切换为“上海铸远汽车销售有限公司”，完成月结处理。

第二步：2019 年 4 月 30 日，共享中心总账报表员腾乐(用户名：ZZ0002)登录系统，执行【财务会计】-【会计电子档案】-【档案采集】-【凭证档案生成】。打开“凭证档案生成”窗口，单击左上角的“刷新单位”，“业务类型”选择“凭证→01002_天津铸远新能源汽车有限公司-2019 年-04 期间”，勾选“全选”，单击“选中生成”即可，如图 12-3 所示。

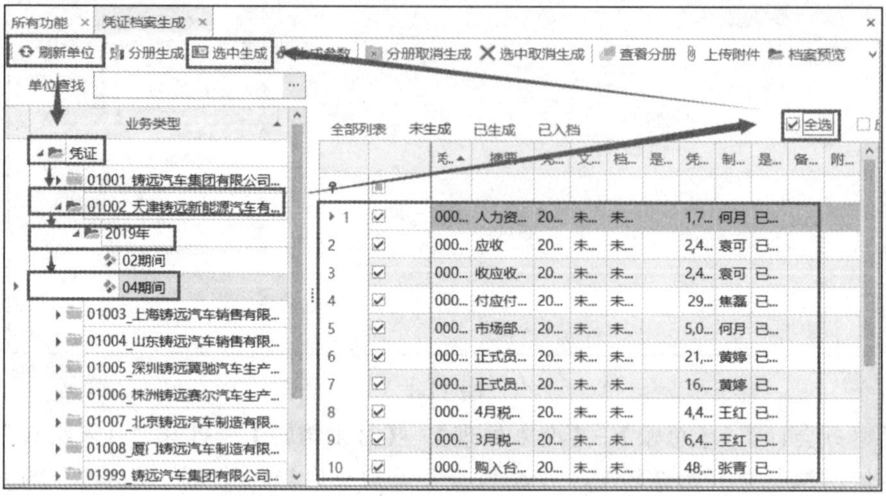

图 12-3

2019 年 4 月 30 日，共享中心总账报表员腾乐(用户名：ZZ0002)登录系统，同样执行【财务会计】-【会计电子档案】-【档案采集】-【凭证档案生成】，在打开的“凭证档案生成”窗口，“业务类型”选择“凭证-01003_上海铸远汽车销售有限公司-2019 年-04 期间”，勾选“全选”，单击“分册生成”，如图 12-4 所示，在弹出的“分册生成窗口”单击“生成分册”，生成完成后单击“确定”，关闭“分册生成窗口”即可。

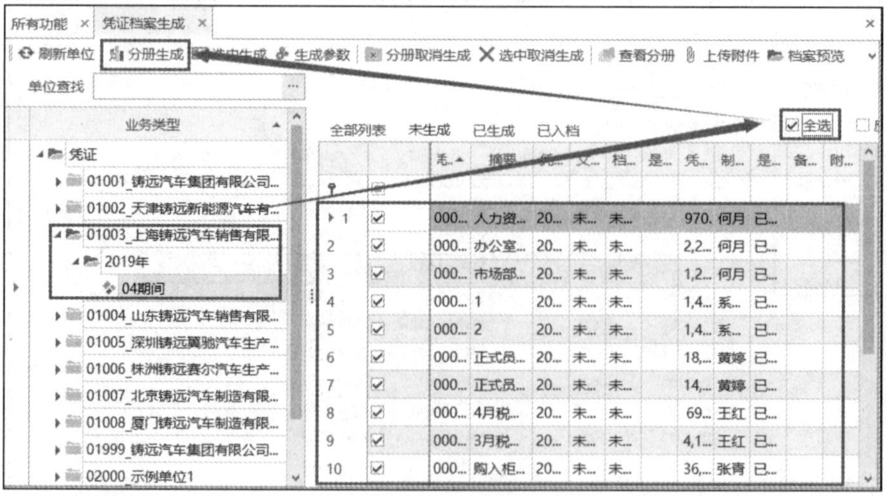

图 12-4

第三步：2019 年 4 月 30 日，共享中心财务主管田宇(用户名：ZZ0001)登录系统，执行【财务会计】-【会计电子档案】-【档案业务审批】-【凭证档案审批】，打开“凭证档案审批”窗口，“业务类型名称”选择“凭证-01002_天津铸远新能源汽车有限公司-2019年-04期间”，勾选“全选”，选择“审批通过”和“提交档案管理员”即可，如图 12-5 所示。

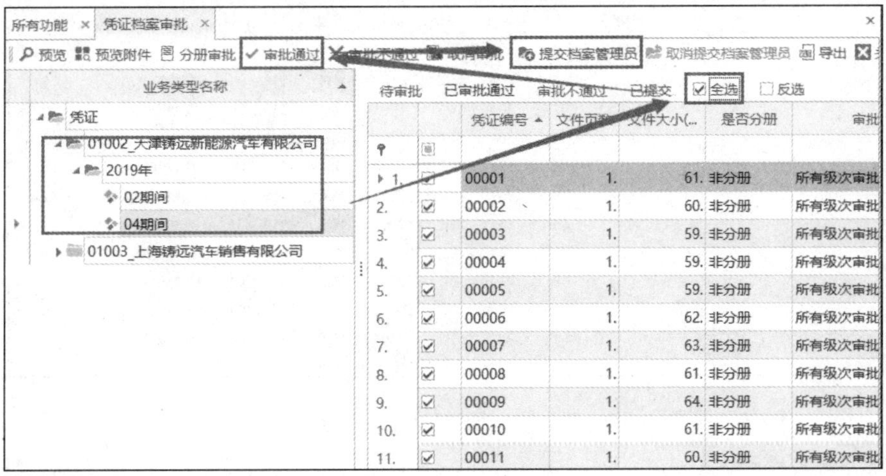

图 12-5

2019年4月30日，共享中心财务主管田宇(用户名：ZZ0001)登录系统，同样执行【财务会计】-【会计电子档案】-【档案业务审批】-【凭证档案审批】，在打开的“凭证档案审批”窗口，“业务类型”选择“凭证-01003_上海铸远汽车销售有限公司-2019年-04期间”，勾选“全选”，选择“分册审批”，在弹出的“按分册审批”窗口，单击“审批通过”和“提交档案管理员”，如图 12-6、图 12-7 所示，然后关闭界面即可。

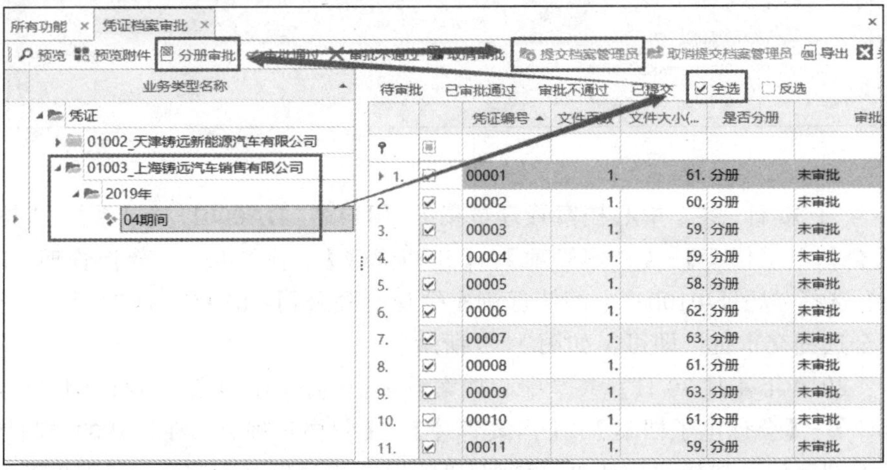

图 12-6

第四步：2019年4月30日，共享中心档案管理员杨振(用户名：DA0001)登录系统，执行【财务会计】-【会计电子档案】-【档案管理】-【建档管理】，在打开的“建档管理”窗口，“业务类型定位”选择“凭证-01002_天津铸远新能源汽车有限公司-2019年-04期间”，选择“全选提交审批”即可，如图 12-8 所示。

图 12-7

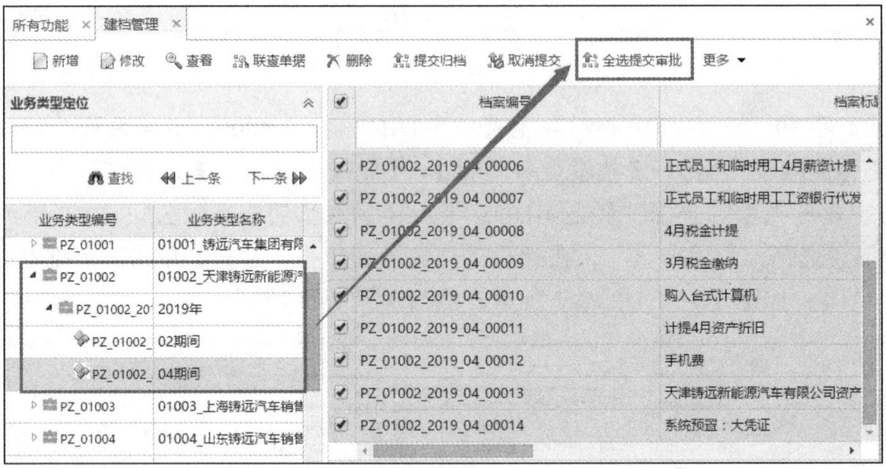

图 12-8

2019 年 4 月 30 日，共享中心档案管理员杨振（用户名：DA0001）登录系统，同样执行【财务会计】-【会计电子档案】-【档案管理】-【建档管理】，在打开的“建档管理”窗口，“业务类型定位”选择“凭证-01003_上海铸远汽车销售有限公司-2019 年-04 期间”，选择全部档案，单击“全选提交审批”即可，如图 12-9 所示。

第五步：2019 年 4 月 30 日，共享中心档案管理员杨振（用户名：DA0001）登录系统，执行【财务会计】-【会计电子档案】-【档案管理】-【归档管理】，在打开的“归档管理”窗口，“业务类型定位”选择“凭证-01002_天津铸远新能源汽车有限公司-2019 年-04 期间”，选择全部档案，单击“全选审批通过”即可，如图 12-10 所示。

2019 年 4 月 30 日，共享中心档案管理员杨振（用户名：DA0001）登录系统，同样执行【财务会计】-【会计电子档案】-【档案管理】-【归档管理】，在打开的“归档管理”窗口，“业务类型名称”选择“凭证-01003_上海铸远汽车销售有限公司-2019 年-04 期间”，选择全部档案，单击“全选审批通过”即可，如图 12-11 所示。

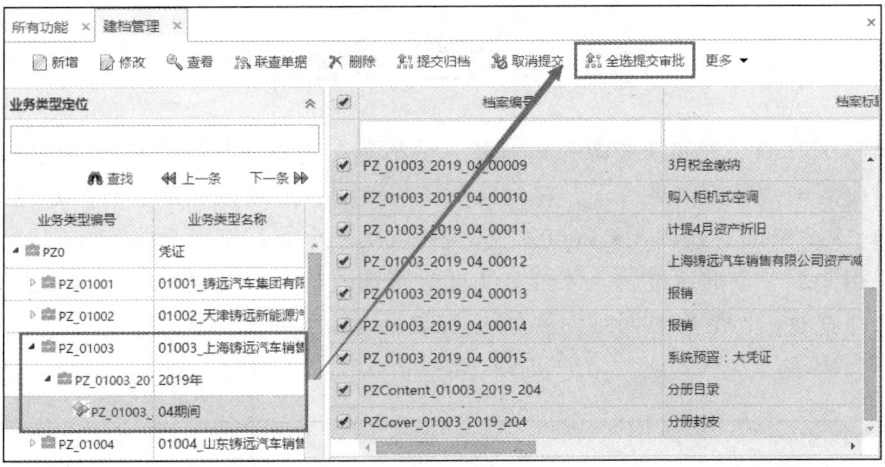

图 12-9

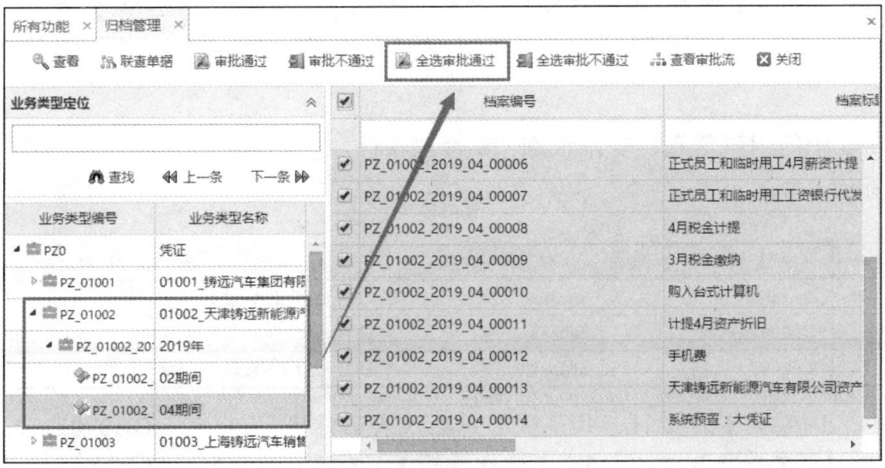

图 12-10

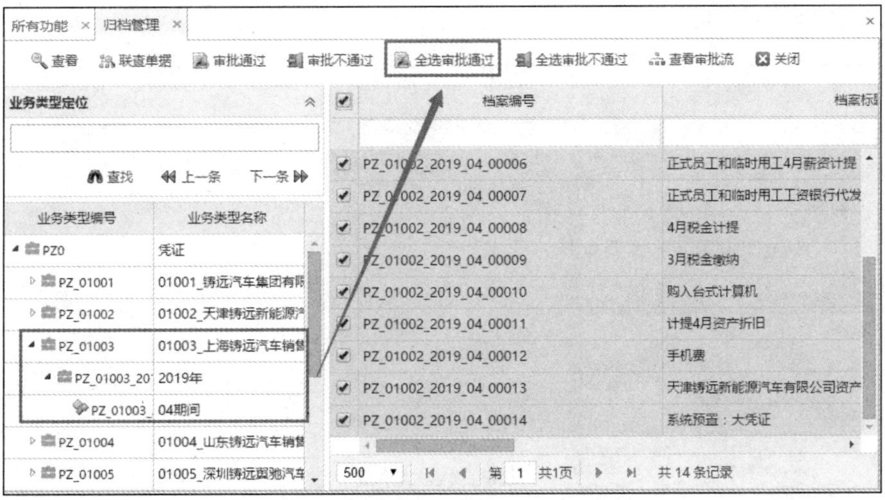

图 12-11

12.3 实验二：变更管理

2019 年 5 月 1 日，天津新能源公司财务人员林更在查看 4 月份已归的档凭证时，发现有一张凭证对应的辅助部门信息有误，在对该凭证修改时，发现该凭证已归档处理，对应的凭证档案号为“PZ_01002_2019_04_00002”，按铸汽集团电子档案管理规定，需要提交档案变更申请，经相关领导审批通过后，才可对凭证进行修改。档案变更后，可对变更的凭证版本号进行保存并查看。档案变更明细内容如表 12-2 所示。

表 12-2

原档案编号	档 案 名 称	密　　级
PZ_01002_2019_04_00002	凭证档案	公开
申 请 说 明		
凭证辅助部门有误，申请变更		

实验步骤

按表 12-3 中的用户信息，登录浪潮 GS 管理软件。

表 12-3

登 录 日 期	登 录 用 户	登 录 密 码	操 作 内 容
2019.5.1	DA0002	aaaaaa	会计电子档案变更申请
2019.5.1	ZZ0001	aaaaaa	会计电子档案变更审核
2019.5.1	ZZ0002	aaaaaa	会计电子档案版本查询

第一步：2019 年 5 月 1 日，共享中心总账报表员林更(用户名：DA0002)登录系统，执行【财务会计】-【会计电子档案】-【档案变更】-【变更申请】，打开“变更申请”窗口，“业务类型定位”选择“凭证-01002_天津铸远新能源汽车有限公司-2019 年-04 期间”，单击“新增”，如图 12-12 所示。

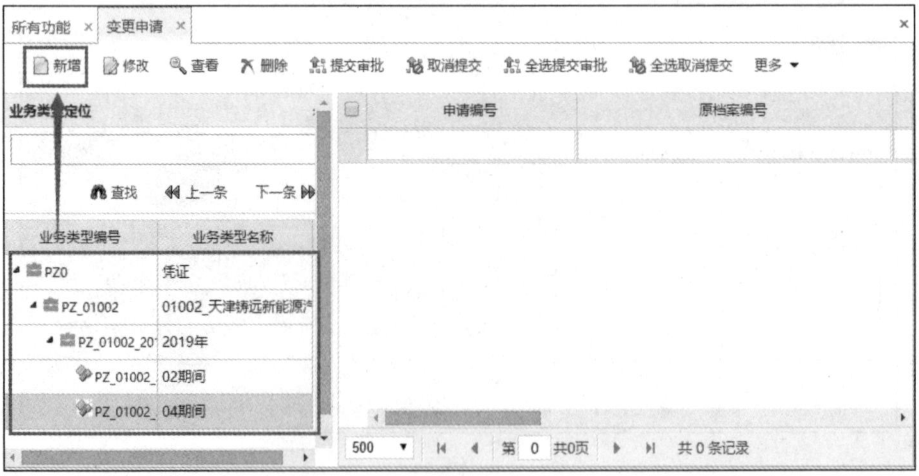

图 12-12

“原档案编号”选择“PZ_01002_2019_04_00002”，“申请说明”填入“凭证辅助部门有误，申请变更”即可，单击“保存”并“提交审批”，如图 12-13 所示，提示“操作成功”即可。

第二步：2019 年 5 月 1 日，共享中心财务主管田宇(用户名：ZZ0001)登录系统，执行【财务会计】-【会计电子档案】-【档案变更】-【变更审核】，打开“变更审核”窗口，“业务类型定位”选择“凭证-01002_天津铸远新能源汽车有限公司-2019 年-04 期间”，选择要审批的变更申请单，单击“审批通过”，如图 12-14 所示，提示“操作成功”即可。

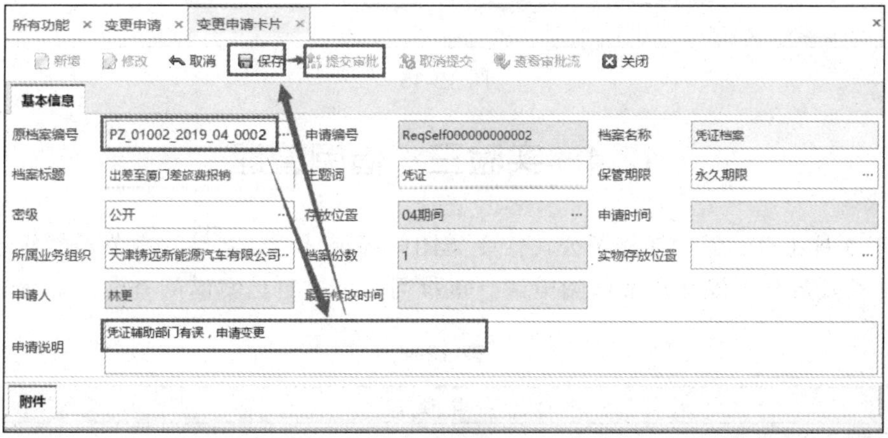

图 12-13

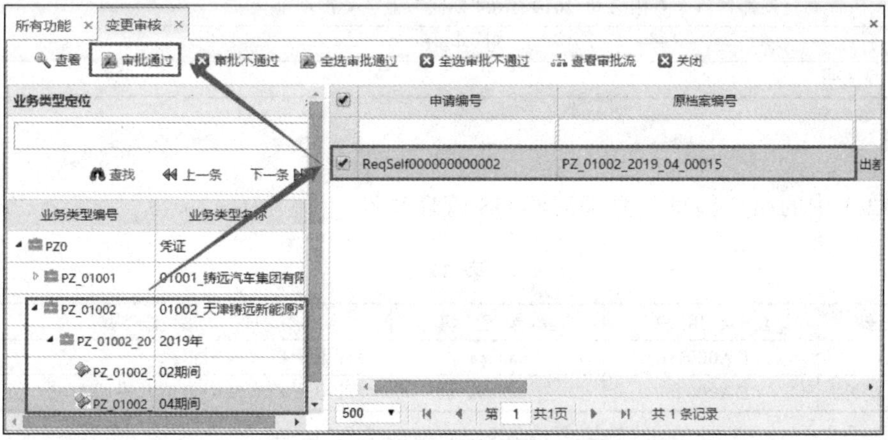

图 12-14

第三步：2019 年 5 月 1 日，共享中心总账报表员腾乐(用户名：ZZ0002)登录系统，执行【财务会计】-【会计电子档案】-【档案管理】-【档案完整查询】，打开“档案完整查询”窗口，“业务类型定位”选择“凭证-01002_天津铸远新能源汽车有限公司-2019 年-04 期间”，选择提交的变更申请档案编号“PZ_01002_2019_04_00002”，单击“查看历史版本列表”可查看历史版本号，如图 12-15 所示。

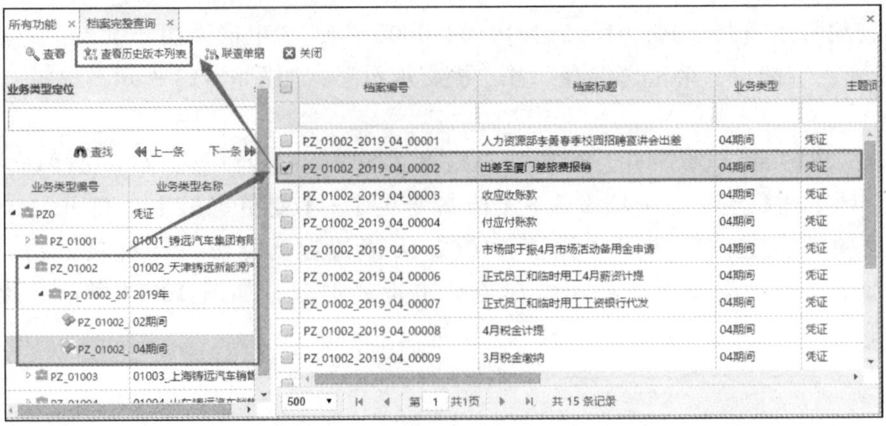

图 12-15

12.4　实验三：借阅管理

2019 年 5 月 1 日，天津新能源公司接受集团内部审计时，需借阅本公司的凭证会计电子档案，由财务人员林更提交档案借阅申请，审批通过可进行档案借阅查询，如表 12-4 所示。

表 12-4

申 请 理 由
集团内部审计档案借阅申请
电子档案明细
“凭证-01002_天津铸远新能源汽车有限公司-2019 年-04 期间” 业务类型全部凭证
附 件 上 传
会计档案借阅证明

实验步骤

按表 12-5 中的用户信息，登录浪潮 GS 管理软件。

表 12-5

登 录 日 期	登 录 用 户	登 录 密 码	操 作 内 容
2019.5.1	DA0001	aaaaaa	会计电子档案借阅审批
2019.5.1	DA0002	aaaaaa	会计电子档案借阅申请及借阅查看

第一步：2019 年 5 月 1 日，天津新能源公司财务人员林更(用户名：DA0002)登录系统，执行【财务会计】-【会计电子档案】-【档案借阅】-【档案借阅申请】，打开“档案借阅申请”窗口，单击“新增”，如图 12-16 所示。

在打开的“借阅申请单”窗口，“计划归还时间”大于“借阅时间”即可，“申请理由”填入“集团内部审计档案借阅申请”，“电子档案明细”单击“新增行”，如图 12-17 所示。

在弹出的“借阅档案选择帮助”窗口，“业务类型”选择“凭证-01002_天津铸远新能源汽车有限公司-2019 年-04 期间”，单击“查询”，在“查询列表”中选择全部档案，单击“确定”，如图 12-18 所示。

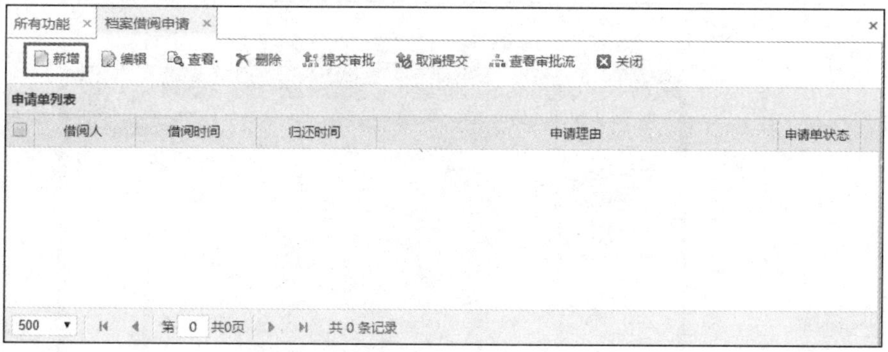

图 12-16

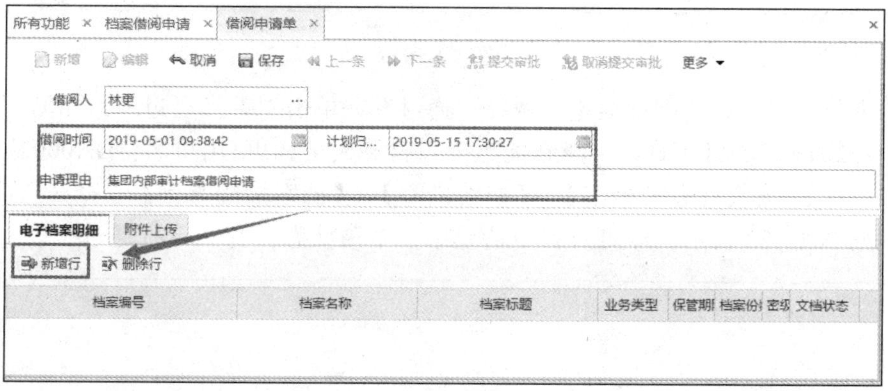

图 12-17

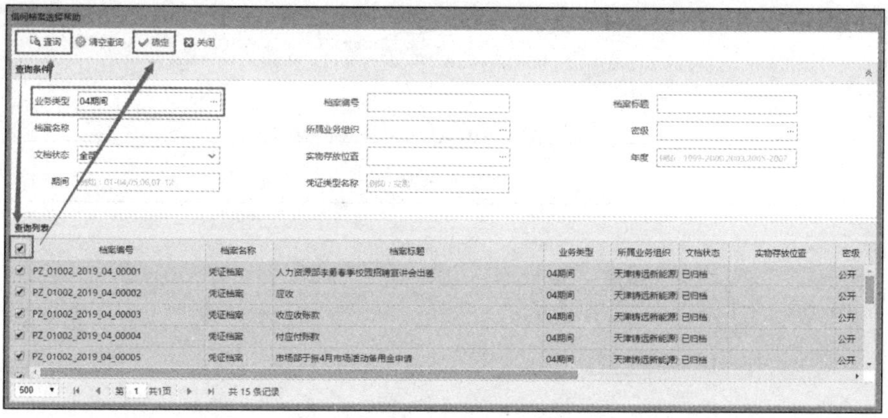

图 12-18

在返回的界面选择“附件上传”，单击“上传”，选择对应的“会计档案借阅证明”[①]文件并单击右上角的“开始上传”，上传成功后单击“保存”，返回借阅申请界面后单击“保存”并“提交审批”，如图 12-19 所示，提示“提交审批成功”即可。

第二步：2019 年 5 月 1 日，共享中心档案管理员杨振（用户名：DA0001）登录系统，执行【系统公共】-【任务中心】-【任务中心】-【待办任务】，打开“待办任务”窗口，选择要审批的单据，如图 12-20 所示。

① 文件会以电子版形式给上课学生。

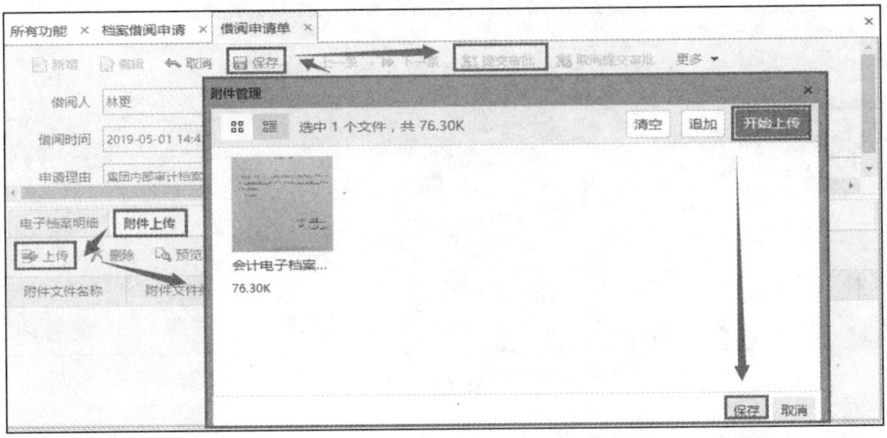

图 12-19

单击“审批单据”，“审批结论”选择“通过”，单击“审批通过”，如图 12-21 所示。

第三步：2019 年 5 月 1 日，天津新能源公司财务人员林更(用户名：DA0002)登录系统，执行【财务会计】-【会计电子档案】-【档案借阅】-【档案借阅查询】，打开“档案借阅查询”窗口，如图 12-22 所示，即可查看申请单中“申请状态”为“审批通过”。

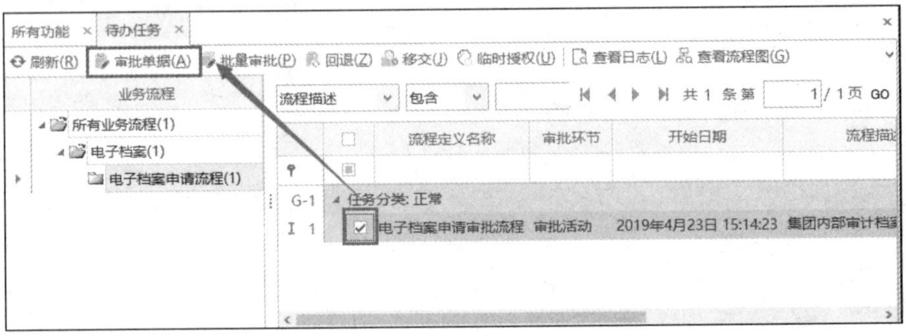

图 12-20

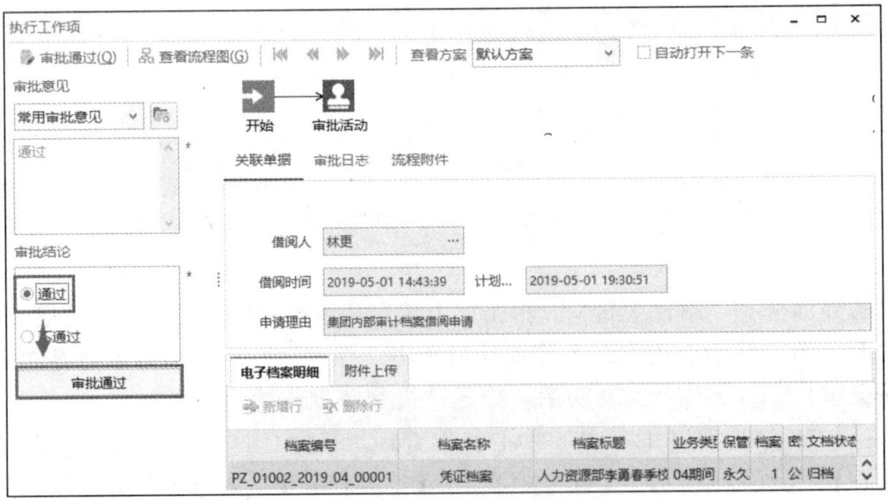

图 12-21

图 12-22

12.5 课后思考题

1．请总结铸汽集团月末会计电子档案采集归档业务的基本流程及主要内容。

（1）采集归档基本流程：____________________

____

（2）采集归档主要内容：____________________

____

2．请总结铸汽集团会计电子档案变更业务的基本流程。

____

____

3．请总结铸汽集团会计电子档案借阅业务的基本流程。

____

____

4．根据国家财政部《会计档案管理办法》要求：“各单位应当加强会计档案管理工作，采取可靠的安全防护技术和措施，保证会计档案的真实完整、可用、安全。”请具体说明，会计电子档案管理对企业的作用和意义有哪些？

____

____

第 13 章 教学任务十：共享中心任务及质量管理

13.1 任务背景介绍

共享中心任务管理是指将各种待处理的业务以任务的形式放在任务池中，由操作人员以抢单模式或按权限自动提取模式从任务池中获取待处理单据，通过各类规则将系统内各类单据在各组织与用户间进行分工，单据的处理结果可用于绩效考核。

共享中心各业务组负责人或可进行任务管理的用户可以进行任务池查看、任务分配、任务调整、任务取回、任务加急等操作。

另外，共享中心作为一个服务提供机构，通过服务水平协议（SLA）为集团下属单位提供财务会计服务，通过制定服务水平协议（SLA）提供以客户为中心的服务，为服务设定明确的目标，建立标准化的、可度量的服务水平，制定评估服务的条件，为不断提高客户满意度创造有利条件。SLA 的成功实施，必须建立在关键服务指标（Key Performance Indicator，KPI）和有效的信息汇报机制之上。

根据制定的关键服务指标，对共享中心人员的服务进行质量管理。共享中心质量管理是指通过制定质检任务，定期抽检单据或凭证，对每笔不合规报账做详细记录、整改、稽核追踪，并形成日常质量报告和专项质量报告。通过质量管理，可了解共享中心服务过程的不足，从而不断的优化共享中心运营，保证共享中心的高效率运行。

本章以“示例共享中心”为例，完成共享中心任务及质量管理实训流程。

13.2 实验一：任务管理配置

示例中的共享中心为提高员工工作的主观能动性，决定将原有按权限分配工作任务的方式调整为抢单式，即共享中心员工可根据自身实际工作量主动领取任务的方式。

同时，对共享中心员工单次提取任务数及在手任务最大数进行合理定义及规范，以便提升工作效率。示例共享中心为此需要完成的配置内容如表 13-1 所示。

表 13-1

共享中心			任务分配方式		
示例共享中心			抢单式		
共享中心	编号	名称	每次抢单数	在手任务数	对应业务组
示例共享中心	01	示例共享中心提单规则	2	4	费用核算组(示例)

实验步骤

按表 13-2 中的用户信息，登录浪潮 GS 管理软件。

表 13-2

登录日期	登录用户	登录密码	操作内容
2019.5.1	7777	aaaaaa	示例共享中心任务分配方式及提单规则设置

(1)示例共享中心任务分配方式设置。

2019 年 5 月 1 日，铸远汽车集团有限公司示例共享中心系统管理员赵琦(用户名：7777)登录系统，执行【财务共享】-【运营支撑平台】-【业务定义】-【结算方式】，打开“结算方式”窗口，“结算中心”选择“示例共享中心”，单击“编辑”，“任务分配方式”选择“抢单式”，勾选该结算方式并单击“保存”，如图 13-1 所示。

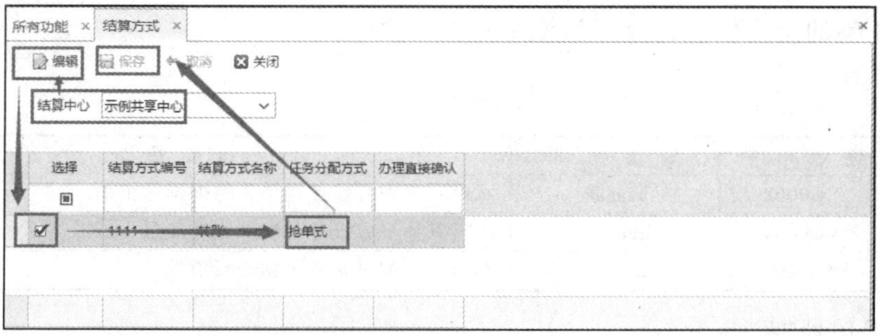

图 13-1

(2)示例共享中心提单规则设置。

2019 年 5 月 1 日，示例共享中心系统管理员赵琦(用户名：7777)登录系统，执行【财务共享】-【运营管理平台】-【任务管理】-【提单规则设置】，打开“提单规则设置”窗口，“共享中心”选择“示例共享中心”，单击“新增”，“编号”填入“01”，“名称”填入“示例共享中心提单规则”，“每次抢单数”填入“2”，“在手任务数”填入“4”，“业务组范围”选择“费用核算组(示例)”，单击“保存”，如图 13-2 所示。

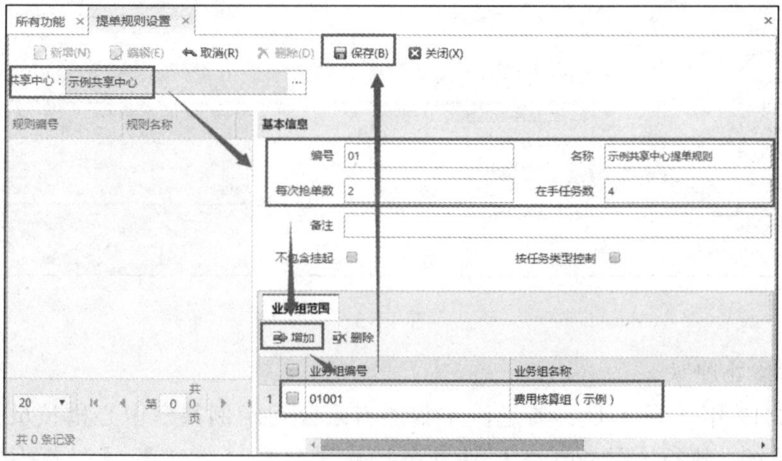

图 13-2

13.3 实验二：任务统筹管理

2019 年 5 月 1 日上午，示例共享中心费用核算组(示例)稽核员张默分两次主动从示例共享中心任务池提取 4 张待稽核单据，开始一天的共享中心费用核算组(示例)稽核工作。

2019 年 5 月 1 日下午，示例共享中心费用核算组(示例)稽核员张默由于个人原因临时请假，将上午提取的“出差至太原”报账单申请调整。现由任务管理员刘杨将张默已提取的但尚未处理的“出差至太原”报账单调整由王刚处理。

由于实际工作需要，任务管理员刘杨将摘要为“出差至沈阳”的报账单进行加急处理，由稽核人员优先完成该单据业务处理。

实验步骤

按表 13-3 中的用户信息，登录浪潮 GS 管理软件。

表 13-3

登录日期	登录用户	登录密码	操作内容
2019.5.1	YG0002	aaaaaa	示例共享中心任务提单、单据调整申请
2019.5.1	YG0001	aaaaaa	示例共享中心任务分配及任务加急
2019.5.1	YG0003	aaaaaa	对调整分配过来的单据进行稽核

(1)单据提单处理。

第一步：2019 年 5 月 1 日，铸远汽车集团有限公司示例共享中心稽核员张默(用户名：YG0002)登录系统，执行【财务共享】-【业务操作平台】-【稽核】-【财务稽核】，打开“财务稽核”窗口，在“财务稽核”界面，“结束日期”选择“今天”，单击“查找”，再分两次单击“提单”，领取相应任务，如图 13-3 所示。

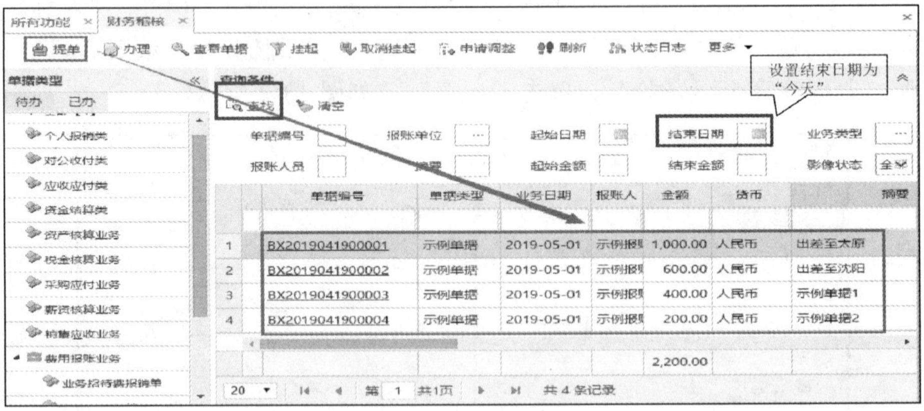

图 13-3

(2)单据调整处理。

第一步：2019 年 5 月 1 日，铸远汽车集团有限公司示例共享中心稽核员张默(用户名：YG0002)登录系统，执行【财务共享】-【业务操作平台】-【稽核】-【财务稽核】，打开“财务稽核”窗口，“结束日期”选择“今天”，单击“查找”，在左侧“待办”选项下，选择“示例”类别下的“示例单据”，可查看该类型下待稽核的相关单据，选择“出差至太原”报账单，单击“申请调整”，如图 13-4 所示，在弹出的“调整原因”中填入“由于个人原因临时请假，申请调整”，单击“确定”。

第二步：2019 年 5 月 1 日，铸远汽车集团有限公司示例共享中心任务管理员刘杨(用户名：YG0001)登录系统，执行【财务共享】-【运营管理平台】-【任务管理】-【任务管理】，打开“任务管理”窗口，选择“待调整”列表，勾选“出差至太原”报账单单击“分配”，在弹出“分配人员”窗口，分配人选择“王刚”并单击“确定”，如图 13-5 所示，提示“分配成功！分配给王刚共 1 条”，单击“确定”即可。

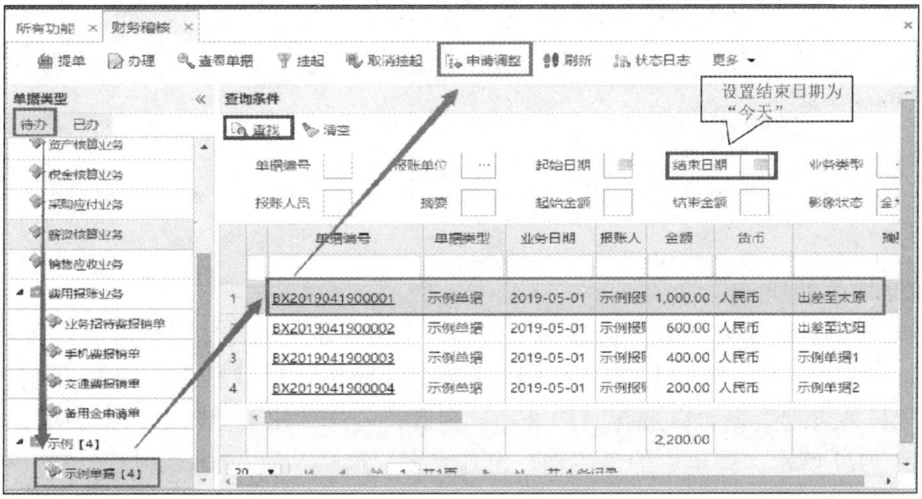

图 13-4

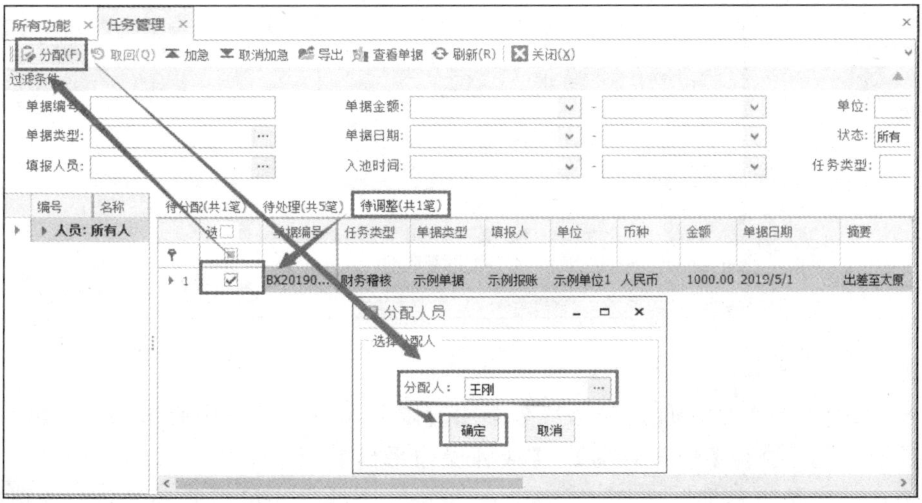

图 13-5

第三步：2019 年 5 月 1 日，铸远汽车集团有限公司示例共享中心稽核员王刚(用户名：YG0003)登录系统，执行【财务共享】-【业务操作平台】-【稽核】-【财务稽核】，打开“财务稽核”窗口，“结束日期”选择“今天”，单击“查找”，在左侧“待办”选项下，选择“示例”类别下的“示例单据”，可查看该类型下待稽核的相关单据，选择“出差至太原”报账单，单击“办理”，如图 13-6 所示，在打开的“示例单据”窗口，单击“通过”。

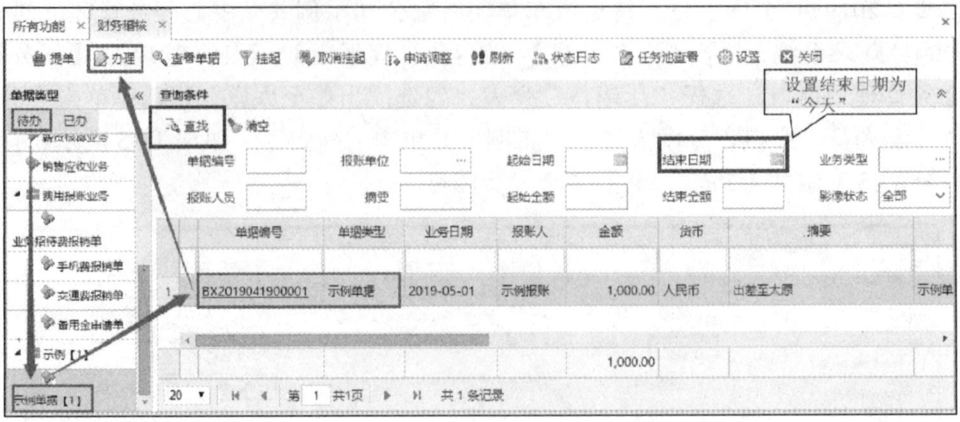

图 13-6

(3)单据加急处理。

第一步：2019 年 5 月 1 日，铸远汽车集团有限公司示例共享中心任务管理员刘杨(用户名：YG0001)登录系统，执行【财务共享】-【运营管理平台】-【任务管理】-【任务管理】，在打开的“任务管理”窗口，选择“待处理”列表，勾选“出差至沈阳”报账单，单击“加急”，如图 13-7 所示，弹出“加急成功”窗口。

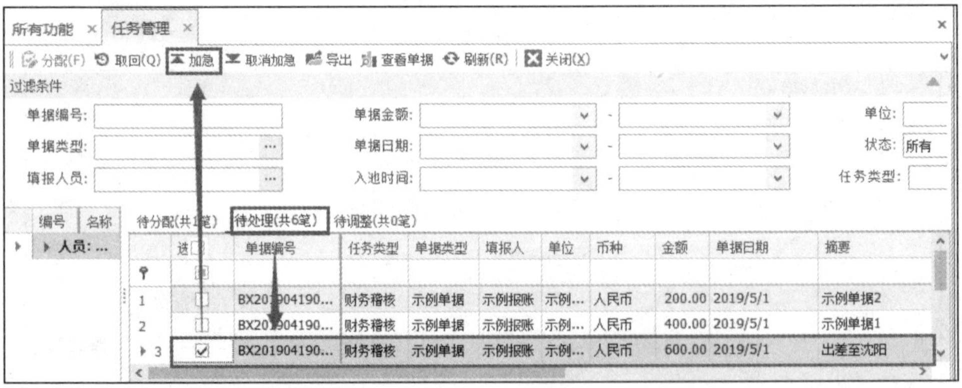

图 13-7

第二步：2019 年 5 月 1 日，铸远汽车集团有限公司示例共享中心稽核员张默(用户名：YG0002)登录系统，执行【财务共享】-【业务操作平台】-【稽核】-【财务稽核】，打开“财务稽核”窗口，“结束日期”选择“今天”，单击“查找”，可以看到加急后的报账单会有叹号标识，如图 13-8 所示。

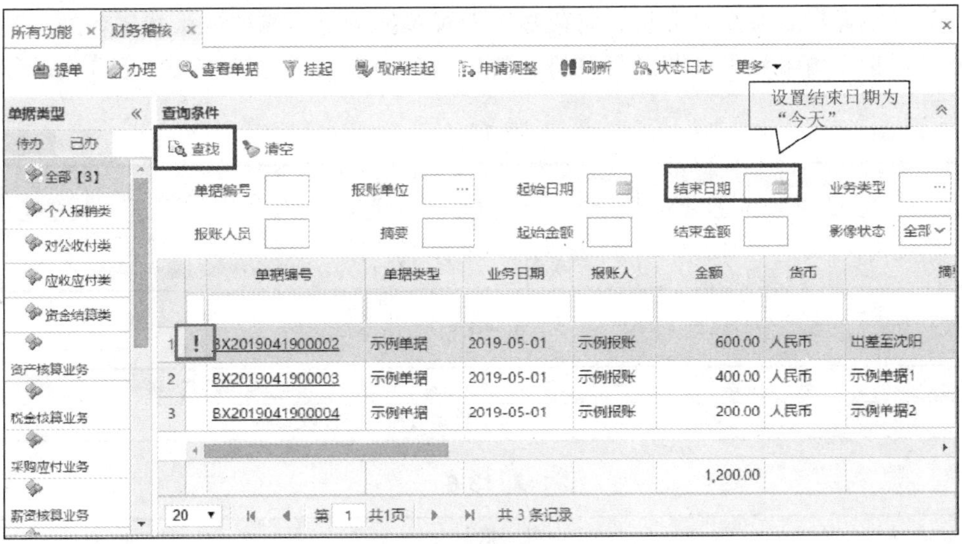

图 13-8

第三步：在打开的“财务稽核”窗口，在左侧“待办”选项下，选择“示例”类别下的“示例单据”，选择加急的有叹号的“出差至沈阳”报账单优先处理，单击“办理”，如图 13-9 所示，在打开的“示例单据”窗口，单击“通过”。

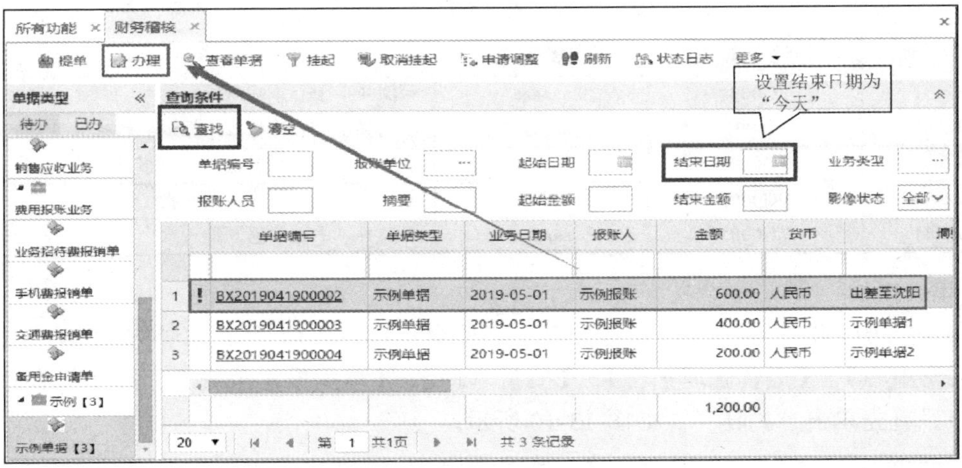

图 13-9

13.4 实验三：质量管理

根据铸汽集团制定的 KPI 指标，在浪潮 GS 系统内对示例共享中心的稽核业务每月至少进行一次定期抽检及复检，抽检对象主要为报账单据及对应凭证，抽检内容主要包括单据对应发票的合规性、补助准确性、分摊项目准确性等，对抽检不合格的给予整改措施并计入考核指标。

2019 年 5 月 28 日由示例共享中心监察稽核员乔伟对该共享中心 5 月份已经处理的稽核

单据进行随机抽样检查及质量分析，将稽核不合规单据指定由稽核员张默重新进行整改，整改审批通过后指定由复检人刘芳进行复检，具体内容如表 13-4、表 13-5、表 13-6 所示。

表 13-4

指定复检人	质检结论	需要整改	指定整改人	质检意见	整改建议	计划整改完成日期	质 检 项 目	是否合规	需要整改
刘芳	不合规	是	张默	重新稽核	重新稽核	2019 年 5 月 31 日	发票是否合规	是	否
							分摊项目是否准确	否	是

表 13-5

单　　据	整 改 内 容
质量检查单	单据已经重新修改

表 13-6

单　　据	复　检　人	复 检 内 容
质量检查单	刘芳	分摊项目修改准确

实验步骤

按表 13-7 中的用户信息，登录浪潮 GS 管理软件。

表 13-7

登 录 日 期	登 录 用 户	登 录 密 码	操 作 内 容
2019.5.31	YG0004	aaaaaa	示例共享中心单据质检
2019.5.31	JS0001	aaaaaa	示例共享中心待整改单据退回稽核人员
2019.5.31	YG0002	aaaaaa	示例共享中心单据整改并填报整改单
2019.5.31	YG0001	aaaaaa	示例共享中心整改单据审批
2019.5.31	YG0005	aaaaaa	示例共享中心单据复检

(1)单据质检。

第一步：2019 年 5 月 31 日，示例共享中心监察稽核员乔伟(用户名：YG0004)登录系统，执行【共享中心】-【运营管理平台】-【质量管理】-【单据质量稽查】，打开“单据质量稽查”窗口，首先单击“抽样”，如图 13-10 所示。

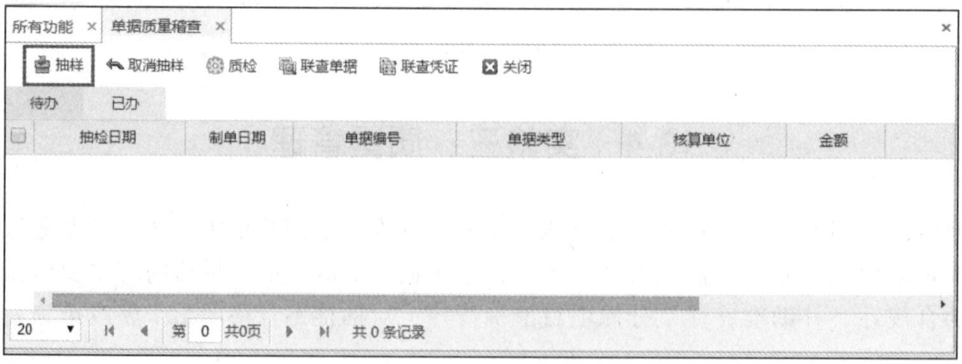

图 13-10

第二步：在打开的“单据抽样”界面，“共享中心”选择“示例共享中心”，起始日期设置为“2019-01-01”，截止日期设置为“今天”，单击“查询”，随机选择一个样本摘要为“出差至沈阳”的报账单，单击“确认”即可。另外，还可通过单击“联查单据”对报账单据进行查看，如图 13-11 所示。

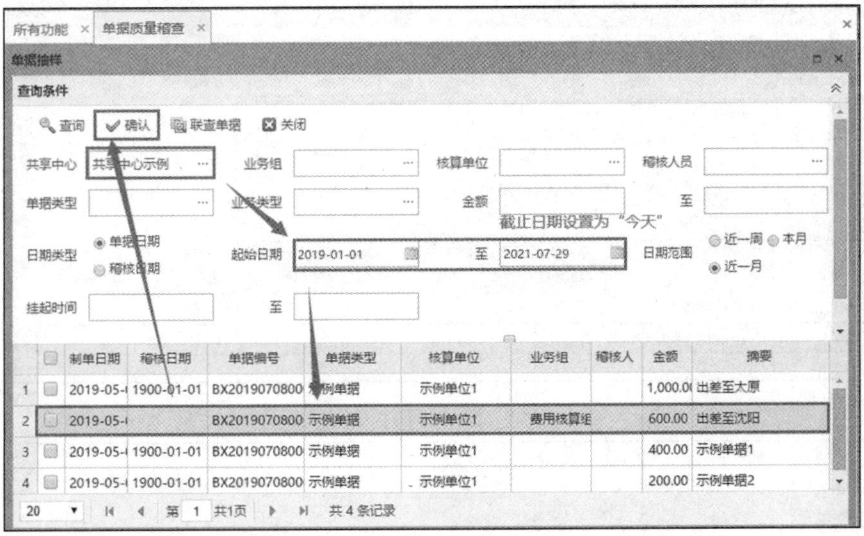

图 13-11

第三步：单据抽样完成后，返回“单据质量稽查”界面，勾选样本，单击“质检”，对样本进行质检，如图 13-12 所示。

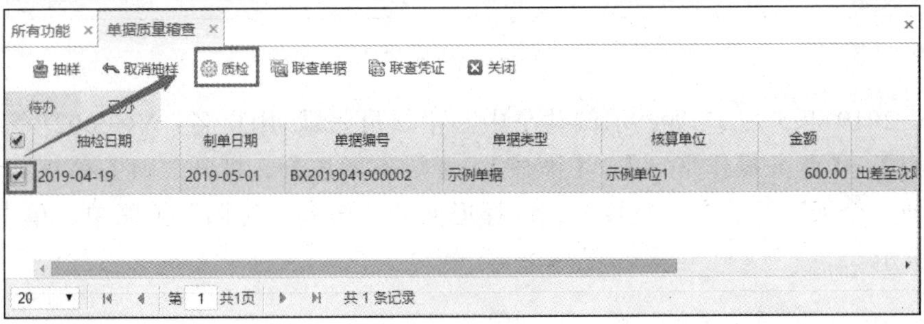

图 13-12

第四步：在打开的“单据质量检查单”界面，单击“编辑”，按表设置相关内容，包括：①指定复检人：刘芳；②质检结论：不合规；③需要整改：是；④指定整改人：张默；⑤质检意见：分摊费用项目错误，请修改；⑥整改建议：分摊费用项目错误，请修改；⑦计划整改完成日期：2019-5-31；⑧分摊项目是否准确：勾选“需要整改”，“分摊项目是否准确”的整改意见为：重新稽核。设置完毕，单击“质检完成”即可，如图 13-13 所示。注意：“分摊项目是否准确：需要整改”的勾选方法为首先单击“分摊项目是否准确”行，再单击“是否合规”选项去掉勾选，最后单击其他质量检查项“发票是否合规”即可。

(2)不合格单据整改。

第一步：2019 年 5 月 31 日，示例共享中心资金结算员刘慧(用户名：JS0001)登录系统，执行【共享中心】-【资金结算平台】-【单位结算】-【单位结算办理】，打开“单位结算办理”窗口，选择摘要为“出差至沈阳”的报账单，单击“退回”，如图 13-14 所示，在弹出的退回原因处填写“重新稽核”。

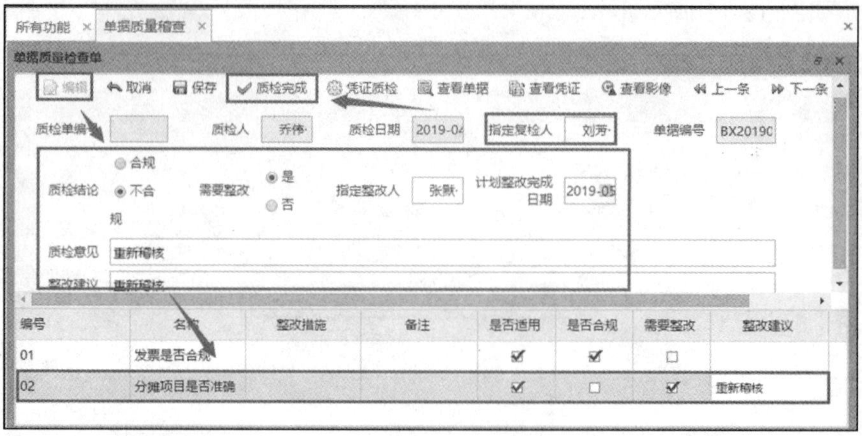

图 13-13

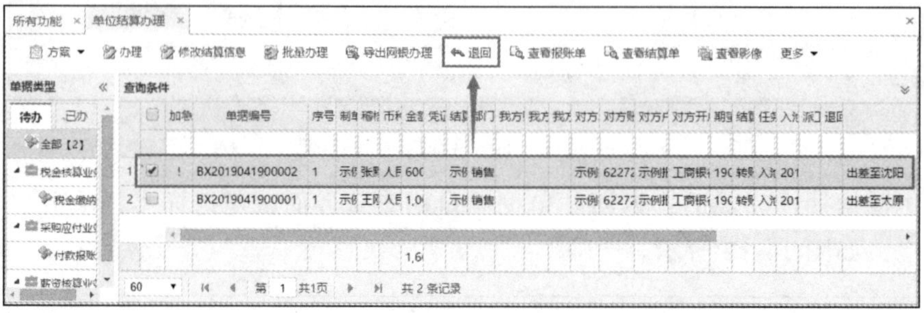

图 13-14

第二步：2019 年 5 月 31 日，示例共享中心稽核员张默(用户名：YG0002)登录系统，执行【共享中心】-【业务操作平台】-【稽核】-【财务稽核】，打开“财务稽核”窗口，“结束日期”选择“今天”，单击“查找”，选择退回的“出差至沈阳”报账单，单击“办理”，如图 13-15 所示。

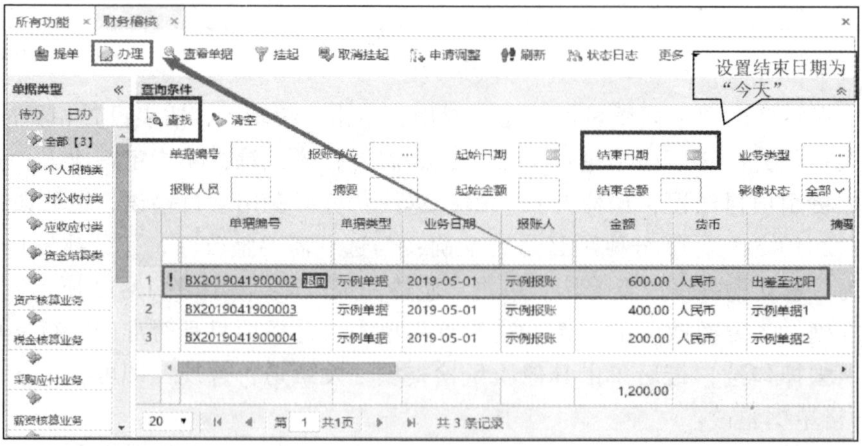

图 13-15

在打开的“示例单据”窗口单击“编辑”，修改费用项目为“销售费用-差旅费”，单击“保存”，再单击“通过”即可，如图 13-16 所示。

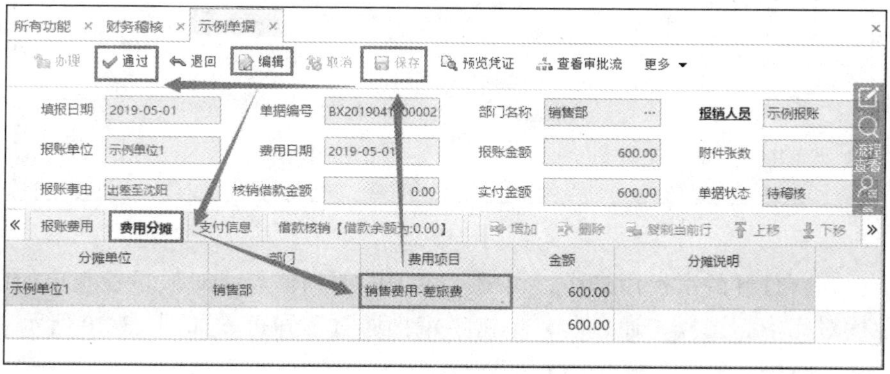

图 13-16

第三步：2019 年 5 月 31 日，示例共享中心稽核员张默（用户名：YG0002）登录系统，执行【共享中心】-【运营管理平台】-【质量管理】-【单据整改】，打开“单据整改”窗口，选择已完成整改的“出差至沈阳”报账单，单击“整改”，如图 13-17 所示。

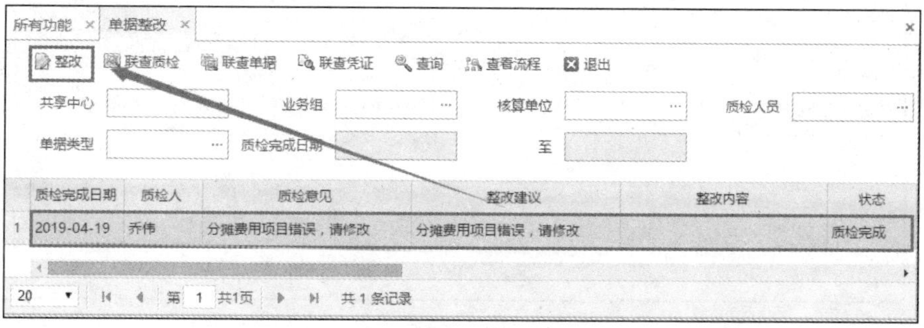

图 13-17

第四步：在打开的“整改完成”界面，“整改内容”填写“分摊项目修改准确”后，单击“整改完成”提交审批即可，如图 13-18 所示。

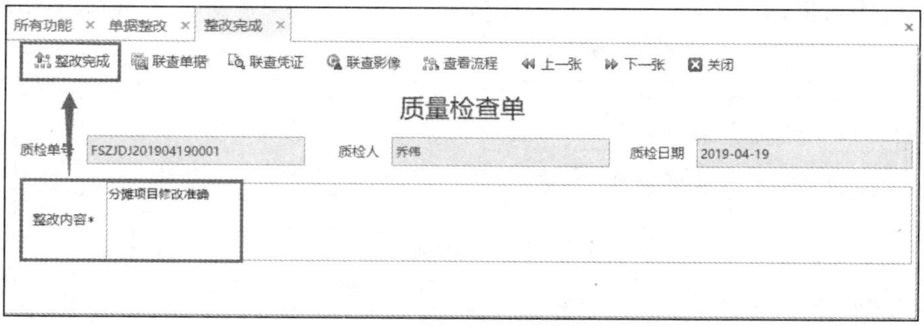

图 13-18

第五步：2019 年 5 月 31 日，示例共享中心任务管理员刘杨（用户名：YG0001）登录系统，执行【系统公共】-【任务中心】-【任务中心】-【待办任务】，打开“待办任务”窗口，对整改单据审批，勾选单据，首先单击“审批单据”，如图 13-19 所示。

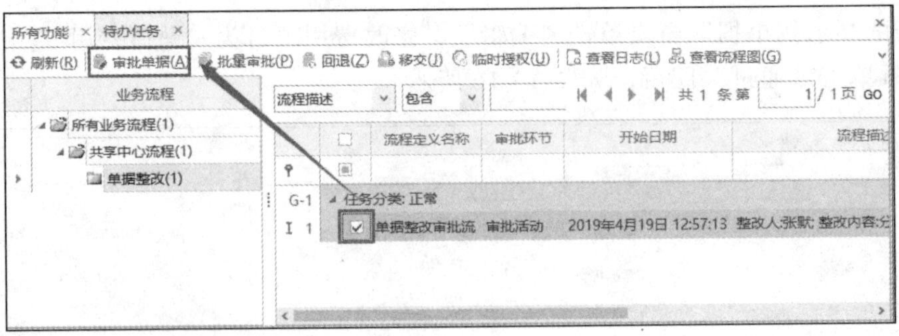

图 13-19

第六步：在新打开的审批窗口中，可显示单据的明细信息，对质量检查单的内容的准确性、完整性核对完毕，选择“通过”，单击“审批通过”即可，如图 13-20 所示。

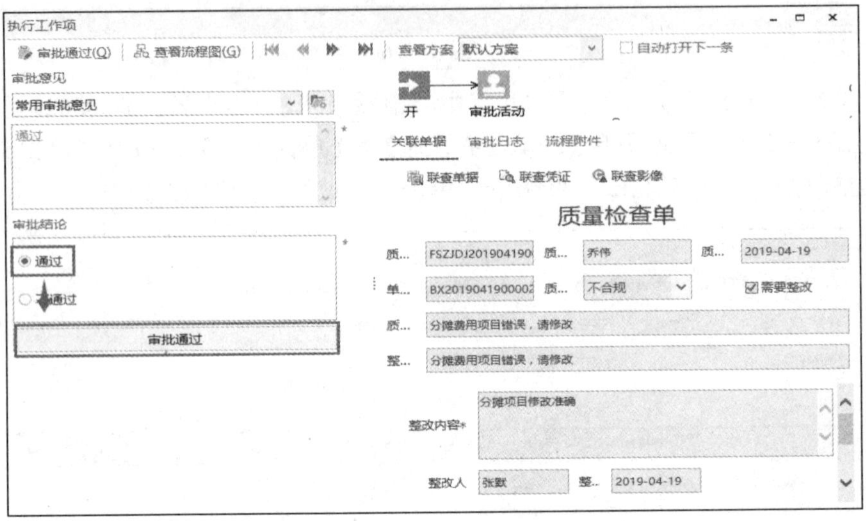

图 13-20

(3) 单据复检。

第一步：2019 年 5 月 31 日，示例共享中心复检稽核员刘芳(用户名：YG0005)登录系统，执行【共享中心】-【运营管理平台】-【质量管理】-【单据复检】，打开“单据复检”窗口，选择相应质检单，单击“复检”。另外，还可通过单击“联查单据”对报账单据进行查看，如图 13-21 所示。

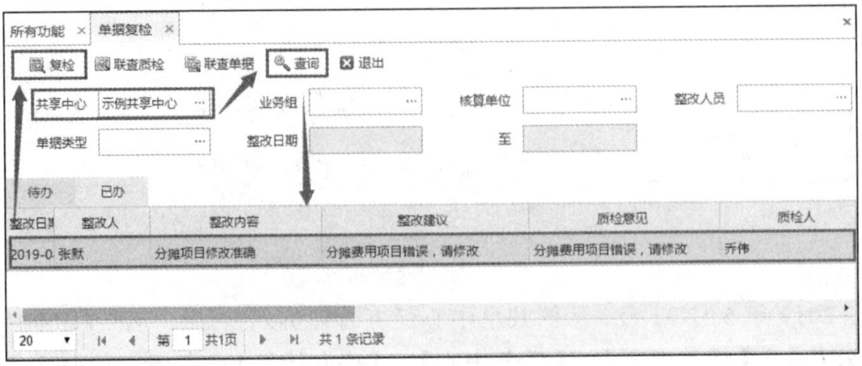

图 13-21

第二步：在打开的“复检”窗口，“复检内容”填入“分摊项目修改准确”，单击“复检通过”即可，如图 13-22 所示。

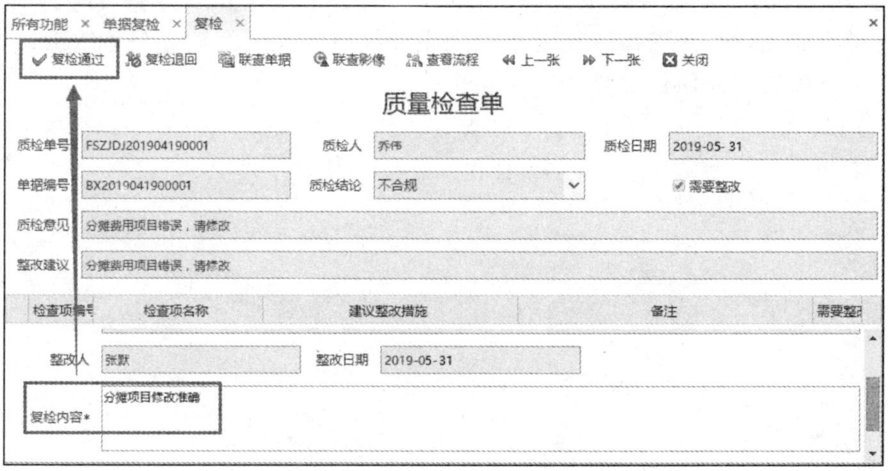

图 13-22

13.5　课后思考题

1. 铸汽集团进行财务共享中心任务管理时，通常是指对进入任务池的各类单据进行相关操作处理，请总结任务池是指什么、哪类单据会进入任务池？

（1）任务池是指：____

（2）进入任务池的单据类型包括（　　）

A．待保存单据　　B．待稽核单据

C．待核算单据　　D．处理完成单据

2. 铸汽集团运营管理人员进行任务管理时，可以对任务池的单据进行哪些操作（　　）。

A．分配　　B．加急

C．财务稽核　　D．生成凭证

3. 请总结铸汽集团财务共享中心人员在权限式及抢单式两种不同模式下工作方式的区别。

4. 请总结铸汽集团财务共享中心在进行单据质量管理时，从随机抽样质检到单据复检的基本流程。

5. 请总结财务共享中心的质量管理为企业带来的作用和意义。

6. 共享中心作为一个服务提供机构，通常会与用户签署一份双方认可的协议文件，只要用户向服务供应商支付相应费用，就可享受到服务供应商提供的相应服务质量，规范了双方的权利和义务等内容。此协议文件为（　　）。

A. LLA　　　　B. SLA

C. TCP　　　　D. ILP

第 14 章 财务共享综合实训考核

14.1 考核方式

本课程建议采用上机考核的方式来评定学生掌握软件的能力。实验教学是高校教学体系中的重要环节，实验动手能力是学生终身受益的基本功。提高学生实际操作能力，也是这门课程开设的核心目标。实验课的考核方法对学生提升对软件学习的实验教学起着决定性作用，通过上机考核，可以有效激发学生学习的积极性、主动性和创新精神，可以科学、合理地评定学生实际动手能力。

本课程可以从实验内容的完成程度及实验结果的准确性两方面进行评定。

14.2 考核内容

本实验课程考核标准建议如表 14-1 所示。

表 14-1

考核类别	类别占比	章节	考核要点	各章节占比
实验内容	70%	教学任务一	1）所有费用共享业务报销单录入 2）所有费用共享业务报销单各环节均流转完成	7%
		教学任务二	1）销售与收款共享业务相关单据录入 2）销售与收款共享业务各环节均流转完成	7%
		教学任务三	1）采购与付款共享业务相关单据录入 2）采购与付款共享业务各环节均流转完成	7%
		教学任务四	1）薪资共享业务报账单录入 2）薪资共享报账业务各环节均流转完成	7%
		教学任务五	1）固定资产共享业务报账单录入 2）固定资产共享报账单各环节均流转完成	7%
		教学任务六	1）税务共享业务报账单录入 2）税务共享业务报账单各环节均流转完成	7%
		教学任务七	1）运营看板展示 2）单据处理时长分析、个人工作量汇总统计等多维数据分析完成	7%
		教学任务八	1）凭证集中审核、记账完成 2）资产负债表数据准确无误	7%

续表

考核类别	类别占比	章节	考核要点	各章节占比
实验内容	70%	教学任务九	1)会计电子档案归档完成 2)会计电子档案完成变更处理 3)会计电子档案完成借阅管理	7%
		教学任务十	1)示例共享中心提单规则设置 2)抢单及派单业务操作 3)单据质检查询及问题单据整改	7%
实验结果	30%	全部	1)所有报账单准确生成凭证 2)资产负债表数据正确 3)示例共享中心可提取单据并完成派单、单据质检等操作	30%
合计	100%			

附录 A 财务共享概述

财务共享概念及发展阶段

财务共享的概念

财务共享服务源于共享服务的理念。共享服务是指企业将原来分散在不同业务单元进行的事务性或者需要充分发挥专业技能的活动，通过整合或合并的方式重新集中配置，并依据正式或非正式的契约（即服务水平协议），为各单位提供服务并收取费用的服务活动。共享服务通过在一个或多个地点对人员、技术和流程的有效整合，实现组织内公共流程的标准化和精简化。其核心是流程重组、集中统一及标准化，其目的是为所有"客户"提供低成本、灵活且优质的服务。

财务共享服务为企业提供了一种全新的财务管理模式，通过专业化的分工，专业的人做专业的事，通过决策财务、共享财务、业务财务等多维度划分（见图 A-1），可将企业财务工作中近 70%的基础性事务集中到共享中心批量处理，推进财务人员由"账房先生"到"军事参谋"的转变。

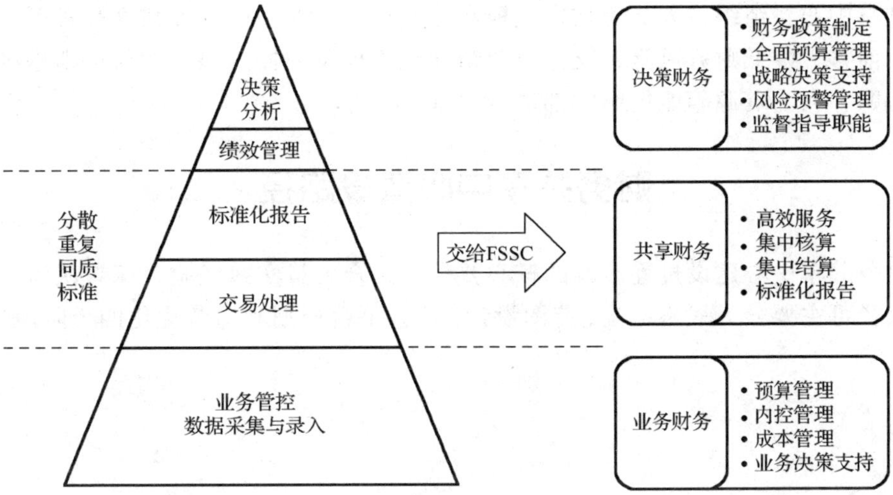

图 A-1　财务管理新模式

所谓财务共享服务是在财务，组织深度变革的基础上所建立的管理模式。其依托信息化技术，将企业集团大量重复，易于实现标准化、流程化的财务业务从分散的业务部门抽出，集中到一个新的独立运营的业务单元（财务共享中心）进行流程再造、标准化、集中处理，以优化组织结构，提升业务处理效率，降低运营成本，强化决策支持，创造企业价值为目的，并以市场视角为内外部客户提供专业化、标准化服务的管理模式。

财务共享的发展阶段

纵观中国企业集团多年来的财务共享应用实践，各种新兴技术的发展在不断推动和影响财务共享模式的发展和变化。依据建设财务共享中心涉及的管理成熟度及信息化水平两大核心要素，编者认为财务共享中心的未来发展可划分为五大阶段，分别为：核算共享、报账共享、标准财务共享、业财一体财务共享及大共享，如图 A-2 所示。

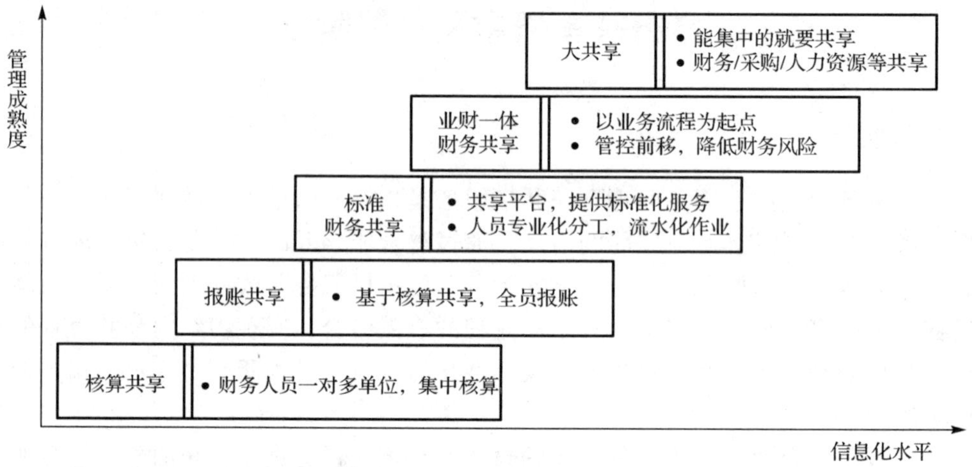

图 A-2　财务共享发展五阶段

财务共享发展的五个阶段是一个循序渐进的持续优化过程。核算共享和报账共享模式是财务共享的初级阶段，只是解决了财务人员成本大的问题。标准财务共享模式下企业成立独立的财务共享中心，组织、人员等均发生根本性变化。业财一体财务共享模式下，财务管理实现了管控前移，降低财务风险，支撑企业精细化管理及内控落地。大共享则是将企业内部的财务、采购、人力资源等能集中的都进行共享。

财务共享中心建设路径

依据财务共享中心建设过程涉及的核心要素，结合大量实践经验，编者认为财务共享中心的建设路径可主要分为战略定位、蓝图设计、信息平台规划和运营优化四个阶段，如图 A-3 所示。

战略定位

选址

财务共享中心可从成本、环境、人力资源及基础设施四个方面进行综合考量及评估，并最终确定建设所在地。其中成本因素主要包含人力成本、电信成本等；环境因素主要包含政策优惠、政治环境、发展能力、城市竞争力、是否与总部或分支机构所在地一致等；人力资源因素主要包含人力专业技能、当地教育水平、服务水平、人员流动性、教育与培训有效性等；基础设施要素主要包含电信质量、自然环境、交通便利、房产价格等。

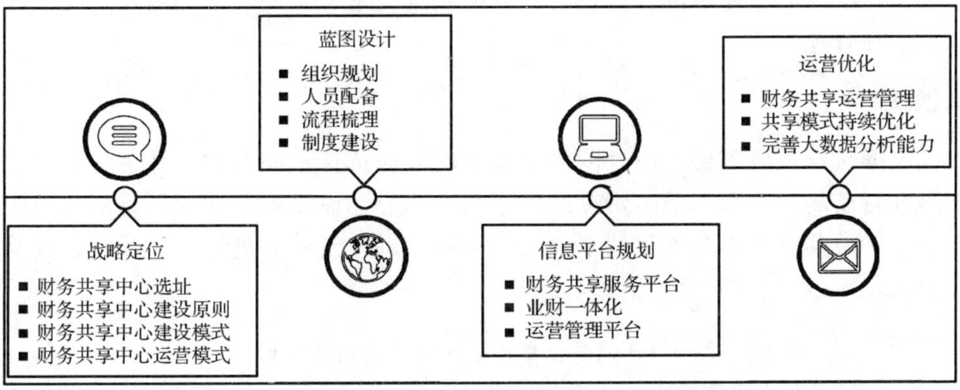

图 A-3　财务共享建设路径

在各项因素中，“是否与总部所在地一致”也是财务共享中心选址的一项重要参考依据。如果要建设管控与服务相结合的共享中心，则前期共享中心地址多与总部所在地一致，以便更好地沟通及管理。

在实际情况下，各个城市在成本、环境、人力资源及基础设施方面都会有各自的优势和不足，因此选址时需在综合考虑的基础上根据企业实际情况最终确定共享中心选址。同时共享中心的地址并非是一成不变的，随着外部环境及公司业务的变化，共享中心的地址可能也会随之变化。

建设原则

结合国内大多数企业集团的经验，企业建设财务共享中心主要依据以下六个原则。

（1）事权不变原则

集团所属各法人主体对本单位的资产所有权和使用权不变，对资产、负债和权益的管理和使用仍由本单位负责，对收入、成本、费用的管理和审批仍由本单位负责。各法人单位会计责任主体不变，各法人单位对本单位会计信息的真实性、完整性、合法性负责。

（2）标准集中与数据集中原则

保证财务共享中心成为全集团唯一的财务信息入口，实现固化业务内控点，是提高会计信息质量的基础。财务共享中心集中归集财务基础信息，实现全集团数据共享，能更及时、准确地为管理部门决策提供数据支撑。

（3）核算与管理分离原则

该原则主要指财务管理与核算会计平行管理，集团所属各法人主体及下属各单位保留财务管理机构和财务管理职能，撤销会计核算及出纳岗位，改核算单位为核算支持单位，保留财务管理核算支持岗位。在业务上由财务共享中心统一管理，完成核算支撑工作。

（4）循序渐进原则

财务共享中心建设时应遵循先易后难、试点先行、稳步推进、全面实施推广等建设原则。

（5）收益性提高原则

财务共享中心建设的收益性主要体现在成本、效率、质量、服务、财务转型、企业扩张等方面。

（6）安全性增强原则

通过全公司统一的作业标准和流程、统一的制度与信息系统、统一的资金管控与调度，降低风险，加强管控。

建设模式

企业可根据自身发展需要、所处的不同发展阶段而选择不同的财务共享中心建设方案，每种方案都有自己的优势和不足。常见的财务共享中心建设模式有四种：集团共享中心、板块共享中心、区域共享中心及项目共享中心。现将四种建设模式进行对比分析，并简述其优缺点，如表 A-1 所示。

表 A-1　财务共享中心建设模式对比分析

建设模式	建设方案	优缺点分析
集团共享中心	在集团层面建设完全集中的财务共享中心，面向整个集团提供服务	① 统一运营管理体系和标准规范 ② 利于加强管控，降低财务运营风险
板块共享中心	按照集团产业业态不同，建设为每个业态服务的多个财务共享中心	① 体现行业垂直管理特色 ② 根据行业特色进行精细化管理
区域共享中心	按照所在区域建设为区域运营单元提供服务的财务共享中心	与服务单位距离较近，业务响应速度快，便于沟通交流
项目共享中心	参与特大型项目建设的多个法人单位为实现资金封闭运作、项目税务统筹规划而成立财务共享中心	① 项目内多家法人单位实现财务数据的标准统一 ② 项目内资金运作和税务统一统筹

运营模式

按照财务共享中心的运营形式划分，财务共享中心主要包括四种运营模式：基本模式、市场模式、高级市场模式与独立经营模式。依据财务共享中心的发展趋势，四种模式呈现出递进的关系，如图 A-4 所示。

（1）基本模式

财务共享中心定位为企业内部的一个职能中心，主要为成员单位提供跨组织、跨地区的专业支持服务。

（2）市场模式

市场模式是在基本模式基础上进一步发展起来的，它摆脱了内部职能部门的定位，强调财务共享中心独立运营责任主体的定位。作为虚拟的经营单位，该模式下的服务不再是托管的，决策权由接受服务的客户全面掌握。

（3）高级市场模式

高级市场模式的外向型特征更加明显，它使得财务共享中心面临更多的外部竞争，服务的客户存在更大的自主权，它们可以在现存的两个以上的共享服务机构中进行选择。

（4）独立经营模式

财务共享中心是作为独立的经营实体来运作的，其定位是外部服务提供商。它不仅向企业内部客户提供产品和服务，而且还服务于外部客户。

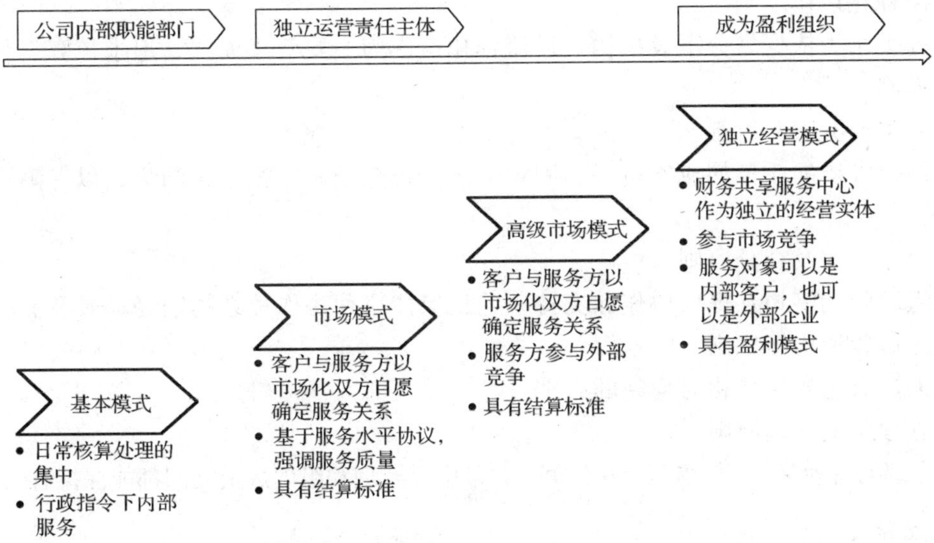

图 A-4　财务共享中心运营模式

蓝图设计

组织规划

财务共享中心内部组织设立初期，在组织定位方面主要有两种方案，如图 A-5 所示。一种是行政层级上与财务部管理层级相同；另一种是下设至财务部，行政层级上隶属于财务部，此方案在财务共享中心建设初期选择较多。

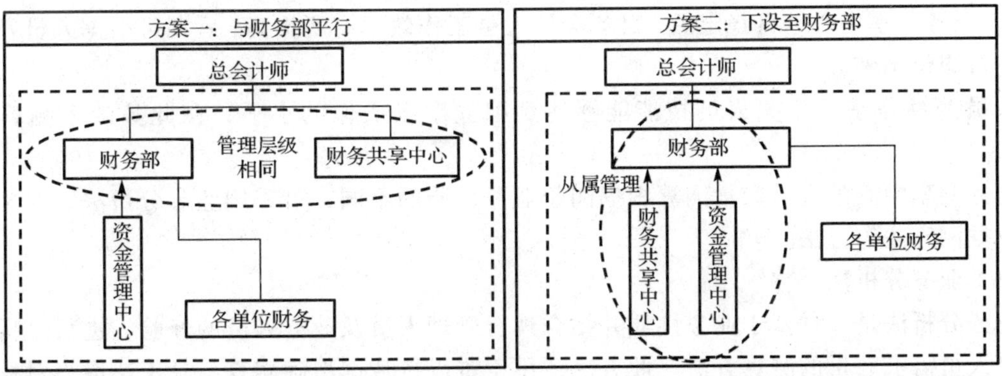

	汇报层级	政策推行力度	财务职能内部协作	管理灵活性
方案 1	少	弱	弱	好
方案 2	多	强	强	差

图 A-5　财务共享中心内部组织定位对比分析

两种方案的共同点是：财务共享中心承担会计核算职能，集团总部和各成员单位财务部承担财务管理职能，顺应管理会计与财务会计分离的发展趋势。

财务共享中心做内部组织设计时，通常应遵循以下几个原则。

（1）流程化运作原则

以业务类别为依据划分下设机构，以流程化运作为主要管理模式，追求核算工作效率提升和风险控制。

（2）同类业务归并原则

对于同一性质的业务如成本费用、固定资产、资金结算等按小组归集，以保障该业务的统一。

（3）协作高效及充分原则

内部组织间能够相互提供协作和支持，并且保持这种协作关系的顺畅高效及充分。

（4）人员数量均衡原则

各组人员数量要保持相对均衡的原则。

（5）管理跨度合理原则

保持合理的管理跨度，使得每个小组间、共享中心经理和组内成员之间都能保持有效的沟通。

人员配置

财务共享中心需要配备优质的会计人员队伍，以保障财务共享中心的顺利运作。会计人员需要专业知识过硬、熟知政策和流程、具备较强的沟通协作能力，还要有较强的责任心。

财务共享中心人员配置时主要遵循以下原则：

① 以现有业务量为基准，兼顾业务的稳定过渡，同时考虑集中后的效率提升。

② 按照各项业务处理的要求和特点，采用不同的测算方法。

③ 共享初期，因业务模式的改变会对企业员工及财务部的账务处理效率产生一定的影响，因此应尽量按照人员对岗位的熟悉度进行配置。

④ 财务共享中心运营初期，为保证稳定过渡、风险可控，建议考虑5%的人员储备。

⑤ 财务共享中心运行稳定后，财务会计人员工作效率有所提高，后期可根据人员及业务情况进行岗位调整。

人员测算是基于相关人员技能能够达到独立顺畅操作的水平，在此基础上测算人员数量。

财务共享中心的人员数量测算根据岗位业务性质的不同，可采用业务分析法、对标评测法、数据测算法等方法。

（1）业务分析法

业务分析法是一种基于业务性质并结合现有管理人员及业务人员的经验，进行分析评估后确定人员需求数量的测算方法。此方法适用于难以按数据精确测算，且无法取得对标数据的情况。

（2）对标评测法

对标评测法是对于原先没有岗位设置、无经验值参考、无法进行数据测算的岗位，为了测算人数，选取相近口径的企业进行对标，在此基础上进行人员测算的方法。

（3）数据测算法

数据测算法是在业务量和工作时效要求明确的基础上确定人员需求的方法。此方法适用于能够提取到可靠业务量，并能够对单笔业务量所用时间进行测量的岗位。其中数据测算法下人员测算相关计算公式如下：

公式 1：人员数量=月工作量/人均月工作量

公式 2：月工作量=月平均单据量×每单耗用时间

公式 3：人均月工作量=日有效工作时间×月工作时间

公式 4：日有效工作时间=日工作时间–辅助工作时间–间歇时间

财务共享中心成立初期，人员来源主要包括内部抽调和社会招聘两种方式。为了更好地做到技能与岗位的匹配，应主要采取内部抽调的方式，人员配置根据适才适岗的原则，尽力吸引各地优秀的财务人员。

业务流程设计

在 2015 年北京国家会计学院中国大型企业集团财务共享服务中心建设情况调查报告中，关于财务共享服务中心取得成功的关键因素及面对的最大阻力调查结果显示，业务流程设计作为流程再造的主要内容，已经成为影响财务共享中心建设成功的关键因素，也是财务共享中心最大的阻力，如图 A-6、图 A-7 所示。

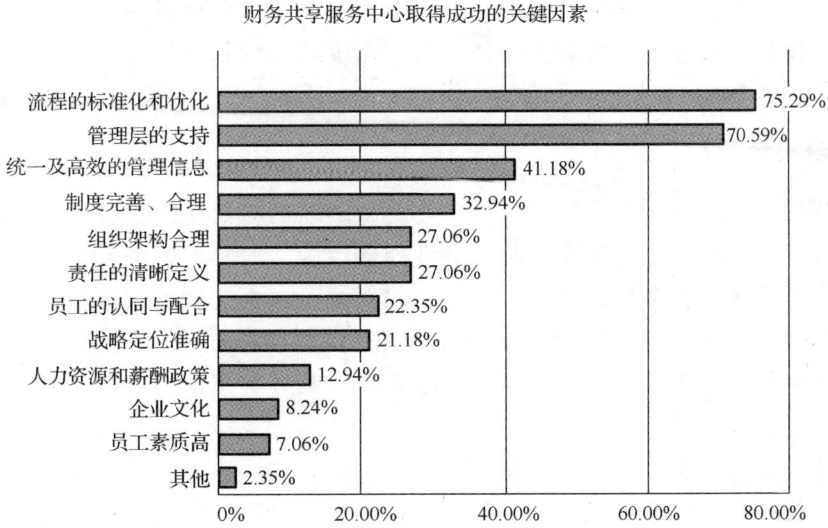

图 A-6　财务共享服务中心取得成功的关键因素

设计财务共享中心的业务流程时，最关键的内容是对纳入共享中心的业务实现标准化及规范化。财务会计业务需要标准化的内容有很多，如会计核算方法统一、会计科目核算口径统一、财务报表口径统一、数据标准化、操作规范标准化、岗位职能标准化等。在注重业务流程标准化的同时，也需要考虑同质业务不同单位管理的差异性，要寻找业务差异性与流程标准化的平衡点，做到两者兼顾。

流程设计应坚持“考虑同质性、兼顾特殊性”的原则，既能满足相同业务流程的流转，又能使特殊业务也纳入共享中心集中处理。设计流程时需考虑的因素主要有成本、效率、风险、客户满意度、流程责任人五个方面。

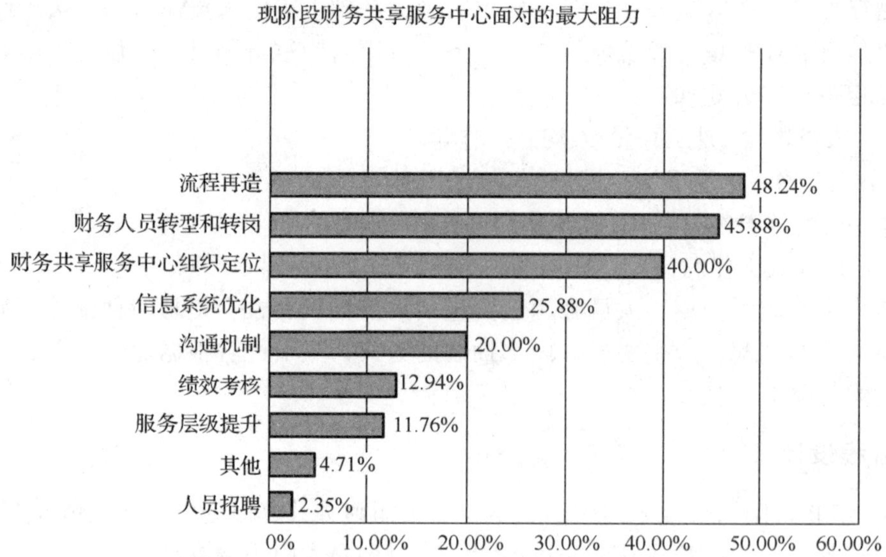

图 A-7 财务共享服务中心面对的最大阻力

设计流程时应将企业经营中的业务流程、财务会计流程、管理流程有机融合，将计算机的“事件驱动”概念引入流程设计，建立基于业务事件驱动的财务一体化信息处理流程，打破信息孤岛，使财务数据和业务融为一体，最大限度地实现数据共享， 实时控制经济业务，真正发挥会计控制职能。

信息平台设计

信息系统的有效支撑是保障财务共享中心高效运营的必要条件，合理的信息系统规划设计能有效提升共享中心的工作效率，降低企业财务风险。通常，财务共享中心信息平台主要由财务共享服务系统、业务管理系统、影像扫描系统、银企互联系统等构成。业务管理系统又主要包含 CRM、供应链、资产管理、合同管理、债权债务、供应商协同、资金管理系统及差旅服务、电商第三方系统。共享服务系统主要包含财务共享系统、财务核算系统、档案管理系统等。

信息系统的构建主要可从主数据统一、历史数据处理、业务系统集成三方面考虑。

企业的主数据包括客户、供应商、员工、科目、项目等内容，主数据的统一是企业集团构建财务共享系统的重要内容。

在信息系统切换时需要对历史数据进行处理。历史数据如果处理不好，可能导致财务处理错误，严重时还可能导致付错款。

业务系统的集成主要包含系统边界的重新划分及改造、业财一体化平台的搭建两个方面。通过业财一体化平台的搭建，借助异构系统工具，实现财务共享系统与各系统之间的无缝集成及衔接，减少人为干预；实现业务单据自动接入共享平台，共享平台单据自动生成财务凭证，在降低人为干预风险的同时，降低错单率，提高工作效率。

运营优化

财务共享中心的建设不是一蹴而就的，需要持续地运营优化，通过对共享中心业务流程、业务范围、信息系统、内部管理制度等方面逐步进行完善，不断形成标准化、流程化的管理制度。

财务共享中心作为财务数据的处理者，自身就是一个天然的数据中心，从最初的数据处理、数据存储逐渐向数据分析、数据利用转变，逐步形成完善的大数据分析能力，构建形成企业内部的财务共享云，为集团企业提供多维度的内部管理报告、经营预测分析、运营绩效指导、风险投资决策等，借助财务大数据分析，通过数据的对比、碰撞、多维分析，不仅能有效支持共享中心运营，更能为企业决策提供可靠的数据支撑，实现集团精细管控，更好地规避业务风险，为企业稳步成长保驾护航。

总之，财务共享中心建设完成并运转后，随着企业业务的发展，管理的不断变革，共享中心自身也会随之不断变化，需要持续投入一定的人力和物力来优化及完善。